영어독해!
너는 끊어서 생각하니, 나는 한번에 이해한다

영어독해!
너는 끊어서 생각하니, 나는 한번에 이해한다

초판 1쇄 발행 · 2006년 7월 7일
초판 2쇄 발행 · 2007년 11월 20일

지은이 정경욱 · 임경현 | **펴낸이** 백운철 | **펴낸곳** 동도원
편집 이병란 | **디자인** 안정미 | **영업 마케팅** 이병우 · 이용호 | **관리** 황현주

등록번호 제21 - 493호 | **등록일자** 1993년 10월 6일
주소 서울시 서초구 서초3동 1550-6번지 태림빌딩 6층(137-873)
전화 (02)3472-2040 | **팩스** (02)3472-2041 | **이메일** dongdowon@paran.com
ISBN 89-8152-090-9(13740)
ⓒ 정경욱 2006, Printed in Korea

• 잘못 만들어진 책은 바꾸어 드립니다.

영어독해!

너는 끊어서 생각하니, 나는 한번에 이해한다

정경욱 ● 임경현 지음

동도원

CONTENTS

효과적인 학습전략 3단계 8
머리말을 대신해서 9

PART 1 문장의 뼈대는 알아야지!

1장 | 문장은 어떻게 구성되어 있나?
1. 문장은 어떻게 만들어졌을까? 14
2. 문장의 기본 구조는 무엇일까? 17
3. 문장의 해석은 뼈대에서 시작된다 20
4. 문장에는 살도 있다 24
5. 의미의 연금술사, 구와 절 27

2장 | 주어를 찾아라
1. 주어 자리에는 명사가 온다 32
2. 명사가 무엇인지 진짜로 아니? 35
3. 주어는 끝까지 기억하자 38
4. 형용사가 주어를 가린다 41
5. -ing, 드디어 주어가 되다 46
6. 무늬만 주어인 것도 있다 49
7. 절도 주어가 될 수 있다 55

3장 | 동사를 보면 해석의 틀이 보인다
1. 문장의 조율사, 동사 60
2. 내가 만난 be동사 64
3. 일반동사, 어떻게 해석할까? 69
4. 미묘한 의미를 나타내는 조동사 73
5. 조동사의 과거와 추측 76
6. 과거를 현재로 해석한다고? 80
7. 현재완료, 자신감을 갖자 83

8. 현재완료의 해석 87
9. 과거완료의 의미와 그 해석 92
10. be+-ing, 진행으로만 해석하나? 95
11. 미래를 담고 있는 현재 100

4장 | 목적어를 찾아라
1. 목적어가 보여야 해석이 된다 106
2. 목적어의 다양한 해석 109
3. 절도 목적어가 된다 112
4. 의문사도 목적어에 온다 116
5. 목적어 이렇게도 나온다 119

PART 2 문장의 가지를 다듬자!

1장 | 명사를 설명하는 말
1. 명사를 설명하는 것들 126
2. 목적어를 설명하는 말의 해석 130
3. 주어를 설명하는 분사 134
4. 관계사절은 명사를 설명한다 138
5. 관계대명사의 해석 141
6. 전치사구도 명사를 설명한다 145

2장 | 독해에서 만난 준동사
1. 준동사의 위치와 해석 150
2. 준동사의 본질은 동사이다 156
3. 쓰임에 따라 해석을 하자 161
4. 준동사도 시제가 있다 166
5. 주어를 찾아야 해석을 하지! 170
6. -ing, 때로는 간단하게 해석하자 174

CONTENTS

    7. -ing, 이런 것도 알아두면 좋지! 177
    8. 분사가 뭐지? 180
    9. 분사의 해석 183

3장 | 부사, 알고 보면 요긴한 것
    1. 부사의 역할과 쓰임새 188
    2. 비교는 형용사 설명에 불과하다 192
    3. 이런 것도 부사로 해석한다 197

4장 | 의미의 마술사, 전치사
    1. 전치사는 항상 구를 형성한다 202
    2. 목적어를 만드는 전치사 206

PART 3   아는 만큼 해석된다!

1장 | 수동태, 나는 이렇게 해석한다!
    1. 수동태, 나는 이렇게 해석한다! 214
    2. 수동태가 나타내는 의미 218
    3. 수동태, 때로는 반대로 해석한다 222

2장 | 가정법, 정말 아시나요?
    1. 직설과 가정의 의미는 다르다 226
    2. 가정의 기본적인 형태 230
    3. 가정의 다양한 형태 236
    4. 가정의 의미는 다양하다 240

3장 | 시제와 수의 일치
    1. 일치된 시제에 따라 해석하자 246
    2. 동사의 수를 보고 주어를 찾는다 251

4장 | 강조와 부분부정
1. 형태가 바뀌었나, 첨가가 되었나? 256
2. 모두 아니다? 260

PART 4 쓰임새를 알면 문장이 보인다!

1장 | 관사를 아십니까?
1. 관사, 명사를 존재하게 한다 266
2. 관사의 다양한 의미 270

2장 | 대명사의 해석
1. 관계대명사는 대명사로 해석한다 276
2. 재귀대명사는 주어 자신을 말한다 280

3장 | 조동사 해석하기
1. 조동사, 왜? 284
2. 당연히 조동사는 추측을 나타낸다 288
3. 독립한 조동사 should 292
4. 미래와 가정의 would 296

4장 | 접속사
1. 문장 형성의 새로운 모습 302
2. 대등하게 해석하자 306
3. 종속의 슬픈 운명 310

효과적인 **학습전략** 3단계

1 핵심 원리 이해

정확하고 빠른 독해를 하기 위해 꼭 알아야 할
영어 문장의 구성 원리를 설명한다.
예문으로 나온 문장들을 참고하여
영어독해의 기본이 되는 핵심 원리들을
충실히 공부해나가면 복잡하고 긴 문장도
쉽게 해석할 수 있다.

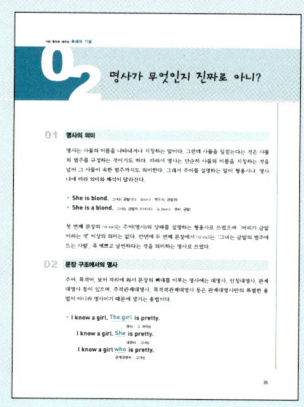

2 연습문제 풀기

앞에서 배운 영어독해의 핵심 원리를
실전문제에 적용하는 훈련을 통해 독해실력을
한 단계 업그레이드한다.
영어의 리듬과 기본 원리를 이해하면
영어독해가 한결 수월해진다.

3 유용한 TIP

알아두면 도움이 되는 독해의 팁과
본문에서 미처 다루지 못한 부분들을
다시 한번 설명한다.
영어독해를 하며 가졌던 궁금증이
친절한 설명으로 해결된다.

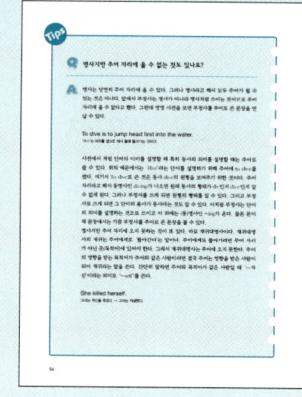

머리말을 대신해서

영어의 문장은 무수히 많은 사람처럼 다양하다. 하지만 문장을 이루는 뼈대는 동일하다. 따라서 영어를 잘하기 위해선 뼈대를 먼저 알아야 한다. 뼈대를 만들고 살을 붙여 하나의 작품을 만들 듯이 영어를 공부할 때도 뼈대를 중심으로 살을 붙여가며 배워야 한다.

독해를 할 때도 마찬가지다. 문장을 보지 못하고 그냥 읽기만 해서는 독해실력이 향상되지 않는다. 문장을 보는 눈은 원리의 이해를 통해 길러진다. 그렇다고 이것이 곧바로 문법을 의미하는 것은 아니다. 독해를 할 때는 독해를 하는데 필요한 이론이 있고 문법을 공부할 때는 문법을 공부하는데 필요한 이론이 있기 때문이다. 올바르고 정확한 독해를 하기 위해서는 암기식 문법이 아닌 각각의 문법 요소들이 문장에서 어떻게 결합되고 어떤 역할을 하는지 이해해야 한다. 이런 핵심 원리를 모르고 독해를 하면 독해실력이 절대로 향상될 수 없다. 기본적인 문장 구조만 파악한다면 아무리 복잡하고 긴 문장도 빠르고 쉽게 해석할 수 있다. 영어를 잘하고 싶다면 영어 자체를 이해해야 한다.

이 책에는 독해에 필요한 기본 원리와 독해를 잘하기 위해 꼭 알아두어야 할 요점들이 담겨 있다. 또한 앞에서 배운 내용을 스스로 점검해볼 수 있게 마지막 부분에 연습문제가 배치되어 있다. 이제 책을 펴고 어렵게만 느껴졌던 영어독해의 매력에 빠져보자. 아무쪼록 이 책으로 공부하는 독자 모두에게 훌륭한 성과가 있어 독해의 기본 실력이 튼튼하게 다져지고, 영어 문장을 만났을 때 자신감이 생기게 되기를 바란다. 또한 이 책이 영어 전문가로 향하는 꿈과 희망의 디딤돌이 되었으면 한다.

감악산에서 저자

PART 1

문장의 뼈대는 알아야지!

1장 ● 문장은 어떻게 구성되어 있나?

2장 ● 주어를 찾아라

3장 ● 동사를 보면 해석의 틀이 보인다

4장 ● 목적어를 찾아라

Part 1 ● 문장의 뼈대는 알아야지!

1장 | 문장은 어떻게 구성되어 있나?

1. 문장은 어떻게 만들어졌을까?
2. 문장의 기본 구조는 무엇일까?
3. 문장의 해석은 뼈대에서 시작된다
4. 문장에는 살도 있다
5. 의미의 연금술사, 구와 절

문장은 어떻게 만들어졌을까?

01 인류가 처음 쓴 말은?

사람들은 처음에 어떤 언어를 썼을까? 정확히 알 수는 없지만 다음과 같이 추정해볼 수 있다. 사람들은 처음부터 완전한 언어를 사용한 것이 아니라, '어엉~ 으아~ 아으~'와 같이 입에서 나오는 대로 소리를 냈을 것이다. 그러다 생존을 위해 모여 살고, 함께 사냥도 나가게 되면서 의사 전달의 필요성을 느끼게 되었을 것이다. 처음에는 동물의 형상을 그려서 자신의 뜻을 이웃에게 전달했겠지만 매일 아침마다 사냥할 동물의 모습을 이웃에게 그려 보이는 것은 너무 불편하기 때문에 그림을 그리는 대신 그것을 지칭하는 어떤 소리를 냈을 것이다. 그것이 '멧돼지'든 '사슴'이든 어떤 소리라도 상관없다. 중요한 것은 의사소통을 하기 위해 명사가 제일 처음 만들어졌을 것이라는 사실이다. 이렇게 명사를 만든 후에는 '멧돼지'라는 단어 하나로 모든 의사를 전달할 수 있게 되었다. 그리고 멧돼지를 사냥해오면 가족들이 몇 마리를 잡았는지, 크기는 어떠했는지 이것저것 물어보았을 것이다. 따라서 명사 다음에 탄생한 말은 명사를 설명해주는 말일 것이다. 명사를 만들고, 그 명사를 설명하는 말을 만들고, 명사를 만들고, 그 명사를 설명하는 말을 만들고, 이런 방식으로 언어 활동을 했을 것이다.

02 독해는 무엇일까?

문장이 명사와 그 명사를 설명하는 말로 이루어졌다면, 독해는 명사와 그 명사를 설명하는 말을 해석하는 과정의 반복이다. 따라서 독해를 할 때는 '명사-설명하는 말' → '명사-설명하는 말' 식으로 반복되는 리듬을 타는 것이 매우 중요하다. 독해를 공부한다는 것은 이런 과정을 꾸준히 반복하여 이 리듬을 몸에 익히는 것이다. 이 리듬에 익숙해지면 문장의 핵심 의미를 빨리 파악할 수 있다.

03 중요한 정보는 어디에 있을까?

명사가 오고 이를 설명하는 말이 뒤에 오는 것으로 문장이 이루어지기 때문에 '명사가 어떠하다(동사, 형용사)'는 것에 문장의 핵심 의미가 담겨 있다. 따라서 완벽하게 독해를 하지 않더라도 '명사가 어떠하다'는 식으로 문장을 보면 의미 파악이 빨라진다.

- He   is   handsome.
  그는 ~이다 잘생긴

  (He → handsome)

He가 명사이므로 이를 설명하는 말 'is handsome'이 뒤에 온다. '그'가 어떠하다는 말인가? 그에 대한 대답은 '잘생겼다'이다.
명사는 주어 자리에만 오는 것이 아니라 목적어 자리에도 온다. 목적어 자리에 온 명사를 설명하는 말은 그 뒤에 온다.

- I want   him to go there.
  나는 원한다   그는   간다   거기에

이 문장에서 'I'는 주어이므로 뒤에 오는 말인 동사가 이를 설명하고(I → want) 목적어에 쓰인 명사는 그 뒤에 오는 말이 설명한다(him → to go there). 즉 '나는 원한다. 그가 거기에 가는 것을'이라고 의미를 파악하면 독해가 쉬워진다. 특히 영어 신문이나 잡지를 볼 때 이런 방법으로 독해를 하면 짧은 시간에 많은 양을 볼 수 있다. 정보를 파악할 때는 명사와 이를 설명하는 말(동사와 형용사)을 찾는 것이 무엇보다 중요하다.

독해 연습 | 주어진 명사를 설명하는 말을 우리말로 써보자.

My teacher¹ said that the final test¹ was coming up. Everybody² in class got nervous when they² heard that. Tests³ are difficult things for us. There's no way to escape from it. The best policy⁴ is to study hard. We know that anxiety⁵ for the test may disappear by preparing for the test throughly. That's why we stay awake late at night.

1. My teacher → _____ the final test → _____
2. Everybody → _____ they → _____
3. Tests → _____
4. The best policy → _____
5. Anxiety → _____

해 석

선생님께서는 곧 기말고사가 다가올 것이라고 말씀하셨다. 그 소리를 들었을 때 반의 모든 아이들이 긴장했다. 시험은 우리에게 어려운 것이다. 그것을 피할 수는 없다. 최선의 방책은 열심히 공부하는 것이다. 시험에 철저히 대비함으로써 우리는 시험에 대한 걱정을 떨쳐낼 수 있다는 사실을 알고 있다. 그것이 바로 우리가 밤늦게까지 깨어 있는 이유이다.

해 답

1. My teacher → 말씀하셨다   the final test → 다가온다
2. Everybody → 긴장했다   they → 그 말을 들었다
3. Tests → 어려운 것이다
4. The best policy → 열심히 공부하는 것이다
5. Anxiety → 사라질 것이다

My teacher said that the final test was coming up

Everybody (in class) got nervous (when) they heard that

Tests are difficult thing (for us)

The best policy is to study hard

Anxiety (for the test) may disappear

02 문장의 기본 구조는 무엇일까?

01 문장이란?

얼굴을 마주보고 대화할 때는 전달하고 싶은 핵심적인 단어만으로도 의사소통이 가능하다. 그러나 글로 의미를 전달할 때는 반드시 갖추어야 할 조건이 있다. 그 최소한의 조건이 주어와 동사다. 이것이 있으면 의미가 형성되어 의사소통을 할 수 있다. 그렇다면 주어와 동사는 무엇인가? 이것은 앞에서 말했듯이 명사와 명사를 설명하는 말이다.

02 문장은 어떻게 구성되어 있을까?

명사는 문장을 이루는 가장 중요한 성분으로 의미를 전달하는 핵심적인 기능, 즉 문장의 뼈대가 된다. 하지만 명사 자체만으로는 별다른 의미를 가지지 못하므로 설명하는 말이 반드시 필요하다. 이것이 의미를 전달하는 문장의 가장 기본적인 방식이다. 문장의 측면에서 보면 명사는 주어가 되고 설명하는 말은 술어(서술어)가 된다. 따라서 주어 뒤에 오는 말은 모두 주어로 쓰인 명사를 설명하는 말이다.

- 명사 + 설명하는 말
  ↓   ↓
  주어   +   술어

술어를 조금 더 세분해서 살펴보면 '주어가 어떠하다'라고 주어를 설명할 수도 있고, '주어가 대상을 어떻게 하다'라고 설명할 수도 있다.

- 주어(명사) + 어떠하다(술어)
- **A baby sleeps on the bed.**
  아기가 침대에서 잔다.

물론 동사만으로 설명이 부족한 경우에는 동사 뒤에 형용사나 명사를 취하는데 이러한 형용사나 명사를 주격보어(주어를 보충해주는 말)라고 한다.

- **She is. (✗) → She is tall.**
  그녀는 크다. (She = tall)

  She is a teacher.
  그녀는 선생님이다. (She = teacher)

- 주어(명사) + 대상을 어떻게 하다(술어)

- **She loves a doctor.**
  그녀는 의사를 사랑한다. (She ≠ doctor)

문장에서 주어의 영향을 받는 대상(명사)을 목적어라고 하는데, 위의 문장에서는 a doctor가 목적어가 된다. 또한 목적어 역시 명사이므로 이를 설명하는 말(목적어의 보어=목적보어)이 뒤에 올 수 있다. 이렇게 되면 주어와 목적어 뒤에는 이들을 설명하는 말이 각각 올 수 있다. 따라서 다음과 같은 문장 형태가 된다.

- **He   keeps   his room   clean.** (He → keeps ; his room → clean)
  주어   동사   목적어   목적보어

  명사 + 설명하는 말   +   명사 + 설명하는 말

문장에서 목적보어는 목적어를 설명하는 말로 해석한다. 목적어 뒤에 오는 말은 주어가 아니라 목적어와의 관계 속에서 그 의미를 찾아야 한다는 것을 꼭 기억하자.

주어진 단어를 설명하는 말을 우리말로 써보자.

My grandmother[1] sets the table for us early in the morning. The food[2] always smells good. It makes us[3] feel hungry. We rush to the kitchen for breakfast and enjoy it. We show our gratitude to our grandmother. After breakfast, we hurry to school. My grandmother[4] usually cleans our rooms by herself, but sometimes she[5] makes us[5] do the cleaning.

1. My grandmother → _____
2. The food → _____
3. us → _____
4. My grandmother → _____
5. she → _____ us → _____

해 석

할머니께서는 우리를 위해 아침 일찍 식탁을 차리신다. 음식에선 항상 맛있는 냄새가 난다. 그것은 우리를 배고프게 한다. 우리는 부엌으로 달려가 아침 식사를 맛있게 한다. 우리는 할머니에게 감사를 표한다. 아침 식사 후 우리는 서둘러 학교에 간다. 할머니께서는 평소에는 우리방 청소를 손수하시지만 가끔은 우리에게 청소를 시키신다.

My grandmother sets the table (for us early in the morning)

The food (always) smells good

us feel hungry

My grandmother cleans our rooms

she makes us do the cleaning

해 답

1. My grandmother → 식탁을 차린다
2. The food → 맛있는 냄새가 난다
3. us → 배가 고프다
4. My grandmother → 우리의 방을 청소한다
5. she → 시킨다   us → 청소를 한다

19

문장의 해석은 뼈대에서 시작된다

01 쓰임새가 변하면 해석이 달라진다

문장 내에서 단어의 위치가 변하면 해석할 때 붙는 조사도 달라진다. house를 예로 들어 보자.

- **house** 집
- **in the house** 집에서
- **The house (is beautiful)** 그 집은 (아름답다.)
- **(We like) the house** 그 집을 (우리는 좋아한다.)

위의 예문에서는 house라는 단어가 상황에 따라 다양하게 해석되고 있다. 단순한 명사로서의 'house'의 의미는 '집'이지만 '~안에서'라는 전치사 in과 함께 쓰이면 '집에서'로 해석된다. 세 번째 문장처럼 주어로 쓰이면 '집은'이 되고, 네 번째 문장처럼 목적어가 되면 '집을'이 된다. 이처럼 해석이 달라지는 것은 문장의 구조가 '이/는/가', '을/를', '~것' 등의 의미를 만들어내기 때문이다.

결국 독해란 문장의 주요 성분에 맞추어 단어와 단어의 의미를 연결해가는 것이므로 문장이 해석되는 과정을 다음과 같이 도식화할 수 있다.

	She	enjoys	sports.
단어 의미 :	그녀	즐기다	운동
문장 성분 :	주어	동사	목적어
문장 성분의 해석 :	~이/는/가	~다	~을/를
최종해석 :	그녀는	즐긴다	운동을 → 그녀는 운동을 즐긴다.

02 주어를 설명하는 문장의 주요 성분

행위나 상태의 주체가 되는 명사를 주어라고 하고 이 명사(주어)를 설명하는 동사 이하를 서술어라고 한다. 이 서술어를 제외한 부분을 주부라고 하며 동사 앞에서 주어를 설명하는 부분도 주부에 포함된다. 독해를 잘하려면 이 주부*를 잘 파악해야 한다. 해석이란 기본적으로 주부와 술부를 연결하는 것이기 때문이다.

- **The man on the ground** | **is tall.**
  주부(주어) | 술부(서술어)

동사만으로 주어를 설명하지 못할 경우에는 형용사나 명사와 같은 설명하는 말이 서술어에 온다. 이 형용사나 명사를 보어라고 하며 이것들은 문장의 구조뿐만 아니라 해석에도 큰 영향을 미치므로 잘 알아두어야 한다.

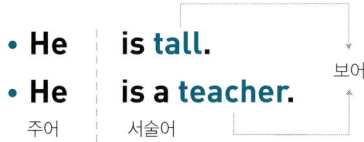

- **He** | is **tall**.
- **He** | is a **teacher**.   보어
  주어 | 서술어

보어는 주어의 상태를 설명하지만 목적어는 주어가 어떤 행동을 할 때 그 행동의 대상이 된다. 아래 예문에서는 like(좋아하다)만으로 주어(He)를 설명하는 것이 부족하므로 like의 대상인 English라는 목적어가 온다. 그래서 '그는 → 영어를 좋아한다(He → likes English)'가 된다.

- **He** | **likes English.**   목적어
  주어 | 서술어

영어 공부를 하려면 최소한 문장이 어떻게 이루어졌는지 알고 있어야 한다. 그래야 작문은 물론, 독해와 회화도 잘할 수 있다. 또한 문장이 길어지거나 어려워져도 문장의 구성 원리를 이용하면 쉽게 독해를 할 수 있다.

세상에 문장은 많고도 많다. 하지만 그 많은 문장도 정리를 해보면 위와 같이 주어와 서술어로 나뉘지고, 술어 속에 보어와 목적어가 들어 있음을 알 수 있다. 즉, 문장의 기본 골격은 주어, 동사, 보어, 목적어로 구성되어 있는 것이다. 문장에서 이런 골격을 파악할 수 있다면 독해가 더 이상 어렵게 느껴지지 않을 것이다.

---

*주어를 포함해서 동사 앞 부분에 있는 모든 것을 주부라고 하며 여기에는 주어를 설명하는 말이 포함된다. 하지만 가끔 주어가 주부를 지칭하는 말로도 쓰인다.

03 문장의 핵심, 명사와 형용사

다시 한번 말하지만 문장은 명사와 명사를 설명하는 말의 조합이다. 따라서 독해를 할 때 명사와 설명하는 말을 잘 연결하면 의미를 쉽게 파악할 수 있다.

명사는 주어, 목적어 자리에 온다. 사실 명사는 보어 자리에서 주어를 설명하는 기능을 하기도 하지만, 그런 경우 형용사와 같은 기능이 되므로 문장의 뼈대를 형성하는 명사에서 제외하도록 하겠다.

- 주어 + 동사 + 목적어 + ~
    ↑   ↑
   명사   명사

- **A baby** is sleeping on the bed.
  (주어 → baby = 명사)
- Students love their **teachers** very much.
  (목적어 → teachers = 명사)

형용사는 명사를 설명하는 역할을 하므로 주어나 목적어 뒤에 온다.

- 주어 + 동사 + 보어 ~
- 주어 + 동사 + 목적어 + 보어 ~
                         형용사

- She looks **beautiful**.
  (beautiful : 주어의 보어 – 형용사)
- They kept their room **clean**.
  (clean : 목적어의 보어 – 형용사)

주어진 문장을 주어와 이를 설명하는 부분으로 나누고 그 의미를 알아보자.

My children have climbed mountains[1] for several months and it has made them healthy.[2] Even a few months ago, they were very weak.[3] But now they are strong enough to climb mountains without any help. What makes them go up mountains? Is it their desire for health? No. In fact, my children enjoy eating in the mountains rather than climbing[4] itself. For them climbing is nothing but an excuse to eat outside.[5]

1. My children have climbed mountains.
- _____ → _____ • 나의 아이들은 _____ .

2. It has made them healthy.
- _____ → _____ • 등산은 _____ .

3. They were very weak.
- _____ → _____ • 아이들은 _____ .

4. My children enjoy eating rather than climbing.
- _____ → _____ • 아이들은 _____ .

5. Climbing is nothing but an excuse to eat outside.
- _____ → _____ • 등산은 _____ .

해 석

나의 아이들은 몇 달 동안 산에 올랐고 그것은 아이들을 건강하게 했다. 몇 달 전만 해도 아이들은 매우 허약했다. 그러나 지금은 어떤 도움도 없이 산에 오를 만큼 튼튼하다. 무엇이 아이들을 산에 오르게 하는 것일까? 자신들의 건강 때문일까? 아니다. 사실 아이들은 등산 자체보다는 산에서 먹는 것을 좋아한다. 그들에게 있어 등산은 단지 야외에서 먹는 것에 불과하다.

해 답

1. My children → have climbed the mountain. 산에 올랐다
2. It → has made them healthy. 아이들을 건강하게 했다
3. They → were very weak. 매우 허약했다
4. My children → enjoy eating rather than climbing. 등산보다 먹는 것을 좋아한다
5. Climbing → is nothing but an excuse to eat outside 그들에게는 단지 야외에서 먹는 것이다

04 문장에는 살도 있다

01 문장의 살, 형용사

문장이 뼈대(명사)로만 이루어졌다면 해석은 어렵지 않다. 하지만 문장의 뼈대에 살이 붙으면 뼈대가 가려지게 되어 독해가 어려워진다. 다시 말해, 뼈대와 살이 구별되지 않으면 문장의 의미를 파악하기 어렵다.

그러면 문장의 살이라는 것은 무엇인가? 뼈대에 붙는 살의 가장 흔한 예는 명사(뼈대) 뒤에 명사를 설명하는 말(살)이 오는 것이다.

- **The sports are popular in this country.**
  그 운동은 이 나라에서 인기 있다.

- **She enjoys the sports popular in this country.**
  그녀는 이 나라에서 인기있는 운동을 즐긴다.
  sports → (무슨 운동?) → popular in this country, 형용사 popular가 명사 sports를 설명

첫 번째 문장은 쉽게 해석되지만, 두 번째 문장에서는 어려움을 겪을 수 있다. 그것은 문장의 뼈대와 살을 구분하지 못했기 때문이다. 일반적으로 문장의 살이라고 하는 것은 형용사로써, 명사에 딸린 단어가 두 개 이상일 때는 명사 뒤에 온다. 따라서 popular in this country는 명사 앞이 아니라 명사 뒤에 온 것이다.

02 문장의 또 다른 살, 부사

문장의 살에는 형용사만 있는 것이 아니라 부사도 있다. 명사를 설명하는 것이 형용사라면 동사와 형용사를 설명하는 것은 부사이다.

독해를 하다보면 동사와 형용사를 설명하는 게 어떤 것인지 알기 어려울 때가 많다. 특별히 무엇을 설명하고 있다는 느낌이 들지 않기 때문이다. 그래서 문장에서 '~하기 위해서', '~ 때문에' 등으로 해석되면 동사나 형용사를 설명하는 것으로 보면 된다.

- I went home early to do my homework.

  went → (왜?) → to do my homework(~하기 위해서), to do my homework는 동사 went를 설명 : 부사

- I was happy to meet her yesterday.

  happy → (왜?) → to meet her(~때문에), to meet her은 형용사 happy를 설명 : 부사

03 문제는 구와 절이다

한 단어의 형용사는 쉽게 해석할 수 있다. 하지만 여러 개의 단어가 합쳐져서 하나의 형용사나 부사의 역할을 할 경우에는 독해가 어려워진다. 합쳐진 단어들이 어떻게 쓰이는지 모르기 때문이다.

단어들이 모여 하나의 형용사와 같은 역할을 하는 예로 준동사를 들 수 있다. -ing, 부정사, pp 등의 준동사는 단독으로도 쓰이기도 하지만 구를 이루어 문장의 살에 해당하는 역할을 하기도 한다.

- I sometimes watch men playing sports on the field.

  men → (어떤 사람?) → playing sports ~, 구 playing sports~가 men을 설명

이 문장에서는 -ing가 뼈대에 살을 붙이는 형용사 역할을 하므로 'playing sports on the ground'는 명사 'men'을 설명한다. 관계사절 역시 문장의 살에 해당하며 명사를 설명하는 역할을 한다. -ing/pp, to 부정사가 구를 이루어 설명한다면 관계사절은 절을 이루어 설명한다.

주어 동사
- I like sports which have a long history.

  sports → (어떤 운동?) → which have a long history, 절 which have a~가 sports를 설명

이렇게 뼈대와 살을 파악하면서 문장을 살펴보면, 독해가 상당히 단순하다는 것을 알 수 있다. 해석할 때는 글이 쓰인 순서대로 앞에서 뒤로 해석하자.

독해연습 | 주어진 단어를 설명하는 말을 우리말로 써보자.

> Soccer is a sport¹, which has a long history. After the World Cup in Korea, it has become the sport² popular among the adults as well as young children. Every Sunday morning, it is easy to see that people go out³ to play soccer. They look happy⁴ to enjoy the sport and to meet many people⁵ working in various fields.

1. sport → _____
2. sport → _____
3. go out → _____
4. happy → _____
5. people → _____

해석

축구는 오랜 역사를 가진 스포츠다. 한국에서 월드컵이 열린 이후 어린아이들뿐만 아니라 어른들 사이에서도 인기 있는 스포츠가 되었다. 매주 일요일 아침 사람들이 축구를 하러 나가는 것을 쉽게 볼 수 있다. 그들은 스포츠를 즐기고 다양한 분야에서 일하고 있는 사람들을 만날 수 있어 행복해 보인다.

해답

1. sport → 이것은 오랜 역사가 있다
2. sport → 어린아이들뿐 아니라 어른들 사이에서도 인기 있는
3. go out → 축구를 하기 위해
4. happy → 스포츠도 즐기고 많은 사람을 만나서
5. people → 다양한 분야에서 일하는

Soccer is a sport, which has a long history

After ~ the sport popular among the adults ~ children

Every Sunday morning, people go out to play soccer

They look happy to enjoy the sport and ~ many people

people working in various fields

05 의미의 연금술사, 구와 절

01 구와 절

'at school(학교에서)'처럼 단어와 단어가 만나 하나의 의미를 이루는 것을 '구(phrase)'와 '절(clause)'이라고 한다. 절은 단어와 단어가 만나 하나의 의미를 이룬다는 점에서 구와 같지만, 이 단어들이 주어와 동사의 관계를 갖는다는 점이 구와 다르다.

- **He was in the office yesterday.**
  단어+단어 ⋯ → 구

- **I think that the man is honest.**
  단어(주어)+단어(동사) ⋯ → 절

02 구와 절이 중요한 이유

단어의 수가 한정되어 있음에도 우리가 사용하는 말이 무한한 것은 단어와 단어가 조합되어 새로운 의미를 만들어내기 때문이다. 독해를 잘하기 위해서는 이렇게 조합되어 있는 말의 기능을 빨리 파악해야 한다. 단어와 단어를 조합하여 만든 구와 절은 문장에서 명사, 형용사, 부사의 역할을 하며 문장의 주된 성분으로 쓰인다.

- 단어 + 단어 + ⋯ → 구, 절 ⇒ 명사
- 단어 + 단어 + ⋯ → 구, 절 ⇒ 형용사
- 단어 + 단어 + ⋯ → 구, 절 ⇒ 부사

03 절의 역할과 해석

문장에서 절은 명사처럼 주어도 되고 목적어도 되고 보어도 된다. 물론 명사를 설명하는 형용사나 부사도 된다. 다음 문장을 해석해보자.

- **주어**

Whether he is honest or not is still questionable.
~이/는/가 (주어)
→ 그가 정직한지 아닌지는 여전히 의심스럽다.

- **목적어**

I know that he is honest.
~을/를 (목적어)
→ 그가 정직하다는 것을 나는 안다.

- **보어**

My point is that he is honest.
~인(하는) 것
→ 나의 요점은 그가 정직하다는 것이다.

절이 길다고 지레 겁먹을 필요는 없다. 절은 하나의 명사처럼 단일한 의미를 나타내므로 명사를 해석하는 것처럼 해석하면 된다. 또한 절이 형용사나 부사처럼 쓰일 때는 명사나 동사를 설명하는 것으로 해석한다.

- **형용사(명사 설명)**

I know a man who is handsome.
사람 : (어떤 사람?) → 잘 생긴 사람

- **부사(동사 설명)**

Please wait until he comes.
기다려라 : (언제까지?) → 그가 올 때까지

절은 주어, 목적어, 보어가 될 수 있을 뿐만 아니라 명사, 형용사, 동사를 설명하는 역할을 한다. 따라서 절이 있는 문장 전체를 보고 절이 어떻게 쓰였는지를 찾아 그것에 맞게 해석하면 된다. 참고로 관계대명사절이 명사를 설명할 때는 형용사의 역할을 하므로 '~의',

'~인' 등으로 해석한다. 형용사를 설명할 때는 원인, 이유, 목적, 결과 등의 의미로 해석한다.

04 전치사구의 역할과 해석

전치사와 명사가 합쳐진 형태인 '전치사+명사'는 명사나 형용사, 동사를 설명하는 역할을 한다. 이를 '전치사구'라고 한다.

- 명사 설명

Look at the man in the window!

사람 : (어떤 사람?) → 창가에 있는

- 형용사 설명

I was happy with the news.

행복한 : (왜?) → 그 소식에(때문에)

- 동사 설명

I was at home yesterday.

있었다 : (어디에?) → 집에

이런 전치사구는 절처럼 문장의 주된 뼈대를 이루지는 않는다. 대신 주된 뼈대를 설명하는 기능을 한다. 따라서 전치사구를 해석할 때는 뼈대를 설명하는 것에 초점을 맞추는 것이 좋다.

주어진 단어를 설명하는 구나 절을 찾고 그 의미를 알아보자.

The Red Devils support the Korean national soccer team as the twelfth player. They applaud and cheer on the players[1] playing on the field. Sometimes matches[2] between nations are held late at night. Many Red Devils[3], who are eager to watch the game, get together at the stadium to support their team even at night. Some people gather in the pubs or other places to watch the game on the big screen TVs. They yell and celebrate[4] when their team scores goals. Others, who couldn't see the game, are happy[5] in the morning with the news that their team won the match.

1. players - _____ ; _____

2. matches - _____ ; _____

3. Red Devils - _____ ; _____

4. yell and celebrate - _____ ; _____

5. happy - _____ ; _____

해석

붉은 악마는 12번째 선수로 한국 국가대표 축구팀을 후원한다. 그들은 운동장에서 경기하는 선수들에게 환호하고 큰 박수를 보낸다. 때로는 국가 간의 경기가 늦은 밤에 있다. 그 경기를 보기를 원하는 많은 붉은 악마는 밤에도 경기장에 모여 그들의 팀을 응원한다. 어떤 사람들은 대형 화면으로 경기를 보기 위해 술집이나 다른 장소에 모인다. 그들은 그들의 팀이 골을 넣었을 때 크게 고함을 치고 즐긴다. 경기를 보지 못한 사람들은 아침에 이겼다는 소식을 듣고 기뻐한다.

on the players playing on the field

matches between nations

Red Devils, who are eager to watch the game

yell and celebrate when their team scores goals

happy with the news that their team won the match

해답

1. players – playing on the field ; 운동장에서 경기하는
2. matches – between nations ; 국가 간의
3. Red Devils – who are eager to watch the game
   ; 경기를 보기 원하는
4. yell and celebrate – when their team scores goals
   ; 그들의 팀이 골을 넣을 때
5. happy – with the news that their team won the match
   ; 그들의 팀이 승리했다는 소식에

Part 1 ● 문장의 뼈대는 알아야지!

2장 | 주어를 찾아라

1. 주어 자리에는 명사가 온다
2. 명사가 무엇인지 진짜로 아니?
3. 주어는 끝까지 기억하자
4. 형용사가 주어를 가린다
5. -ing, 드디어 주어가 되다
6. 무늬만 주어인 것도 있다
7. 절도 주어가 될 수 있다

01 주어 자리에는 명사가 온다

01 주어와 명사

독해를 할 때 제일 먼저 파악해야 하는 것이 무엇일까? 바로 주어이다. 그러면 주어 자리에는 어떤 것이 올 수 있을까? 주어 자리에는 명사라는 말이 붙어 있는 보통명사, 인칭대명사, 관계대명사, 지시대명사 등이 모두 올 수 있다. 그러나 재귀대명사(myself, yourself…)는 주어 자신을 지칭하는 말이기 때문에 주어 자리에는 올 수 없고 목적어 자리에 온다. 명사라는 명칭은 붙지 않지만 명사처럼 쓰이는 의문사도 주어 자리에 올 수 있다.

02 명사에는 어떤 것이 있을까?

사물을 지칭할 때마다 그 모양을 그릴 수는 없기 때문에 사람들은 사물을 대신하는 어떤 말들을 만들었다(구체적인 형태가 있는 사물 앞에는 관사 a/an을 쓴다). 또한 God, love, hate, air 같은 상상이나 관념의 형태로 존재하는 단어들도 만들었다(셀 수 없는 단어에는 a/an(= one)을 쓸 수 없다).

- **A bird is singing in the tree.**
  새 한 마리가 나무에서 지저귀고 있다.
- **Most men dream of falling in love with a beautiful lady.**
  대부분의 남자들은 아름다운 여자와 사랑에 빠지는 꿈을 꾼다.

그리고 단어의 반복을 피하기 위해 앞에서 사용한 말을 대신하는 대명사도 만들었다. 그래서 남자를 대신해서 he, 여자를 대신해서 she, 사물을 대신해서 it을 사용한다. 또한 복수의 경우에는 they를 사용한다.

- **I met a friend. He was tall.**
  나는 친구를 만났다. 그는 키가 컸다.

- **I saw something in the darkness. It was a lion.**

  나는 어둠 속에서 무엇인가를 보았다. 그것은 사자였다.

- **Look at the spiders! They are eating flies.**

  거미들을 봐라. 그것들이 파리를 먹고 있다.

또한 동사를 명사로 변화시켜 주어로 사용하는 동명사('동사 + ing')도 만들었다.

- **Raising money is very difficult.**

  돈을 모으는 것은 매우 어렵다. (raise + –ing ⇒ raising)

03 사물도 주어가 된다

우리말과 달리 영어에서는 사물이 주어가 되기도 한다. '우리는 많은 돈으로 많은 물건을 샀다'를 영작해보면 첫 번째와 같은 문장이 대부분일 것이다.

- **We bought many things with a lot of money.**
- **A lot of money enabled us to buy many things.**

두 번째 문장은 '많은 돈은 우리가 많은 것을 사는 것을 가능하게 했다'라는 의미다. 첫 번째 문장에 비해 돈이 강조되고 있으며 돈이 사람처럼 여겨져 생동감이 느껴진다. 영어는 논리를 중요하게 여기기 때문에 '무엇'이 '어떻게 했다'는 식으로도 사고를 한다. 따라서 '무엇'은 사물이여도 좋다. 보다 중요하게 여겨지는 것이 주어 자리에 온다.

독해 연습 | 주어진 문장의 주어와 형태를 알아보자.

A five-day work week gives us many things.[1] One of them is much more leisure time. People are busy doing what they can't do during the week.[2] It is said that people are more busy on weekends. Some people go mountain climbing. Walking in the woods for a long time gives people time to think about many things: friends, family, love, hate, etc. Drinking water after being thirsty for a long time makes us feel that we are alive. On the top of the mountain, we breathe fresh air which we have never breathed in the city and feel true freedom. How people live is different from person to person.[3] But what is important is to take time to look back on life.[4]

1. A five-day work week gives us many things.
  • 주어 : _____ , 품사 : _____

2. People are busy doing what they can't do during the week.
  • 주어 : _____ , 품사 : _____

3. How people live is different from person to person.
  • 주어 : _____ , 형태 : _____

4. What is important is to take time to look back on life.
  • 주어 : _____ , 형태 : _____

해 석

주 5일 근무는 우리에게 많은 것을 준다. 그중 하나가 더 많은 여가 시간이다. 사람들은 주중에 하지 못했던 것들을 하느라고 바쁘게 보낸다. 그래서 사람들은 주말에 더 바쁘다고 말한다. 어떤 사람들은 등산을 간다. 오랫동안 숲을 걷는 것은 친구, 가정, 사랑, 증오와 같은 것에 대해 생각할 시간을 준다. 그리고 오랜 갈증 후에 마시는 물은 우리에게 살아있음을 느끼게 한다. 산 정상에서 우리는 도시에서 맛보지 못한 신선한 공기를 마시고 진정한 자유를 느낀다. 인생을 어떻게 사는지는 사람마다 다르다. 그러나 중요한 것은 인생을 돌아볼 시간을 갖는 것이다.

해 답

1. A five-day work week – 명사
2. People – 명사
3. How people live – 의문사절
4. What is important – 관계사절

02 명사가 무엇인지 진짜로 아니?

01 명사의 의미

명사는 사물의 이름을 나타내거나 지칭하는 말이다. 그런데 사물을 일컫는다는 것은 사물의 범주를 규정하는 것이기도 하다. 따라서 명사는 단순히 사물의 이름을 지칭하는 것을 넘어 그 사물이 속한 범주까지도 의미한다. 그래서 주어를 설명하는 말이 형용사냐, 명사냐에 따라 의미와 해석이 달라진다.

- **She is blond.** 그녀는 금발이다. (blond : 형용사, 금발의)
- **She is a blond.** 그녀는 금발의 미녀이다. (a blond : 명사, 금발)

첫 번째 문장의 blond는 주어(명사)의 상태를 설명하는 형용사로 쓰였으며 '머리가 금발이라는 것' 이상의 의미는 없다. 반면에 두 번째 문장에서 blond는 '그녀는 금발의 범주에 드는 사람', 즉 예쁘고 날씬하다는 것을 의미하는 명사로 쓰였다.

02 문장 구조에서의 명사

주어, 목적어, 보어 자리에 와서 문장의 뼈대를 이루는 명사에는 대명사, 인칭대명사, 관계대명사 등이 있으며, 주격관계대명사, 목적격관계대명사 등은 관계대명사만의 특별한 용법이 아니라 명사이기 때문에 생기는 용법이다.

- **I know a girl. The girl is pretty.**
  ↓ 명사 : 그 여자는
  I know a girl. She is pretty.
  ↓ 대명사 : 그녀는
  I know a girl who is pretty.
  관계대명사 : 그녀는

35

위의 문장을 보면 대명사나 관계대명사의 해석이 명사의 해석과 똑같다는 것을 알 수 있다. 모두 명사에 속하기 때문이다. 접속사 'that'도 마찬가지다. that을 '명사처럼 쓰이는 접속사'라고 알고 있으면 주어, 목적어, 보어 자리에 that 절이 오는 것을 당연하게 받아들이게 된다. 의문사도 명사처럼 쓰이므로 주어, 목적어, 보어 자리에 온다.

영어를 공부할 때는 무조건 외우지 말고, 우선 명칭을 살펴보자. 명칭의 의미만 파악해도 그것이 문장에서 어떻게 쓰이는지, 어떻게 해석되는지를 알 수 있다.

03 해석에서의 명사

명사가 어떤 의미를 가지고 있으며 어떤 기능을 하는지 알았다면 '~명사'를 해석하는 것은 어렵지 않다. 주어, 목적어, 보어로 쓰인 명사를 각각의 격에 맞게 해석하듯이 '~명사'의 이름을 가진 것들(인칭대명사, 명사절, 관계대명사 등)도 이에 맞게 해석하면 된다.

- **The fact is important for us.**
  주어 : ~은/는
  What I should do next is important for us.
  다음에 내가 무엇을 하는지는

- **I want to know the fact.**
  목적어 : ~을/를
  I want to know what I should do next.
  다음에 내가 무엇을 할지를

- **What I want to know is the truth.**
  보어: ~인, ~하는 것
  What I want to know is that he can't go there.
  그가 거기에 갈 수 없다는 것

보어는 늘 동사와 더불어 해석되기 때문에 하나의 동사처럼 해석된다(is pretty → 예쁘다, is the truth → 진실이다). 따라서 형용사나 명사가 보어로 오면 동사와 합쳐서 해석하고, 절이 올 경우에는 '~하는 것'을 첨가하여 해석하면 무난하다.

독해 연습 이탤릭체로 된 절의 역할(주어/ 목적어/ 보어)과 그 의미를 우리말로 써보자.

We know well that too much fat in the body is very harmful.[1] How much fat do you have in your body? Let's measure your body fat. The first step is that you have to measure your height and weight.[2] Dividing height by weight is the next step. This method called 'BMI(Body Mass Index)' is easy to measure. The larger the number is, the more overweight you are. If you are overweight, what you have to do is clear.[3] Go out and exercise every day. Avoid meat and enjoy vegetables.

1. We know well *that too much fat in the body is very harmful*.
- (역할) _____
- (의미) _____

2. The first step is *that you have to measure your height and weight*.
- (역할) _____
- (의미) _____

3. *What you have to do* is clear.
- (역할) _____
- (의미) _____

해석

우리는 몸에 있는 너무 많은 지방이 매우 해롭다는 것을 안다. 여러분은 얼마나 많은 체지방을 갖고 있는가? 체지방을 측정해보자. 첫 번째 단계는 여러분의 키와 몸무게를 측정하는 것이다. 다음으로 키를 몸무게로 나눈다. BMI라는 방법으로 간단하게 측정할 수 있다. 그 수가 크면 클수록 과체중이다. 만약 과체중이라면 여러분이 해야 할 것은 분명하다. 나가서 매일 운동을 해라. 고기를 피하고 채식을 즐겨라.

해답

1. 목적어 – 몸에 있는 너무 많은 지방은 매우 해롭다는 것을
2. 보어 – 여러분의 키와 몸무게를 측정하는 것
3. 주어 – 여러분이 해야 할 것은

03 주어는 끝까지 기억하자

01 전치사로 주어를 설명한다

주어를 동사로 설명하기 전에 다른 말이 오게 되면 문장이 복잡해져서 독해가 어려워진다. 그런데 주어를 설명하는 말로 가장 흔하게 오는 것이 전치사다. 전치사는 뒤에 딸린 명사나 명사절과 함께 주어를 설명한다. 아래 예문을 살펴보자.

- **The content of this book is very useful to me.**
  이 책의 내용은 나에게 매우 유용하다.

이 문장에서 the content는 주어이고, 전치사와 명사 of this book이 주어를 설명한다. 'of + 명사'로 주어를 설명하는 형태는 흔한 유형이므로 쉽게 해석할 수 있다. 하지만 독해를 하다보면 다음과 같은 긴 문장을 자주 접하게 된다. 이 문장은 어디까지가 주어일까?

- **Ideas about how parents punish children differ from culture to culture.**
  부모들이 어떻게 아이들을 처벌하는가에 대한 생각은 문화마다 다르다.

Ideas가 주어 자리에 왔지만 그 뒤에 how 절이 와서 어디까지가 주어인지 알기 어렵다. 하지만 이 문장도 전치사와 이에 딸린 말(명사)로 주어를 설명하는 형태이다. 다만 설명하는 말이 주어와 동사가 있는 절이라는 것이 위의 문장과 다를 뿐이다. 따라서 절의 의미를 하나의 덩어리로 묶고 동사의 해석으로 넘어가면 된다.

- **Ideas about how parents punish children differ ~.**

주어 Ideas를, 의문사절이 있는 전치사 about이 보충 설명하고, 동사 differ가 마무리로 설명한다. '아이들을 처벌하는 방법에 대한 생각'처럼 뒤에서 앞으로 파악하지 말고 언제나

물 흘러가듯이 앞에서 뒤로 의미를 파악하자.

<u>생각</u> 어떻게 부모들이 아이들을 처벌할 것인가 (그 생각은) <u>다르다</u>

'주어를 가볍게 한 번 설명하고 동사로 마무리 설명'하는 방식으로 독해를 하면 주어와 동사가 자연스럽게 연결되고 의미도 확실하게 파악된다. 주의해야 할 점은 동사 앞에서 주어를 한 번 더 넣는 것이다. 그래야 주어와 동사가 곧바로 연결되어 의미가 한층 분명해진다. 그러기 위해선 문장의 마지막까지 주어를 계속 기억해야 한다.

전치사 뒤에는 단어든, 구든, 절이든 명사가 나온다. 단, 절이 오려면 명사처럼 쓰는 절이 와야 한다. 의문사는 명사처럼 쓰이므로 전치사 뒤에는 의문사절이 올 수 있다.

02 주어를 설명하는 말에 -ing도 온다

동명사 -ing는 명사이기 때문에 전치사 뒤에도 온다. 따라서 주어를 설명하는 형태는 다음과 같이 될 수 있다. 실제 문장에서 많이 보이는 형태이므로 절을 해석할 때처럼 앞에서 뒤로 읽으면서 의미를 파악하자.

- **The act of speaking with one's mouth full is not good manners.**
  ① (무슨 행동?)   ② (그 행동은)

이 문장은 -ing로 주어를 간단히 설명하고 동사로 마무리 설명을 한다. 절로 주어를 설명하는 경우와 마찬가지로 문장의 마지막까지 주어를 꼭 기억해두어야 한다. 동사를 해석하기 전에 주어가 한 번 더 사용되기 때문이다.

- <u>행동</u> 입에 음식을 가득 채운 채로 말하는 것 (그 행동은) <u>좋은 예절이 아니다</u>.

이런 리듬에 익숙해지면 독해가 빨라지고 쉬워진다. 복잡한 것 같지만 실제로 연습해보면 쉽게 익힐 수 있다.

독해 연습 | 주어진 문장에서 주어를 설명하는 말을 찾고 그 의미를 알아보자.

The reason why the kid died was not known to us.[1] Some doctors say food like candy, grapes, and nuts may be the cause.[2] Usually, they are too round or big for kids that they can be easily caught in their throat. That's why the act of giving round and big candy to kids should be banned.[3] Parents and baby sitters should keep in mind that the young children can die from choking.

1. The reason why the kid died was not known to us.
- The reason → _____ → (The reason) → was not known to us.
- 이유 → _____ → (그 이유는) → 우리에게 알려져 있지 않았다.

2. Food like candy, grapes, and nuts may be the cause.
- Food → _____ → (Food) → may be a cause.
- 음식 → _____ → (이 음식이) → 한 원인이 될 수 있다.

3. The act of giving round and big candy to kids should be banned.
- The act → _____ → (The act) → should be banned.
- 행동 → _____ → (그 행동은) → 금해져야 한다.

해 석

그 아이가 죽은 이유는 우리에게 알려지지 않았다. 몇몇 의사는 사탕, 포도 그리고 호두와 같은 음식이 원인일 수 있다고 말한다. 일반적으로 이런 것들은 아이들에게 너무 둥글거나 커서 목에 쉽게 걸릴 수 있다. 이것이 아이들에게 둥글고 큰 사탕을 주어서는 안 되는 이유이다. 부모들과 보모들은 어린아이들이 질식으로 죽을 수 있다는 것을 명심해야 한다.

해 답

1. why the kid died – 왜 그 아이가 죽었는지
2. like candy, grapes, and nuts – 사탕, 포도 그리고 호두와 같은
3. of giving round and big candy to kids – 둥글고 큰 사탕을 아이들에게 주는

04 형용사도 주어를 가린다

01 형용사의 의미

일반적으로 주어에 쓰인 명사는 동사가 설명하지만 동사가 오기 전에 형용사가 와서 주어를 설명하기도 한다. 하지만 주어로 쓰인 명사 뒤에 형용사가 오면 주어와 동사의 거리가 멀어져 의미 파악이 힘들어진다. 따라서 독해를 잘하기 위해서는 주어 뒤에 형용사가 나와 주어를 설명하는 형태에 익숙해져야 한다. 형용사는 beautiful, good 등과 같은 단어뿐 아니라, 앞서 설명한 전치사+명사, -ing, 부정사 등의 형태로도 나타난다. 또한 관계사 같은 절도 명사를 설명하기 때문에 얼마든지 주어를 설명할 수 있다.

02 주어를 설명하는 형용사

보통 형용사가 한 단어일 경우에는 명사 앞에서 그 명사를 설명하는 역할을 하지만 형용사에 다른 단어가 연결되어 보다 많은 의미를 가지게 되면(이를 '형용사구'라고 한다) 명사 뒤에서 그 명사를 설명한다. 딸린 단어가 있는 형용사가 명사 앞에 오면 형용사와 명사의 거리는 멀어진다. 이때에는 형용사와 이에 딸린 단어를 뒤로 보내 형용사와 명사와의 거리를 좁힌다. 이렇게 되면 '명사+설명하는 말'의 형태가 되어 명사의 의미가 훨씬 쉽게 파악된다.

- **the interesting to children books (✗)**
  거리가 멀다

- **the books interesting to children (○)**
  거리가 가깝다

명사 앞에 설명하는 말이 많으면 명사에 도달할 때까지 이들 단어들을 차곡차곡 쌓아가며 해석해야 하기 때문에 전체적인 의미를 파악하기 힘들다. 하지만 이들이 명사 뒤에 오면 명사의 의미를 풀어 없애는 방식으로 의미가 파악되므로 이해하기 쉽다.

- **The interesting books are comic books.**
  이 재미있는 책은 만화책이다.
- **The books interesting to children are comic books.**
  이 책은 아이들에게 재미있는데 이것은 만화책이다.
- **The books which are interesting to children are comic books.**
  이 책은 아이들에게 재미있는데 이것은 만화책이다.

우리가 알고 있는 관계대명사나 관계부사 역시 명사를 절로 설명하기 위해 쓴 것이다. 따라서 관계사절은 명사를 설명하는 식으로 해석하면 된다.

- **The books which are interesting to children are comic books.**
  (무슨 책?) → 아이들에게 흥미로운 책

그리고 명사를 설명하는 절에는 관계사절 외에 동격을 나타내는 that절이 있다. 동격의 절 역시 주어를 다시 한 번 부연 설명하는 식으로 의미를 파악하면 된다.

- **The news that he was alive was reported on TV.**
  (무슨 소식?) → 그가 살아있다는 소식

명사 뒤에 설명하는 말이 오면 전치사가 올 때와 마찬가지로 형용사 부분을 주어를 설명하는 것으로 가볍게 해석하고 동사로 마무리 해석을 하자.

- **The books interesting to children are the comic books.**
  (어떤 책?)   (그 책은)

- 책 → 아이들에게 재미있는 → (그 책은) → 만화책이다.

위 문장은 '그 책은 아이들에게 재미있는데 그것은 만화책이다'라는 의미다. 이것을 우리말 어법에 맞게 해석하면 '아이들에게 재미있는 책은 만화책이다'가 된다. 하지만 빠른 독해를 위해서는 앞에서부터 읽어가면서 의미를 파악하는 연습을 해야 한다.

03 -ing도 주어를 설명한다

-ing는 명사(동명사)뿐만 아니라 형용사로도 쓰인다. 따라서 명사의 앞이나 뒤에 위치해 주어를 설명하는 기능을 한다. -ing 역시 한 단어로 명사를 설명할 때는 명사 앞에 나오고, -ing에 딸린 단어가 있으면 명사 뒤에 온다.

- **the sleeping on the bed baby** (×)
- **the baby sleeping on the bed**

-ing가 형용사로 쓰인 예문을 살펴보자.

- **The sleeping baby is very pretty.**
- **The baby sleeping on the bed is very pretty.**
- **The baby who is sleeping on the bed is very pretty.**

-ing가 주어를 설명하는 말로 쓰인 문장을 앞에서 배운 것과 마찬가지로 의미를 파악한다. -ing를 주어를 설명하는 것으로 가볍게 해석하고 동사로 마무리 해석을 한다.

- **The baby sleeping on the bed is very pretty.**
  (어떤 아기?) (그 아기는)

- 아기 → 침대에서 자고 있는 → (그 아기는) → 매우 예쁘다.

04 당연히 부정사도 가능하지!

부정사도 형용사처럼 쓰이며 주어를 설명하는 역할을 한다. 따라서 부정사를 주어를 설명하는 것으로 가볍게 해석하고 동사로 주어의 의미를 마무리 짓는다.

- **The way to find a path is to look at the compass.**
  (어떤 방법?) (그 방법은)

- 방법 → 길을 찾는 →  → 나침반을 보는 것이다.

05　독해를 잘하려면 주어를 파악하자

주어 자리에 오는 것은 명사다. 그런데 앞에서 살펴본 바와 같이 주어를 설명하는 말이 오게 되면 주어가 길어지고 문장이 복잡해져서 독해가 어려워진다. 하지만 명사와 이를 설명하는 말을 하나의 의미로 묶을 수 있게 되면 긴 문장이 짧은 문장들로 보이기 시작한다. 그렇게 되야 비로소 독해가 제대로 된다.

- **The books interesting to children are the comic books.**
  → **The books are interesting to children.**
  　The books are the comic books.

- **The baby sleeping on the bed is very pretty.**
  → **The baby is sleeping on the bed.**
  　The baby is very pretty.

명사와 형용사의 개념을 확실히 알면 복잡하고 긴 문장의 의미를 쉽게 파악할 수 있다. 그것이 주어와 동사의 경우라면 더욱 그러하다.

독해 연습

문장에서 주어를 설명하는 말을 찾고 그 의미를 알아보자.

The games held in the gym excite me[1] because cheerleaders come out and dance to music. They are professionals, so the thought that they have to make the crowd excited always exists in their mind.[2] Surely the games popular with the young are more interesting[3] because of them. At first, cheerleaders were men in the U.S., but today both men and women can be cheerleaders. Men and women who work together are seen in some games.[4] Sometimes men throw the women high in the air and catch them and the crowd gets excited.

1. The games held in the gym excite me.
   - The games → _____ → (The games) → excite me.
   - 경기 → _____ → (그 경기는) → 나를 매료시킨다.

2. The thought that they have to make the crowd excited always exists in their mind.
   - The thought → _____ → (The thought) → always exists in their mind.
   - 생각 → _____ → (그 생각은) → 늘 존재한다.

3. The games popular with the young are more interesting.
   - The games → _____ → (The games) → are more interesting.
   - 경기 → _____ → (그 경기는) → 더 흥미롭다.

4. Men and women who work together are seen in some games.
   - Men and women → _____ → (Men and women) → are seen in some games.
   - 남녀 → _____ → (그들은) → 몇몇 경기에서 보인다.

해석

체육관에서 열리는 스포츠 경기는 치어리더들이 나와 음악에 맞춰 춤을 추기 때문에 나를 매료시킨다. 그들은 전문가다. 그래서 그들은 관중을 흥분시켜야 한다고 늘 생각한다. 확실히 젊은이들에게 인기 있는 경기는 그들 때문에 더욱 흥미로워진다. 처음에 미국에서 치어리더들은 남자뿐이었지만 오늘날에는 남자와 여자가 치어리더가 될 수 있다. 남녀가 함께 응원하는 모습을 몇몇 경기에서 볼 수 있다. 가끔 남자가 여자를 하늘 높이 던지고 받으면 관중은 흥분한다.

해답

1. held in the gym – 체육관에서 열리는
2. that they have to make the crowd excited – 그들이 관중을 흥분시켜야 한다는
3. popular with the young – 젊은이에게 인기 있는
4. who work together – 함께 일하는

-ing, 드디어 주어가 되다

01 -ing의 해석

일반적으로 -ing를 동명사라고 한다. 명사라는 말이다. 하지만 -ing는 명사뿐만 아니라 형용사로도, 부사로도 쓰인다. -ing가 문장에서 명사로 쓰일 때는 주어, 목적어, 보어로 해석하고, 형용사로 쓰일 때는 명사를 설명하는 말로 해석한다. 부사로 쓰일 때는 원인, 이유, 시간 등을 나타내는 의미로 해석한다.

02 주어로 쓰인 -ing의 해석

명칭에서도 알 수 있듯이 동명사는 동사와 명사를 합쳐놓은 말이다. 왜 동사에 명사의 기능을 첨가한 것일까? '집에 일찍 가는 것은 중요하다'라는 예문을 통해 그 이유를 살펴보자.

- **Go home early is important. (✕)**

문장에는 주어와 동사가 한 번씩만 올 수 있다. 그러나 위의 문장에서는 'Go'와 'is'라는 동사가 두 번 나왔다. 따라서 틀린 문장이다. 동사 하나를 없애려면 그 동사의 품사를 바꾸면 된다. 이 문장의 경우에는 주어 자리에 있는 Go를 명사로 만들면 된다. 동사를 명사로 만들려면 -ing를 붙여 동명사로 바꾼다. 즉 Go에 -ing를 붙여 Going이 되면 동사는 사라지고 새로운 명사가 된다.

- **Going home early is important.**

go는 '가다'라는 의미지만 going은 명사이므로 '가는 것'이 된다. 따라서 위 문장은 '일찍 집에 가는 것은 중요하다'로 해석할 수 있다.

03 -ing가 목적어를 취하면?

-ing는 동사를 명사로 변형시킨 것이므로 동사의 성질도 가진다. 따라서 목적어를 취할 수 있다. 하지만 주어에 쓰인 -ing가 목적어를 취하게 되면 주어와 동사의 사이가 멀어지게 되어 해석도 그만큼 어려워진다.

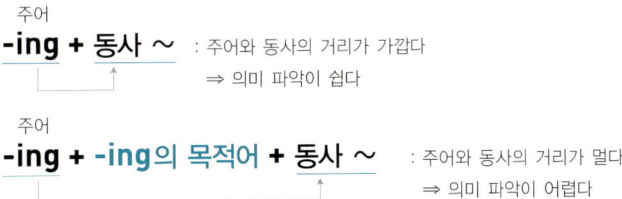

실제 독해에서는 이런 문장이 자주 나온다. 이런 문장을 만났다면 '-ing가 동사의 성질이 있으므로 목적어를 취하고 있구나! 동사는 그 뒤에 있겠지!'라고 생각해야 독해 실력이 향상된다.

- **Driving a car very fast on a narrow road is very dangerous.**
  좁은 길에서 매우 빠르게 차를 운전하는 것은 / 매우 위험하다.

car를 Driving의 목적어로 해석하고 동사 앞까지를 하나의 의미로 묶어 주어로 해석한다. 주어가 길수록 하나의 의미로 묶어서 해석하는 것이 중요하다.

- **Sitting down alone in one place makes people weary.**
  (한 장소에 혼자) 앉아 있는 것은 / 사람을 따분하게 만든다.

주어로 쓰인 -ing 뒤에 명사가 오면 그것은 대부분 -ing의 목적어이다. 하지만 모든 동사가 목적어를 취하는 것이 아니기 때문에 명사가 오지 않을 수도 있다. 그러나 동사 앞까지를 하나의 의미로 묶어 해석하는 방식은 동일하다.
이처럼 주어로 쓰인 -ing는 뒤에 목적어를 동반할 수도 있고 그렇지 않을 수도 있으므로 두 가지 형태 모두를 눈에 잘 익혀두자.

독해 연습

주어진 문장의 주어(주부)를 찾고 그 의미를 알아보자.

Have you ever considered taking an active role for a better society? We are here for you. How can you help us? Taking part in political campaigns for the coming election is one way.[1] Putting up posters on the walls is needed.[2] Sitting and monitoring newspapers is also possible.[3] Raising money is very helpful for us.[4] Anything you can do for us is welcome.

1. Taking part in political campaigns is one way.
- 주어 : _____
- 의미 : _____

2. Putting up posters on the walls is needed.
- 주어 : _____
- 의미 : _____

3. Sitting and monitoring newspapers is also possible.
- 주어 : _____
- 의미 : _____

4. Raising money is very helpful for us.
- 주어 : _____
- 의미 : _____

해 석

보다 나은 사회를 위해 적극적인 역할을 하는 것을 고려해보았습니까? 당신을 위해 우리가 여기에 있습니다. 어떻게 우리를 돕느냐고요? 다가오는 선거를 위한 정치캠페인에 참여하는 것이 한 가지 방법입니다. 벽에 전단을 붙이는 것이 필요합니다. 앉아서 신문을 모니터하는 것 또한 가능합니다. 돈을 모으는 것도 우리에게 매우 도움이 됩니다. 우리를 위해 여러분이 할 수 있는 어떤 것도 환영합니다.

해 답

1. Taking part in political campaigns – 정치 캠페인에 참여하는 것이
2. Putting up posters on the walls – 벽에 전단지를 붙이는 것이
3. Sitting and monitoring newspapers – 앉아서 신문을 모니터하는 것이
4. Raising money – 돈을 모으는 것은

06 무늬만 주어인 것도 있다

01 대명사 it

대명사 it은 앞에 나온 명사를 대신하는 말이므로 문장에서 주어가 될 수 있다.

- **I have a comic book. It is interesting.**
  나는 만화책을 갖고 있다. 그것은 재미있다.

이 문장에서 it은 앞에 나온 명사 a comic book을 가리킨다. 그래서 '그것은'이라고 해석한다.

02 가짜 주어 it을 쓰는 이유

주어 자리에는 명사를 쓴다고 했다. 그렇다면 명사의 역할을 하는 부정사도 주어 자리에 쓸 수 있을까?

- **To study hard is important.(?)**

부정사는 -ing(동명사)와 달리 명사라는 명칭이 붙지 않는다. 단지 명사적인 용법으로 사용될 뿐이다. 명사라고 하는 것과 명사적인 용법으로 쓰인다는 것에는 차이가 있다. 명사는 언제든지 주어, 목적어, 보어로 쓰이지만, 명사적인 용법은 특별한 경우에만 그렇게 쓰인다는 말이다. 즉 쓰임에 제약이 있다.

따라서 부정사는 명사와 같은 기능을 하지만 주어로는 잘 쓰이지 않는다. 부정사를 주어 자리에 쓰지 않기 때문에 문장 뒤로 보내고 비워진 주어 자리에는 it을 쓴다. 그래서 가짜 주어 it이 생겨난다.

- **It is important to study hard.**
  열심히 공부하는 것은 중요하다.

절이 주어 자리에 오는 것은 아무런 문제가 되지 않는다. 명사절이라면 당연히 주어가 된다. 그런데 그렇지 않은 경우도 있다. '그가 정직하다는 것은 사실이다'를 영어로 바꿔보자.

- **He is honest is true. (✗)**
  → **That he is honest is true.**

위의 경우 주어 자리에 he is honest라는 절이 왔으므로 명사절을 이끄는 접속사 that을 쓴다. 접속사를 쓰면 절이 하나의 의미 단위로 묶여 한 단어처럼 된다. 그런데 주어에 나온 절이 '~이다'라는 종결형이 되면 그 뒤에 이어지는 서술어(동사)와 연결시키기가 곤란하다. 이럴 때는 주어에 쓰인 that절 대신에 가주어 it을 쓰고 that절을 문장 뒤로 보내면 된다. 그렇게 되면 대명사 it이 that절을 가리키게 된다.

- **It is true that he is honest.**

해석하는 방법은 부정사 대신에 가주어를 썼을 때와 같다. it을 '그것'으로 보고 동사와 연결해서 해석한다. 그리고 나서 that절을 it이 가리키는 것으로 해석한다.

- **It is true that he is honest.**
  그것은   사실이다   그가 정직하다는 것

  - It → **is true** : 그것은 사실이다
  - It → **that he is honest** : 그것은 그가 정직하다는 것이다

03 주어가 길면 가주어를 쓰나?

주어가 길면 가주어를 쓸 수 있다. 그런데 영어 문장을 유심히 살펴보면 주어가 길어도 가주어를 쓰지 않는 경우가 있다. 특히 -ing를 주어로 쓸 때 그렇다.

- **Building a successful East-West relationship will be possible only after next century.**
  성공적인 동서양의 관계를 설정하는 것은 다음 세기 후에야 가능할 것이다.

- **That he is honest is true.(?)**
  그가 정직하다는 것은 사실이다.

위 예문을 살펴보면, -ing가 주어로 온 경우가 that절이 주어로 온 경우보다 훨씬 길다. 주어가 동사와 만나야 의미가 완결되고 그 다음에 새로운 주어와 동사가 새로운 의미를 만든다. 그러나 주어에 that절이 오는 경우에는 주어와 동사(he is honest) 다음에 새로운 주어가 아니라 동사가 나오기 때문에 의미 파악이 안된다. 그래서 주어에 that절이 올 경우, 절을 대신할 대명사 it을 주어 자리에 쓰고 that절을 뒤로 보낸다. 그렇게 되면 it(가주어)은 주어가 되어 동사와 연결되고(It is ~) that절도 지칭하게 되어 의미 파악이 훨씬 쉬워진다.

- **That he is honest is true. → It is true that he is honest.**

04 의문사절에는 가주어가 필요 없다

문장의 주어 자리에 that절이 나오면 종결형으로 해석될 수 있으므로 가주어를 쓰는 것이 좋다. 하지만 의문사절이나 whether가 이끄는 절은 가주어를 쓰지 않아도 된다.

- **How she got through all the difficulties all alone will encourage people who are having a hard time.**
  그녀가 혼자서 모든 어려움을 어떻게 겪어냈는지는 어려운 시기를 겪고 있는 사람들에게 용기를 줄 것이다.

접속사 that에는 아무런 의미가 없지만 의문사나 whether에는 의미가 있다. 위의 예문에서 'how(어떻게)'의 의미는 본동사(will encourage)와 연결되어 완성된다. 즉, that 외의 다른 접속사인 의문사나 whether 등은 그 자체에 의미가 있으므로 it으로 대체하지 않아도 된다.

- **How he finished it is important.**

의문사가 주어로 쓰이게 되면 주어가 '어떻게 그가 그것을 끝냈는가는'에서 끝나기 때문에 뒤에서 설명하는 동사가 필요하다. 따라서 주어에 의문사절이 오면 뒤에 오는 동사와 자연스럽게 연결되므로 가주어가 필요 없다.

05 가주어의 해석은 어떻게 하지?

가주어 it의 사용을 이해했다면 해석은 쉽다. 명사와 이를 설명하는 방식으로 해석하면 된다. 우선 it을 동사와 관련지어 먼저 해석하고 it의 의미는 that절로 구체화한다.

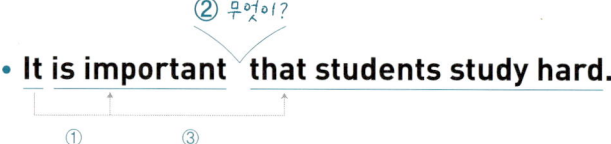

① it → is important : 그것은 중요하다
② 무엇이?
③ it → that students study hard : 학생들이 열심히 공부하는 것

it을 '그것'으로 해석하면 '그것은 중요하다'가 된다. 여기서 '그것'으로 야기된 궁금증은 바로 뒤에 나오는 that절로 해결된다. 결국 that절과 is important가 연결되어 '학생들이 열심히 공부하는 것이 중요하다'라는 의미가 형성된다. 즉 ① → ② → ③의 순서로 의미가 짜여진다. 가주어 it이 가리키는 것이 부정사나 -ing라도 이와 같은 방법으로 해석한다.

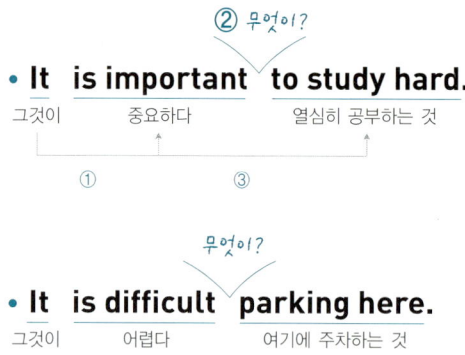

it이 대명사라고 명사 형태로 된 단어만 지칭하는 것은 아니다. 오히려 가주어로 쓰여 뒤에 오는 부정사, -ing, that절을 대신하는 경우가 많다. 잘 알아두자.

 가주어가 지칭하는 것에 유의하여 주어진 문장의 의미를 파악해보자.

It is believed that the elderly are unattractive,[1] while the young are attractive and intellectual. Is it fair to think like this?[2] Maybe most people don't agree with this. It is sure that the elderly are slow in learning how to handle high-tech machines like computers.[3] But, it is important for the young to remember that the elderly have their own wisdom to solve the problems the young can't.[4]

1. It is believed that the elderly are unattractive.
   - It is believed → (It) → that the elderly are unattractive.
   _____ → (이것은) → _____

2. Is it fair to think like this?
   - Is it fair → (It) → to think like this?
   _____ → (이것은) → _____

3. It is sure that the elderly are slow in learning how to handle high-tech machines like computers.
   - It is sure → (It) → that the elderly are slow in learning how to handle high-tech machines like computers.
   _____ → (이것은) → _____

4. It is important for the young to remember the fact.
   - It is important → (It) → for the young to remember the fact.
   _____ → (이것은) → _____

해석

노인들은 매력적이지 않은 반면에 젊은이는 매력적이고 지적이라고 믿어진다. 이렇게 생각하는 것이 공평한가? 아마 대부분의 사람은 동의하지 않을 것이다. 노인들이 컴퓨터와 같은 첨단기계를 다루는 법을 배우는 것이 더딘 것은 확실하다. 그러나 노인들은 젊은이들이 해결할 수 없는 문제를 해결하는 그들만의 지혜를 가졌다는 사실을 젊은이들은 명심해야 한다.

해답

1. 이것은 믿어진다 → (이것은) → 노인들은 매력적이지 않다는 것
2. 이것은 공평한가 → (이것은) → 이렇게 생각하는 것
3. 이것은 확실하다 → (이것은) → 노인들이 컴퓨터와 같은 첨단기계를 다루는 법을 배우는 것이 더딘 것
4. 이것은 중요하다 → (이것은) → 젊은이들이 이 사실을 기억하는 것

 명사지만 주어 자리에 올 수 없는 것도 있나요?

 명사는 당연히 주어 자리에 올 수 있다. 그러나 명사라고 해서 모두 주어가 될 수 있는 것은 아니다. 앞에서 부정사는 명사가 아니라 명사처럼 쓰이는 것이므로 주어 자리에 올 수 없다고 했다. 그런데 영영 사전을 보면 부정사를 주어로 쓴 문장을 만날 수 있다.

To dive is to jump head first into the water.
'dive'는 머리를 앞으로 해서 물에 들어가는 것이다.

사전에서 단어의 의미를 설명할 때 특히 동사의 의미를 설명할 때는 부정사를 주어로 쓸 수 있다. 위의 예문에서는 'dive'라는 단어를 설명하기 위해 주어에 to dive를 썼다. 여기서 To dive로 쓴 것은 동사 dive의 원형을 보여주기 위한 것이다. 주어 자리라고 해서 동명사인 diving이 나오면 원래 동사의 형태가 div인지 dive인지 알 수 없게 된다. 그러나 부정사를 쓰게 되면 원형의 형태를 알 수 있다. 그리고 부정사로 쓰게 되면 그 단어의 품사가 동사라는 것도 알 수 있다. 이처럼 부정사가 주어로 쓰일 때는 단어의 의미를 설명할 때뿐이고 이 외에는 (동)명사인 -ing가 온다. 물론 문어체 문장에서는 가끔 부정사를 주어로 쓰기도 한다.

명사지만 주어 자리에 오지 못하는 것이 또 있다. 바로 재귀대명사이다. 재귀대명사의 재귀는 주어에게로 '돌아간다'는 말이다. 주어에게로 돌아가려면 주어 자리가 아닌 곳(목적어)에 있어야 한다. 그래서 재귀대명사는 주어에 오지 못한다. 주어의 영향을 받는 목적어가 주어와 같은 사람이라면 결국 주어는 영향을 받은 사람이 되어 재귀라는 말을 쓴다. 간단히 말하면 주어와 목적어가 같은 사람일 때 '~자신'이라는 의미로 '~self'를 쓴다.

She killed herself.
그녀는 자신을 죽였다. → 그녀는 자살했다.

07 절도 주어가 될 수 있다

01 절이 주어로 와도 당황하지 마라

주어가 언제나 한 단어나 구의 형태로만 나오는 것은 아니다. 때로는 절이 될 수도 있다. 명사라는 말이 들어가는 절이라면 가능하다. whether절이나 의문사절이 그것이다. 아래 예문을 살펴보자.

- **Whether the information is correct or not is very important.**

문장이 접속사(Whether)로 시작하면 주어와 동사가 오고 그 이후에 이 절을 설명하는 동사가 온다는 것을 예상해야 한다.

- **Whether the information is correct or not is very important.**
  그 정보가 올바른지 아닌지는   매우 중요하다.
  주어   동사

독해를 할 때는 눈에 들어오는 단어만 보지 말고, 문장의 구조를 예측함으로써 앞으로 어떻게 전개가 될 것인가를 짐작해야 한다. 위의 문장의 경우, whether는 '~인지 아닌지'라는 의미를 가진 접속사다. 그래서 그 뒤에는 이 접속사에 딸린 주어, 동사가 나와야 한다. the information과 is가 여기에 해당한다. 그리고 나면 문장 전체의 동사가 온다는 것을 생각해야 한다. 절이 주어이므로 절 전체를 주어로 해석한다. '~은/는/이/가' 혹은 '~인 것은', '~하는 것은' 중에서 적당한 것으로 선택하면 된다.

02 의문사절도 주어에 온다

의문사는 '언제, 어디서, 무엇을, 왜 했니?'처럼 시간, 장소, 이유와 같은 의미를 가지며 의문사가 이끄는 절은 명사처럼 쓰이기 때문에 주어 자리에 올 수 있다(당연히 목적어 자리에도 온다). 의문사절이 주어로 오면 주어는 필연적으로 길어지지만 하나의 명사처럼 묶어서 생각하면 해석이 쉬워진다.

- **How others feel toward you is important in social life.**
  다른 사람이 너에 대해 어떻게 느끼는가 / 사회생활에서 중요하다.
  명사 / 서술어

절이 주어가 되면 절 전체를 하나의 주어로 보고 이를 동사와 연결시키는 연습이 필요하다. 위의 예문을 참고해서 절을 해석하는 리듬에 익숙해지자.

- **Where he's going is a secret.**
  그가 어디로 가고 있는지는 비밀이다.

- **Why you want to work here is one of the typical questions in an interview.**
  왜 여기서 근무하기를 원하는가는 전형적인 면접 질문 중의 하나다.

독해 연습

주어진 문장을 주부와 술부로 나누어 보고 주부의 의미를 파악해보자.

Even though almost everyone uses a cellular phone, how the phone works doesn't matter to them.[1] They just use it. The performance of the phone depends on signals sent by tall towers, so it is not an exaggeration to say whether a phone is good or not depends on the signals it receives.[2] Phone companies build great towers on top of mountains to reach about 50 meters into the sky. They are very useful for phone users, but how climbers feel about the towers on the summit of mountains is questionable.[3] It's because people have begun to think about the environment first rather than usefulness. Now companies have come up with new idea. They started making towers look like tall trees.

1. How the phone works doesn't matter to them.
- 주부 : _____   술부 : _____
- 의미 : _____

2. Whether a phone is good or not depends on the signals it receives.
- 주부 : _____   술부 : _____
- 의미 : _____

3. How climbers feel about the towers on the summit of mountains is questionable.
- 주부 : _____   술부 : _____
- 의미 : _____

해 석

거의 모든 사람들이 핸드폰을 사용하지만 핸드폰이 어떻게 작동하는지는 그들에게 중요하지 않다. 그들은 단지 사용할 뿐이다. 핸드폰의 성능은 높은 탑에서 보내는 신호에 의존한다. 그래서 핸드폰의 좋고 나쁨은 핸드폰이 받아들이는 신호에 달려 있다. 핸드폰 회사들은 약 50미터나 되는 높은 탑을 산 정상에 세운다. 이것은 핸드폰 사용자들에게는 유용하지만 산 정상에 있는 탑을 등산객들이 어떻게 생각할지는 의문스럽다. 왜냐하면 사람들이 유용성보다 환경을 먼저 생각하기 시작했기 때문이다. 지금은 회사들이 새로운 생각을 해냈다. 그들은 탑을 큰 나무 같이 보이도록 만들기 시작했다.

해 답

1. How the phone works → doesn't matter to them.   어떻게 그 핸드폰이 작동하는가는
2. Whether a phone is good or not → depends on the signals it receives.   핸드폰이 좋은지 아닌지는
3. How climbers feel ~ mountains → is questionable.   산 정상에 있는 탑에 대해 등산객들이 어떻게 생각할 것인가는

Part 1 ● 문장의 뼈대는 알아야지!

3장 | 동사를 보면 해석의 틀이 보인다

1. 문장의 조율사, 동사
2. 내가 만난 be동사
3. 일반동사, 어떻게 해석할까?
4. 미묘한 의미를 나타내는 조동사
5. 조동사의 과거와 추측
6. 과거를 현재로 해석한다고?
7. 현재완료, 자신감을 갖자
8. 현재완료의 해석
9. 과거완료의 의미와 그 해석
10. be+-ing, 진행으로만 해석하나?
11. 미래를 담고 있는 현재

01 문장의 조율사, 동사

01 동사의 의미

가장 기본적인 문장의 형태는 주어와 동사로 이루어진다. 그러나 동사가 주어의 행위나 상태를 충분히 설명하지 못할 경우에는 그 뒤에 필요한 말을 동반하게 된다. 그 말들은 단순한 단어 형태가 될 수도 있고 절의 형태가 될 수도 있다.

주어를 '어떠하다'는 식으로 설명해야 하면 동사 뒤에 오는 말은 보어(명사, 형용사)가 되고, 주어를 '무엇을 하다'는 식으로 설명해야 하면 동사 뒤에는 목적어(명사)가 나온다. 목적어란 행위의 대상을 나타낸다.

- 주어가 어떠하다 : 주어 + 동사 + 보어 ~
- 주어가 무엇을 하다 : 주어 + 동사 + 목적어 ~

02 이런 기능을 한다는 말이지!

동사가 설명하는 행위나 상태에는 그것이 일어난 때(현재, 과거, 미래)가 들어 있다. 동사가 나타내는 때를 특별히 시제(tense)라고 한다.

- He **played** soccer on the field.
- He **is** a high school teacher.
- It **will** be rain tomorrow.

어떤 일이 언제 일어난 것인지를 알고자 한다면 동사를 살펴봐야 한다. 동사만이 이런 것을 나타낼 수 있기 때문이다. 그리고 주어가 주체적으로 행동을 하는지 아니면 어떤 행동의 영향을 받는지도 동사가 나타낸다.

- He **loves** her very much.
- He **is loved** by everyone in his village.

첫 번째 문장은 주어가 능동적으로 행위를 한다(그가 사랑을 한다)는 말이고 두 번째 문장은 주어가 어떤 행위의 영향을 받는다(그는 사랑을 받는다)는 말이다. 이처럼 주어는 동사를 통해 어떤 행동을 하거나 어떤 행동의 영향을 받는다는 것을 나타낸다. 따라서 동사를 해석할 때는 이런 것에도 유의해야 한다.

03 문장 속에서의 동사들

문장에서 동사는 여러 개 겹칠 수 있다. 주어를 직접적으로 설명하는 동사와 이 동사를 도와주기 위해 쓰인 또 다른 동사가 있기 때문이다. 주어를 직접 설명하는 동사를 본동사라 하고 이 동사를 도와주기 위해 쓴 동사를 조동사라 부른다.

- I **read** a book. (본동사)
- I **will read** a book. (조동사 / 본동사)

본동사는 문장에서 중심적인 의미를, 조동사는 중심적인 의미에서 어미를 변화시키는 정도의 보조적인 역할을 한다.

- 나는 책을 읽을 것이다.
  읽다(read) + ~할 것이다(will)
  본동사(중심적인 의미) / 조동사(보조적인 의미)

문장 내에서의 역할에 따라 조동사, 동사로 나누어 보았지만 반드시 이렇게만 나누는 것은 아니다. 필요에 따라 be동사, 일반동사로도 나눌 수도 있고 목적어가 있느냐 없느냐에 따라 타동사와 자동사로도 나눌 수 있다.

04 어떻게 해석하면 좋을까?

동사는 기본적으로 주어를 설명하는 말이다. 따라서 주어와 동사를 연결해서 해석하는 습관을 들여야 한다. 그리고 동사의 필요에 의해 동반된 형용사나 명사 혹은 절의 의미를 파악할 때는 동사 뒤에 적당한 의문의 말을 넣으면 보다 확실히 알 수 있다.

- **He is handsome.**
  그는 ~이다   잘 생긴
  (무엇?)

- **I met a man on the street.**
  나는 만났다   한 남자를, 거리에서
  (누구를?)

- **I think that he is honest.**
  나는 생각한다   그가 정직하다고
  (무엇을?)

동사와 주어를 함께 묶어 의미를 파악하고, 그 뒤에 오는 말은 따로 묶어 해석한다. 목적어는 명사이기 때문에 목적어를 설명하는 말이 뒤에 오기도 한다. 이럴 경우 목적어와 목적어를 설명하는 말은 하나로 묶어 해석한다.

- **I saw her dance in her room.**
  → 나는 보았다 / (무엇을?) / 그녀가 춤추는 것을

지금까지 살펴본 것처럼 동사는 필요에 따라 목적어나 보어를 동반한다. 그리고 이런 것들의 의미를 파악할 때는 주어와 동사를 한 꾸러미로 묶고 동사 뒤에 오는 것을 또 하나의 꾸러미로 묶으면 좋다. 그리고 이 두 꾸러미 사이의 적당한 말을 머릿속으로 생각하면 이해가 더욱 쉬워진다.

독해연습
주어진 문장에서 동사와 동사가 취하는 것을 찾아 그 의미를 알아보자.

People invented money to live conveniently,[1] but it caused many problems as time passed by. Especially when it is lacked, there are more problems. Debt begins when you spend more money than you earn. Almost everyone agrees without hesitation that debt will bring much more stress and worry than you think. The most important thing is that you should plan out your expenses.[2] Sit and write down what you have to spend this month. If you do this, you will be free from the stress about money.[3] Remember to live within your means.

1. People invented money to live conveniently.
- _____ → _____
- (사람들은) _____ → _____

2. The most important thing is that you should plan out your expenses.
- _____ → _____
- (가장 중요한 것은) _____ → _____

3. You will be free from the stress about money.
- _____ → _____
- (여러분은) _____ → _____

해 석
사람들은 편리하게 살기 위해 돈을 발명했지만 시간이 지남에 따라 그것은 많은 문제를 일으켰다. 특히 이것이 부족할 때 더 많은 문제가 생긴다. 빚은 버는 것보다 쓰는 것이 더 많을 때부터 생긴다. 거의 모든 사람들은 빚이 생각보다 더 많은 스트레스와 걱정을 가져올 것이라는 사실에 주저 없이 동의한다. 가장 중요한 것은 지출에 대한 계획을 세워야 하는 것이다. 앉아서 이번 달에 써야 할 것을 적어봐라. 그렇게 한다면 돈에 대한 스트레스로부터 벗어날 것이다. 수입한도 내에서 살아야 한다는 것을 기억해라.

＊means : 재산

해 답
1. invented → money to live conveniently   발명하였다 → 사람들은 편하게 살기 위해 돈을
2. is → that you should plan out your expenses   ~이다 → 가장 중요한 것은 너의 지출에 대한 계획을 미리 세우는 것
3. will be → free from the stress about money   ~일 것이다 → 여러분은 돈에 대한 스트레스로부터 자유로운

02 내가 만난 be동사

01 'be동사'란?

be동사는 'be동사'라는 명칭을 따로 가질 만큼 특별한 기능이 있다. '~이다'라는 의미이며 인칭에 따라 형태가 다르다.

- 현재 : 1/2/3인칭 → **am/are/is**
- 과거 : 1,3/2인칭 → **was/were**
- 현재/과거분사 : **being/been**

과거형도 인칭에 따라 다르다. 그리고 대부분의 일반동사는 과거와 과거분사의 형태가 같지만 be동사의 경우는 그렇지 않다. 그리고 know, think, go처럼 일반동사는 주어 앞에 쓰이지 않기 때문에 의문문을 만들 때는 'Do'를 첨가하지만 be동사의 경우는 be동사 자체가 주어 앞으로 나간다.

- **They know the fact. → Do they know the fact?**
- **He is a student. → Is he a student?**

일반동사는 부정을 나타낼 때 don't/doesn't를 사용하지만 be동사는 뒤에 바로 not을 쓴다.

- **She likes to play badminton.**
  → She doesn't like to play badminton.
- **She is a musician.**
  → She is not a musician.

그리고 be동사는 진행을 나타내는 -ing나 수동을 나타내는 pp와 함께 쓰여 현재/과거 진행(be+-ing), 수동태(be+pp)를 나타낸다.

- **Students are studying for the final test.**
  학생들은 기말고사 공부를 하고 있다.
- **The thief was arrested by the police.**
  그 도둑은 경찰에 잡혔다.

02 어떻게 해석할까?

be동사는 '~이다' 혹은 '~이 존재하다'라는 두 가지 의미를 가지지만 주로 '~이다'라는 의미로 쓰인다. '~이다'는 그 자체로 완성된 의미를 갖지 못하기 때문에 반드시 뒤에 어떤 말이 따라온다(우리말에서 '~이다'는 동사가 아니라 명사 뒤에 붙는 조사이다. 따라서 다른 말과 합쳐져야 의미를 갖는다). 형용사가 와도 좋고 명사가 와도 좋다. 또 절이 와도 좋다. be동사는 이들과 합쳐져서 새로운 의미를 형성한다.

- **She   is   pretty.**
  그녀는   ~이다(무엇?)   예쁜
        ~이다 + 예쁜 → 예쁘다

- **He   is   a doctor.**
  그는   ~이다(무엇?)   의사
        ~이다 + 의사 → 의사다

- **The fact   is   that he is a famous doctor.**
  사실은   ~이다(무엇?)   그가 유명한 의사이다
        ~이다 + 그가 유명한 의사이다 + ~인 것 → 그가 유명한 의사라는 것이다.

절은 하나의 단어처럼 해석되기 때문에 be동사 뒤에 절이 올 경우 '~인 것', '~하는 것', '~라는 것'이라는 말을 넣으면 자연스럽게 해석이 된다. 때로는 be동사가 '~이 되다'라는 의미가 되기도 한다.

- **A lot of students want to be a teacher.**
  많은 학생들은 선생님이 되기를 원한다.

be동사가 장소를 나타내는 말과 함께 오면 '~이 있다'는 의미가 된다. 즉 사람이나 사물이 어디에 존재한다는 말이다. 때를 나타내는 말과도 함께 쓰인다.

- **My mother is in the kitchen.**
  나의 어머니께서는 부엌에 계신다.
- **My birthday is on the fifth of May.**
  내 생일은 5월 15일이다.

03 이런 것이 까다로운 해석이다

be동사는 주로 '~이다'라는 의미로 다른 단어와 합쳐져서 하나의 의미를 이루지만 독립적으로 쓰였을 때는 '존재하다'로 해석한다. 다른 말이 오지 않으면 be동사 자체가 완전한 의미를 가져야 하므로 그렇게 해석하는 것이다. 즉 be동사 뒤에 어떤 말이 오면 '~이다'로, 그렇지 않으면 '존재하다'로 해석한다.

- **To be or not to be: that is the question.**
  사느냐 죽느냐, 그것이 문제다.

이 문장에서의 to be는 be동사 뒤에 아무런 말이 없기 때문에 '존재하다'로 해석한다. 존재하느냐 그렇지 않느냐, 즉 죽느냐 사느냐가 된다. 그리고 '존재하다'라는 의미는 문맥에 따라 조금씩 다르게 해석해야 한다. 존재의 의미는 '상태'를 의미하기 때문이다.

- **He is not the man who he used to be.**
  그는 과거의 그런 사람이 아니다.
- **We have to know what she is as well as what she was.**
  우리는 과거의 그녀 상태뿐만 아니라 현재의 그녀 상태도 알아야 한다.

used to가 과거를 나타내고 be동사가 상태를 나타내므로 첫 번째 문장의 의미는 '그는 과거의 상태가 아니다'이다. 두 번째 문장 역시 마찬가지다. be동사가 존재, 상태를 나타내고 is가 현재를 나타내므로 what she is는 그녀의 현재 상태를 나타내고 what she was는 그녀의 과거 상태를 나타낸다. 따라서 '우리는 과거의 그녀 상태(그녀가 과거에 어떠했는가) 뿐만 아니라 현재의 그녀 상태(현재 그녀가 어떠한가)를 알아야 한다'라는 의미가 된다. be동사를 해석하는 데 있어 어려운 부분이다. 꼭 이해하고 넘어가야 한다.

04 이런 것도 알아두면 도움이 되지!

한 단어의 명사가 주어로 나오고 그 다음에 be동사가 나오는 문장을 해석하지 못하는 사람은 없다. 독해가 어려운 원인 중에 하나는 주어와 동사를 파악하지 못하기 때문이다. 어디까지가 주어이고 어느 것이 동사인지 구별을 못한다는 말이다. 이럴 때 도움이 되는 것이 하나 있다.

주어가 길면 서술어 부분은 짧아지고, 대부분 '~하는 것은'이라는 의미가 된다. 이런 말과 호응하는 서술어는 '~이다'이다. 따라서 주어가 길어서 어디까지가 주어인지 파악하기 어려우면 be동사를 먼저 찾아보는 것이 도움이 된다. 주어는 be동사 앞까지이고 동사는 be동사이므로 이 둘을 연결하면 문장의 의미가 보다 쉽게 파악된다.

- **Working hard without rest all day long is not easy for ordinary people.**
  휴식 없이 하루종일 열심히 일하는 것은 보통 사람들에게 쉬운 일이 아니다.

위 문장은 is(~이다)를 동사로 보고 그 앞까지를 주어로 해석하면('하루종일 휴식 없이 열심히 일하는 것은') 문장의 의미가 보다 쉽게 드러난다.

- **Working hard without rest all day long is not easy**

  주어 — ~하는 것은

  동사 — ~이다

독해연습
문장 속에서 be동사가 포함된 서술어를 찾고 그 의미를 알아보자.

It is certain that the invention of movies is wonderful. Through movies, people can visit places of which they have only dreamed. They take them to old cities and enable them to observe different lifestyles and cultures. Once, there was a time when watching movies was just killing time.[1] But it has changed. Movies are not what they used to be.[2] Today, one of the reasons people see movies is that they make them forget everything in real life.[3] That is to say, watching movies in a cool theater is a good way[4] to escape the stress of everyday life.

1. Watching movies was just killing time.
- 서술어 : _____ 의미 : _____

2. Movies are not what they used to be.
- 서술어 : _____ 의미 : _____

3. The reason is that movies make them forget everything in real life.
- 서술어 : _____ 의미 : _____

4. Watching movies in a cool theater is a good way.
- 서술어 : _____ 의미 : _____

해석
영화의 발명이 놀라운 일이라는 것은 확실하다. 영화를 통해 사람들은 그들이 꿈꾸어온 곳을 방문할 수 있다. 영화는 사람들을 옛날 도시로 데려가고 다른 삶의 형태나 문화를 관찰할 수 있게 한다. 한 때 영화를 보는 것이 단지 시간을 보내는 것이었을 때가 있었다. 그러나 그것은 변하였다. 오늘날 영화는 옛날의 영화가 아니다. 오늘날 사람들이 영화를 보는 이유 중의 하나는 영화가 현실의 모든 것을 잊게 만들기 때문이다. 말하자면 시원한 영화관에서 영화를 보는 것은 일상의 스트레스로부터 탈출하는 좋은 방법이다.

해답
1. was just killing time – 단지 시간을 낭비하는 것이다
2. are not what they used to be – 과거의 영화가 아니다
3. is that movies make them forget everything in real life. – 영화가 현실의 모든 것을 잊게 한다
4. is a good way – 좋은 방법이다

03 일반동사, 어떻게 해석할까?

01 일반동사란?

일반동사란 be동사를 제외한 보통의 동사를 말한다. 사랑하다, 연주하다, 만들다 등 우리가 일상생활에서 행동하는 대부분의 동작들이 일반동사로 표현된다. 일반동사의 과거나 과거분사는 -ed를 붙여 나타내지만 어떤 동사들은 자신만의 독특한 과거형과 과거분사형이 있다.

02 보어가 필요하다

앞에서 be동사는 의미('~이다')가 불완전하기 때문에 be동사 뒤에 형용사나 명사가 나온다고 했다. 이와 마찬가지로 일반동사도 동사만으로 완전한 의미를 이루지 못할 경우에는 형용사나 명사를 동반하여 그 의미를 완성한다. 즉 뒤에 오는 말과 합쳐져서 하나의 완전한 의미가 된다.

- **The food smells delicious.**
  ~한 맛이 난다 +   맛있는   → '맛있는 맛이 난다'

- **He became a teacher.**
  ~이 되었다 +   선생님   → '선생님이 되었다'

일반동사 역시 형용사나 명사와 합쳐져서 주어를 완전히 설명하게 된다.(이 형용사나 명사를 주격보어라고 한다). 세상을 사는 것처럼 영어에서도 독불장군은 없다. 도움을 받아야 완전한 의미가 된다.

03 목적어가 필요하다

동사만으로 주어를 설명하는 것이 불완전할 경우에는 형용사나 명사의 도움을 받아 그 의미를 완성한다. 그런데 주어를 설명하는 말뿐만 아니라 주어가 행하는 행동의 영향을 받는 대상, 즉 목적어가 필요한 경우도 있다. 그 대상은 사물이나 사람이 되기 때문에 목적어에는 명사가 온다.

- **He loves her.**
  ~를 사랑한다 + 그녀 → '그녀를 사랑한다'

사랑한다는 말에는 '누구를' 사랑하는지에 대한 설명이 필요하다. 그래서 사랑하는 대상인 '그녀'를 목적어로 넣으면 '그녀를 사랑한다'라는 의미가 되어 주어인 '그'를 설명하게 된다.

목적어라고 해서 반드시 사람이나 사물만 되는 것은 아니고 -ing, 부정사, that절도 될 수가 있다.

- **They want to go abroad.**
  ~을 원하다 + 가는 것 → 가는 것을 원한다

- **I expect that he will come back soon.**
  ~를 기대한다 + 그가 돌아올 것을 → 그가 돌아올 것을 기대한다

문장에서 동사 뒤에 오는 말이 주어의 상태를 설명하면 보어라고 하고, 주어가 행하는 행위의 대상이면 목적어라고 한다. 보어나 목적어는 결국은 주어를 설명하는 말이 된다.

- **He became a teacher.**
  그는 선생님이 되었다.(teacher → 보어)

- **He loves her very much.**
  그는 그녀를 매우 사랑한다.(her → 목적어)

지금까지 일반동사를 해석하는 방법을 살펴보았다. 해석이라고 해서 별다른 것은 아니다. 일반동사가 어떻게 쓰이는지를 알면 어떻게 해석해야 할지도 자연스럽게 알게 된다.

04　때로는 아무 말도 필요 없다

go, come처럼 동사만으로 완전한 의미를 나타낼 수 있는 일반동사는 뒤에 다른 말을 동반하지 않는다.

- **He went to school quickly.**
  그는 빨리 학교에 갔다.
- **They came to me in a hurry.**
  그들은 서둘러서 나에게 왔다.

여기서 동사 뒤에 다른 말이 나오지 않는다는 것은, 형용사나 명사와 같은 문장의 주요 성분이 오지 않는다는 의미이다. 부사는 얼마든지 올 수 있고, '전치사+명사(in a hurry)' 역시 부사(구)이므로 올 수 있다. 'to me, to school'도 마찬가지다.
참고로 전치사와 명사가 한 쌍을 이루어 어떤 의미를 나타낼 때 그것이 동사가 아닌 명사를 설명(수식)한다면 그것은 형용사구가 된다.

- **There is a house on the hill.**
  언덕 위에 집 한 채가 있다.
  집 → (무슨 집?) → 언덕 위에 있는 집

이 문장에서 명사 house를 설명하는 말로 on the hill이 왔다. 그래서 on the hill은 형용사구가 된다.
일반동사는 그 수가 무수히 많다. 그래서 어떤 일반동사는 보어나 목적어를 필요로 하고 어떤 동사는 이런 것들이 필요치 않다. 따라서 일반동사를 해석할 때는 뒤에 어떤 형태가 와 있는지를 살펴야 한다. 특히 형용사나 명사가 오면 반드시 보어나 목적어로 해석해야 한다.

- **The children seemed happy.**
  형용사 → 보어로 해석 (seemed + happy → 행복해 보인다)
- **He was an expert on cancer.**
  명사 → 보어로 해석 (was + an expert → 전문가다)
- **Raise your hand if you have any questions.**
  명사 → 목적어로 해석 (raise + your hand → 손을 들다)

독해연습

문장 속에서 동사와 동사가 취하는 말을 찾아보고 그 의미를 알아보자.

Almost everyone wants to live as long as possible.[1] But everyone can't live as long as they hope. How can people live long lives without disease? The Hunza people live in the high mountains in Pakistan. They look healthy[2] and many of them live over one hundred years. How can that be possible? The answer is in their diet. They eat only what they grow for themselves. They don't eat canned or instant food. They enjoy eating vegetables, fruit, and grain.[3] They avoid eating meat. They never drink alcohol, which is banned in their religion. From the lifestyle of Hunza, people can guess that living a long life is related to one's daily diet.[4]

1. Almost everyone wants to live as long as possible.
  · (동사) _____ → _____ · 거의 모든 사람은 → _____

2. They look healthy.
  · (동사) _____ → _____ · 그들은 → _____

3. They enjoy eating vegetables, fruit, and grain.
  · (동사) _____ → _____ · 그들은 → _____

4. People can guess that living a long life is related to one's daily diet.
  · (동사) _____ → _____ · 사람들은 → _____

해석

거의 모든 사람들은 가능하면 오래 살기를 원한다. 그러나 모두가 바라는 만큼 오래 살 수는 없다. 어떻게 병 없이 오래 살 수 있을까? Hunza족 사람들은 파키스탄에 있는 고지대에 산다. 그들은 건강해 보이며 많은 사람들이 백 살도 넘게 산다. 어떻게 그것이 가능할까? 그 답은 식생활에 있다. 그들은 스스로 재배한 것만 먹는다. 통조림이나 인스턴트식품을 먹지 않는다. 채소, 과일, 곡물을 즐겨 먹는다. 고기 먹는 것을 피한다. 그들은 절대로 술을 마시지 않으며 이것은 종교에서 금하고 있다. Hunza족의 삶의 방식으로부터 사람들은 장수가 그들의 식생활과 관계있다고 추측한다.

해답

1. wants → to live as long as possible   가능한 오래 살기를 원한다
2. look → healthy   건강해 보인다
3. enjoy → eating vegetables, fruit, and grain   채소, 과일, 곡물을 즐겨 먹는다
4. can guess → that living a long life is related to one's daily diet   장수가 그들의 식생활과 관계있다고 추측한다

미묘한 의미를 나타내는 조동사

01 조동사의 기본적인 의미

'조동사에는 어떤 것이 있지?'라고 물으면 'will, shall, can과 같은 것'이라고 답한다. '조동사의 역할이 뭐지?'라고 물으면 '동사를 도와준다'라고 답한다. 맞는 말이다. 이런 것을 조동사라고 알고 있으면 독해하는 데 큰 무리가 없다. 하지만 영어를 이해하거나 좀더 섬세한 독해를 하고자 한다면 조동사가 무엇인지, 기본적인 의미가 어떤 것인지 잘 알고 있어야 한다.

동사를 도와주는(助: 도울 조) 것을 조동사라고 하면, 이것은 조동사의 기능에 대한 답은 될 수 있지만, 조동사의 의미가 무엇이냐에 대한 답은 되지 못한다. 동사가 어떤 '사실'을 진술하는 것이라면 조동사는 그런 사실에 대한 '화자의 의견이나 사상' 등을 나타낸다. eat나 sleep와 같은 동사가 '먹는다', '잠잔다'는 사실을 나타낸다면, 조동사가 쓰인 can eat이나 may sleep은 '먹을 수 있다', '아마 자고 있을지도 모른다'라는 가능성이나 추측을 나타낸다. 즉, 화자의 생각을 나타낸다. 이것이 조동사 자체가 갖는 의미이다.

02 조동사의 기능은?

조동사는 사실을 나타내는 동사에 의견이나 생각 등의 의미를 덧붙여준다. 또한 동사의 시제를 도와준다. 일반적으로 동사가 시제를 나타내지만 조동사와 함께 쓰이면 조동사가 그 역할을 대신한다. 조동사는 그 외에 동사가 해야 하는 잡다한 일을 대신한다. 일반동사는 특별한 경우를 제외하고는 주어 앞으로 나가지 않는다. 그래서 의문문을 만들 때는 일반동사를 대신해 조동사 Do를 주어 앞에 써준다.

- **He goes to church. → Does he go to church?** (Does : 의문을 나타내는 조동사)

일반적으로 do는 '~을 행하다'는 의미의 일반동사로 알고 있다. 하지만 의문문을 만들기 위해 쓴 do는 조동사이기 때문에 이러한 의미를 갖지 않는다. 단지 문장이 의문문이라는 것을 나타낼 뿐이다.
강조를 위해 부정어를 문장 앞으로 보내면 도치(동사+주어+~)를 해야 하는데 이럴 때도 조동사를 주어 앞으로 보낸다.

- **Never I will go there. (✕)**
  → **Never will I go there.**

03 미묘한 조동사의 의미, 어떻게 해석하지?

문장에서는 조동사에 따라 의견이나 생각 등이 다르게 표현된다. 가정은 '만약 ~라면 → ~할 텐데'라는 의미다. 여기서의 '~텐데'의 의미는 조동사 would가 나타낸다. 그래서 가정법에는 조동사(would, could, should)가 쓰이며 조동사를 통해 '사실'이 아니라 '가정'이라는 것을 드러낸다. 조동사가 없으면 이러한 의미가 생기지 않는다. 따라서 가정법에서는 조동사의 의미를 잘 해석해야 한다.

- **If I had enough money, I would buy a new car.**
  만약 충분한 돈이 있다면 나는 새 차를 살 수 있을 텐데.

미래를 나타낼 때는 조동사 will을 쓴다. 앞일은 아무도 모르기 때문에 미래에 대한 것은 사실보다는 생각이다. 그래서 미래를 나타내는 will에는 '~일지도 모른다'라는 추측의 의미가 있다. 일반적인 의미의 추측은 may가 나타낸다. can은 무엇을 할 수 있다는 '가능성'을, must는 무엇을 해야 한다는 '의무' 또는 '~임에 틀림없다'라는 강한 추측(확신)을 나타낸다.

- **It will be rain tomorrow.**
  내일 비가 올 것이다. (will → 미래/추측)
- **He may be sleeping in his room.**
  그는 방에서 자고 있을 것이다. (may → 추측)
- **You can do it.**
  너는 그것을 할 수 있다. (can → 가능성)
- **You must drive slowly when it is foggy.**
  안개가 끼면 천천히 운전해야 한다. (must → 의무)

독해 연습

문장에 쓰인 조동사와 그 의미(의문, 추측, 가능성, 미래, 의무)를 찾고, 문장의 의미를 우리말로 써보자.

Do you want to know the truth[1] about what your lover is saying to you? If so, look into your lover's eyes. They will always tell you the truth. Although your lover sometimes says 'no', his/her eyes might say 'yes'. The truth is in his/her eyes, not in his/her words. If you can read his/her eyes or facial expressions, your love can grow.[2] It must be true.[3] Try to read your lover's eyes, and do what he or she wants you to do. Your efforts will not fail you.[4]

1. Do you want to know the truth?
- (조동사) _____ (의미) _____
- 사람들은 → _____

2. Your love can grow.
- (조동사) _____ (의미) _____
- 여러분의 사랑은 → _____

3. It must be true.
- (조동사) _____ (의미) _____
- 그것은 → _____

4. Your efforts will not fail you.
- (조동사) _____ (의미) _____
- 여러분의 노력은 → _____

해 석

애인이 당신에게 말하는 것에 대한 진실을 알기를 원하나요? 그렇다면 애인의 눈을 들여다보세요. 눈은 당신에게 늘 진실을 말할 것입니다. 비록 애인은 가끔 '아니오'라고 말하지만 그(녀)의 눈은 '예'라고 말하고 있을지도 모릅니다. 진실은 말이 아니라 그(녀)의 눈에 있습니다. 만약 그(녀)의 눈이나 얼굴 표정을 읽을 수 있다면 사랑이 깊어질 것입니다. 이것은 사실임에 틀림없습니다. 애인의 눈을 읽어보세요. 그리고 원하는 것을 해주세요. 여러분의 노력이 여러분을 실망시키지는 않을 겁니다.

해 답

1. Do – 의문   진실을 알기를 원하나요?
2. can – 가능성   커질 것입니다
3. must – 추측   사실임에 틀림없습니다
4. will – 추측, 미래   여러분을 실망시키지 않을 겁니다

05 조동사의 과거와 추측

01 조동사와 과거

조동사가 본동사를 대신해서 시제를 나타내므로 과거시제 문장에는 조동사가 과거형으로 되어 있다.

- will → would / shall → should / can → could / may → might

must의 경우는 과거형이 따로 없기 때문에 의미가 비슷한 'have to'의 과거형을 쓴다. had to는 '~해야 했다'로 해석한다.

- **He had to finish the work.**
  그는 그 일을 끝내야 했다.

조동사의 과거형은 과거의 의미만 갖는 것은 아니다. 현재의 의미도 갖고 있다. 그러므로 해석을 할 때 무조건 과거로 해석해서는 안 된다. 특히 should를 해석할 때 그러하다.

- **You should keep your promise.**
  너는 약속을 지켜야 한다.

여기서의 should는 '~을 해야 한다'라는 의미를 가진 현재형이다. should가 shall의 과거로 쓰이는 경우는 거의 없으므로 should를 또 하나의 조동사로 보자.

02 조동사의 추측과 해석

조동사는 어떤 사실에 대한 생각이나 의견을 나타낸다. 따라서 조동사의 대표적인 의미는 '추측'이 될 것이다. '~일 것이다' 혹은 '~일지도 모른다'라고 해석하면 무난하다.

- **I think that the news may be true.**
  나는 그 소식이 사실일 것이라고 생각한다.
- **I thought that the news might be true.**
  나는 그 소식이 사실이라고 생각했다.

위의 예문은 단순한 의미의 추측이다. 첫 번째 문장은 현재형인 may가 왔으므로 '(현재) 사실일 것이라고 생각한다'라고 해석한다. 두 번째 문장은 과거형인 might가 나왔으므로 '사실일 것이라고 생각했다'라고 해석한다. 여기서 주의해야 할 것이 있다.

위 두 번째 문장은 '나는 생각했다'라는 문장과 '그 소식이 사실이었을 것이다'라는 두 문장이 결합된 형태이다. 영어는 시제를 일치시키기 위해 주절과 종속절의 동사 모두를 과거로 쓰지만 우리말은 주절의 동사만 과거로 쓴다.

- **I thought that he might come.**
  주절 : 과거로 해석   종속절 : 원형(현재)으로 해석
  ⇒ 생각했다   ⇒ 올지도 모른다
  → 나는 그가 올지도 모른다고 생각했다.

추측에는 can't처럼 '~일 리 없다'라는 부정적인 추측도 있다. 아래 예문에 쓰인 can't는 '할 수 없다'라는 능력의 의미가 아니라 '~일 리 없다'라는 의구심을 나타낸다.

- **It can't be true. He studied hard.**
  그것은 사실일 리 없다. 그는 열심히 공부했다.

must 역시 '~해야 한다'라는 의미로만 생각해서는 안 된다. must가 강한 추측을 나타내기 때문에 '그것은 사실임에 틀림없다'라고 해석해야 한다.

- **It must be true. I witnessed the case with my eyes.**
  그것은 사실임에 틀림없다. 나는 그 사건을 내 눈으로 목격했다.

03 과거의 추측은 어떻게 나타낼까?

과거의 추측을 나타내기 위해선, 추측을 나타내는 조동사의 과거형을 쓰면 된다. 이것은 주로 시제를 일치시키기 위해 종속절에 과거형을 쓰는 경우다. 단순히 과거 사실에 대한 추측을 나타낼 때는 다르게 쓴다.

- **He may have come home yesterday.**
  그는 어제 집에 왔을 것이다.
- **It must have rained. The road is so wet.**
  비가 왔음이 틀림없다. 길이 너무 젖어 있다.

위와 같은 문장을 만나면 당황하여 주저하는 사람이 있다. 조동사 뒤에 have pp가 있기 때문이다. 그러나 지금부터는 걱정하지 말고 자신감을 갖자. 위의 문장에서처럼 조동사 뒤에 have pp가 붙으면 그것은 '과거'의 '추측'을 나타낸다. 따라서 '과거에 ~였을지도 모른다' 혹은 '과거에 ~였음에 틀림없다'라는 의미로 해석하면 된다. 조동사의 현재형 뒤에 have pp가 있으면 '과거의 추측'으로 해석한다는 것을 꼭 기억하자.

04 조동사 과거형 뒤에 have pp 오면 어떻게 하지?

조동사의 과거형 뒤에 have pp가 오는 경우도 있다. 이것도 역시 과거의 사실을 나타낸다. 이러한 형태는 가정법 과거완료에 쓰인다. 가정법에 대해서는 나중에 자세히 설명하겠지만 가정법에서 과거사실을 가정할 때는 과거완료로 표현한다. 조동사의 과거형 뒤에 완료형이 오면 '~을 했어야 했는데 하지 못했다'라는 식으로 해석을 한다. 과거에 이루지 못한 것에 대한 유감을 나타낸다.

- **You should have been more careful.**
  너는 좀더 주의를 했어야 했다.

should에는 기본적으로 '~해야 한다'라는 의미가 있기 때문에 이것이 가정의 의미로 쓰이게 되면 '~했어야 했는데 하지 못했다'가 된다. 이 문장이 가정이라는 것을 알지 못하면 '너는 좀더 주의했다(?)'라는 정반대의 엉뚱한 해석을 하게 된다. if가 꼭 나와야 가정이 되는 것은 아니다. 문맥을 살펴보면 가정이라는 것을 알 수 있다. should have pp는 가정의 의미를 가지므로 '~했어야 했는데 하지 못했다'로 해석한다는 것을 잊지 말자.

독해 연습 — 주어진 조동사와 문장의 의미를 알아보자.

One day, the alarm went off in the men's clothes, so a policeman came in haste. He had to look into the store to find out what was wrong. He couldn't find anything unusual. He thought that the alarm might have gone off by itself.[1] When he turned around, he felt there was something strange about the mannequins displayed in the store. He turned on the flashlight and shined it on the mannequins standing in a line. He noticed one of them blink. He could guess what was happening.[2] The one that had blinked must have been a burglar.[3] The burglar was caught right on the spot. The burglar thought that he should have been more careful not to be caught[4] rather than repenting what he had done.

1. He thought that the alarm might have gone off by itself.
   - might have gone off → _____   • 그는 생각했다 경보가 → _____

2. He could guess what was happening.
   - could guess → _____   • 그는 → _____

3. The one that had blinked must have been a burglar.
   - must have been → _____   • 깜빡인 인물이 → _____

4. He should have been more careful not to be caught.
   - should have been → _____   • 그는 → _____

해석

어느 날 남성복 매장에서 경보가 울려서, 경찰관이 서둘러 출동했다. 그는 무엇이 잘못되었는지 알아보기 위해 가게를 들여다보았지만 이상한 점을 발견할 수 없었다. 그는 경보가 저절로 울렸다고 생각했다. 그가 돌아보았을 때 가게에 전시한 마네킹에서 뭔가 이상한 것을 느꼈다. 그는 손전등을 켜고 한 줄로 서 있는 마네킹에 불을 비추었다. 그들 중에서 하나가 눈을 깜박이는 것을 보았다. 그는 무슨 일이 일어나고 있는지를 추측할 수 있었다. 깜빡인 인물이 강도임에 틀림없었다. 그 강도는 현장에서 잡혔다. 강도는 자신의 행동에 후회하기보다는 오히려 잡히지 않도록 좀더 주의해야 했었다고 생각했다.

해답

1. 울렸을 것이다, 경보가 저절로 울렸을 것이라고 생각했다.
2. 추측할 수 있었다, 무슨 일이 일어나고 있는지를 추측할 수 있었다.
3. ~이었음에 틀림없었다, 강도임에 틀림없었다.
4. ~했어야 했다, 잡히지 않도록 좀더 주의를 했어야 했다.

06 과거를 현재로 해석한다고?

01 종속절에 쓰인 과거형

한 문장에 동사가 두 개 이상 나오면 이들 동사들의 시제는 반드시 일치를 시켜야 한다. 특히 주절의 동사가 과거라면 목적어로 쓰이는 that절 즉 종속절의 동사도 과거로 써야 한다.

- He said that he did his homework. (said → did)
  일치
- He says that he does his homework. (says → does)
  일치

그런데 주절과 종속절의 시제가 과거라고 해서 모두 과거로 해석하면 종속절의 의미는 과거가 되는 것이 아니라 과거보다 이전에 일어난 것(대과거)이 된다. 실제로 해석해보면 알 수 있다.

- 그가 말했다 그가 숙제를 했다고. → 그가 숙제를 했다고 말했다.
  　　　　　　　　　　　　　　　　과거 이전(대과거)　　과거

그래서 주절의 동사와 종속절의 동사가 모두 과거라면 종속절에 나온 동사의 의미는 과거이지만 현재로 해석한다. 그러면 자동적으로 주절의 시제와 같은 시제가 된다. 우리말과 영어가 다르기 때문에 생기는 현상이다.

- He said that he did his homework.
  말했다　　　　　(숙제)한다 → 숙제한다고 말했다

02 가정법 속의 과거형

가정법에 쓰인 과거는 과거가 아니라 현재의 사실이기 때문에 가정법 문장에서의 과거는 현재의 의미로 해석한다. 아래 예문을 보자.

- **If I were a bird, I could fly to you.**

이 문장은 '내가 새라면 너에게 날아갈 수 있을 텐데'처럼 현재로 해석한다. were가 과거라고 해서 '내가 새였다면 너에게 날아갈 수 있었을 텐데'라고 해석하지 말자.

03 이런 것도 현재로 해석한다

영어 회화를 배우다보면 다음과 같은 문장을 현재로 해석하는 것을 볼 수 있다. 왜 그럴까?

- **Would you like to drink some more coffee?**
  커피를 더 드시겠습니까?
- **Your will might move the mountain.**
  너의 의지는 산을 움직일지도 모른다. (will = 의지)

그 답의 실마리는 가정법을 통해 찾아볼 수 있다. 우리는 지나간 일을 가정하면 그 반대되는 상황을 생각해보게 되고, 다가올 일을 가정하면 '이렇게 되지는 않을까'하고 생각하게 된다.

'이렇게 될까, 저렇게 될까'라고 생각하는 것은 추측이다. 그러나 생각이 어느 한 쪽으로 확실하게 기울어져서 '이렇게 되겠지만 혹시나 저렇게 되지는 않을까'라고 반대의 것을 생각하면 가정이 된다. 예를 들어보자. 상대방이 커피를 더 마실 것 같지만 그래도 그 반대의 상황 즉 마시지 않을 수도 있다는 생각을 하고 마시겠느냐고 물어보면 그것은 가정이 된다. 이런 가정은 가정의 의미보다는 좀더 부드러운 의미가 된다. 가정도 알고 보면 부드러운 표현이다.

'He might say that~' 역시 마찬가지다. that 이하처럼 말하지 않을 수도 있지만 that 이하처럼 말할지도 모른다는 것이 이 문장의 속뜻이다. 이렇게 되면 추측의 의미와 비슷해지므로 추측으로 해석해도 무난하다.

독해연습

주절의 동사와 종속절의 동사를 찾고 주어진 문장의 의미를 파악해보자.

There once lived a man who liked telling interesting stories to children in the village. People in the village thought that he was born to tell stories to children.[1] Whenever they wanted to express their gratitude, he said that it was his pleasure.[2] He tried to make new stories. He always wished he had more stories to tell.[3] His efforts made a lot of children gather around him. Everybody in the village liked him. It is sure that lives would be better if there were more people who tried to live for others.

1. People in the village thought that he was born to tell stories to children.
- (주절의 동사) _____ (종속절의 동사) _____
- 마을 사람들은 _____.

2. He said that it was his pleasure.
- (주절의 동사) _____ (종속절의 동사) _____
- 그는 _____.

3. He always wished he had more stories to tell.
- (주절의 동사) _____ (종속절의 동사) _____
- 그는 늘 _____.

해석

마을 아이들에게 재미있는 이야기를 해주는 것을 정말로 좋아하는 사람이 살았다. 마을 사람들은 그가 아이들에게 이야기해주기 위해 태어난 사람이라고 생각했다. 사람들이 감사를 표하려고 할 때마다 그는 자신이 좋아서 하는 일이라고 말했다. 그는 새로운 이야기를 만들려고 노력했다. 그는 더 많은 이야기를 해줄 수 있기를 늘 소망했다. 그 노력 때문에 아이들은 그의 주변에 모여들었다. 마을 사람 모두 그를 좋아했다. 다른 사람을 위해 살려고 하는 사람이 더 많이 있다면 삶이 더 좋아질 것은 확실하다.

해답

1. thought – was born   그가 아이들에게 이야기해주기 위해 태어난 사람이라고 생각했다
2. said – was   좋아서 하는 일이라고 말했다
3. wished – had   더 많은 이야기를 해줄 수 있기를 늘 소망했다

07 현재완료, 자신감을 갖자!

01 현재완료란?

독해를 하다가 현재완료(have pp)를 만나면 대부분 have의 의미는 버리고 pp만 해석한다. 완료의 의미를 잘 모르기 때문이기도 하고 pp만 해석해도 대충 의미가 통하기 때문이다.

과거 혹은 현재는 어느 한 시점에 일어난 일이다. 그 이상의 의미는 없다. 반면에 현재완료는 '과거에 시작된 일이 현재에 완료를 한다'라는 뜻이다. 과거에 일어난 일이 현재와 어떤 연관성을 가진다는 것을 나타낸다. 따라서 현재완료는 현재의 시점에서 과거를 바라보는, 과거와 현재 양쪽에 관련되어 있는 독특한 시제이다.

02 만약에 현재완료가 없다면?

과거에서 현재까지의 시간을 포함하는 것이 현재완료이다. 그런데 만약 현재완료가 없다면 '나를 사랑한 적이 있는가?'라는 질문을 아래의 예문처럼 과거로 한 번, 현재로 한 번 모두 두 번 물어봐야 한다.

- **Do you love me?**
  (현재에) 나를 사랑하니?
- **Did you love me?**
  (과거에) 나를 사랑했니?

하지만 현재완료는 과거부터 현재까지를 동시에 나타내므로 현재완료를 사용하면 아래 문장과 같이 간단하게 한 번만 물어보면 된다.

- **Have you ever loved me?**
  (과거부터 지금까지) 나를 사랑한 적이 있니?

03 완료의 의미만 있을까?

현재완료에는 완료의 의미만 있는 것이 아니다. 과거에 시작한 어떤 상태가 지금도 계속되고 있다는 의미를 나타내기도 한다.

- **I have lost the key.**

위의 문장은 '나는 열쇠를 잃어버렸다'라고 과거로 해석하지만 '과거에 열쇠를 잃어버렸다'라는 사실만 의미하지는 않는다. 현재와 어떤 관계를 갖고 있는 것이 현재완료이기 때문에 '(그래서) 지금도 열쇠가 없다'라는 지속의 의미가 함축되어 있다.
그리고 '과거부터 현재까지'라는 현재완료의 의미를 가만히 들여다보면 그 속에는 '현재까지의 경험'이라는 의미도 들어 있다.

- **Have you ever been to Europe?**

'너 유럽에 가 있니?'라는 해석은 왠지 어색하다. '너는 유럽에 가본 적이 있니?'가 더 자연스럽다. 비록 경험을 의미하는 단어가 문장에는 없지만 현재완료를 해석하면서 자연스럽게 첨가된 것이다. 그러면 어떤 경우에 '경험'으로, 어떤 경우에 '지속'으로 해석해야 할까? 정해진 답은 없다. 문맥에 따라 적절하게 해석하면 된다. 그렇지만 'ever' 또는 'never'가 쓰인 현재완료 문장은 주로 '~한 적이 있다' 또는 '(결코) ~한 적이 없다'와 같이 경험으로 해석되는 경우가 많다.

- **I have never met such a good-looking man.**

이 문장은 '나는 그렇게 잘 생긴 사람을 만나본 적이 없다'라는 경험의 의미를 가진다. 현재완료에는 이런 완료, 지속, 경험 등의 의미를 넣어 해석하는 연습을 하자. 의미가 한층 분명해진다.

04 '지속, 계속'의 의미는 뭐지?

어떤 행동을 하고 있다면 진행형을 써야 한다. 특히 현재 어떤 일을 하는 중이라면 현재진행형을 써야 한다.

- **He is reading a book.**
  그는 책을 읽고 있다.

그러나 동작이 아니라 어떤 상태가 과거부터 현재까지 지속된다면 다음과 같이 현재완료를 써야 한다.

- **He has lost the key.**
  그는 열쇠를 잃어버렸다.

그런데 만약 과거에 시작된 동작이 현재까지 계속 진행 중이라면 어떻게 써야 할까?

- **He has been reading a book.**
  그는 (지금까지) 책을 읽고 있다.

당연히 과거에서 현재까지를 나타내는 현재완료와 진행을 나타내는 진행형을 함께 써야 한다(이를 '현재완료진행'이라 한다). 그렇다면 앞에서 말한 현재완료가 갖는 지속의 의미와 현재완료진행이 나타내는 지속의 의미는 어떤 차이가 있을까? 현재완료의 '지속'은 '상태의 지속'을 의미하는 반면, 현재완료진행의 '지속'은 '동작(행동)을 계속하고 있다'는 것을 의미한다. 그래서 현재완료로 표현되어 있으면 상태의 지속으로, 현재완료진행으로 표현되어 있으면 행동의 지속으로 해석한다.

- **He has been dead for ten years.**
  그는 10년 동안 죽어 있다 → 그는 10년 전에 죽었다.
- **She has been smoking for ten years.**
  그녀는 10년 동안 담배를 피우고 있다.

 주어진 현재완료의 의미(지속/경험/완료)와 문장의 의미를 알아보자.

Shorter working days and longer weekends have given people much more free time than they have ever had before.¹ Modern technology has played a very important role² in creating much more leisure time. High-tech home appliances have freed women from their tiresome household chores. Automation in the work place has also freed workers from hard labor.³ Almost everyone has been enjoying these developments of modern technology.⁴ The only exception is students. Their free time has been shortened⁵ because they use new electronic devices in order to keep up with the rapidly changing world.

1. They have more free time than they have ever had before.
- have ever had - _____ • 그들은 _____.

2. Modern technology has played a very important role.
- has played - _____ • 현대 기술은 _____.

3. Automation has also freed the workers from hard labor.
- has also freed - _____ • 자동화는 _____.

4. Almost everyone has been enjoying these developments of modern technology.
- have been enjoying - _____ • 거의 모든 사람이 _____.

5. Their free time has been shortened.
- has been shortened - _____ • 그들의 여가 시간은 _____.

해 석

짧아진 근무일과 길어진 주말은 사람들에게 예전에 갖지 못한 훨씬 더 많은 여가시간을 주었다. 현대 기술은 많은 여가시간을 만드는 데 중요한 역할을 해왔다. 첨단 전자제품은 여자들을 귀찮은 집안일로부터 자유롭게 해주었다. 직장의 자동화 또한 노동자들을 고된 일로부터 해방시켰다. 거의 모든 사람들이 현대 기술의 발달을 즐기고 있다. 유일한 예외가 학생이다. 급격하게 변화하는 세상에 뒤쳐지지 않기 위해 새로운 전자 제품을 사용하느라 그들의 여가시간은 줄어들었다.

해 답

1. 경험 / 전에 갖지 못한 더 많은 여가시간을 가진다   2. 지속 / 현대 기술은 매우 중요한 역할을 해왔다
3. 완료 / 또한 노동자들을 힘든 노동에서 벗어나게 했다   4. 지속 / 현대 기술의 이러한 발달을 즐기고 있다
5. 완료 / 그들의 여가시간은 줄어들었다

08 현재완료의 해석

01 현재완료, 현재, 과거

현재완료는 앞에서 설명한 것처럼 과거에서 현재까지 혹은 현재의 관점에서 바라본 과거의 개념이다. 시간을 수평선으로 표현한다면 완료는 화살표로 표시되는 개념이고, 현재나 과거는 점으로 표현되는 개념이다.

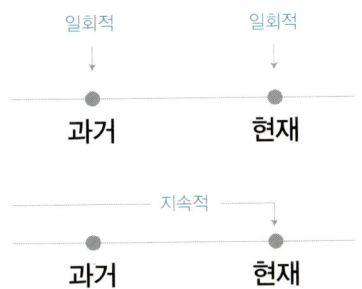

현재/과거와 현재완료는 일회적이냐, 지속적이냐에 따라 확연히 구별된다.

02 과거로 해석하는 현재완료

이론상으로 현재의 일은 현재시제, 과거부터 현재까지 지속되어온 일은 현재완료이다. 해석은 어떻게 할까? 현재완료가 과거와 현재에 모두 관련이 있다는 말은 무슨 의미일까? 다시 한 번 예문을 살펴보자.

- I have lost the key.
- I lost the key.

위의 두 문장은 '나는 열쇠를 잃어버렸다'로 해석할 수 있지만 두 문장의 의미는 같지 않다. 두 번째 문장은 글자 그대로 과거에 열쇠를 잃어버렸다는 말이다. 즉, 과거 어느 때 열쇠를 잃어버렸고 그것은 현재와 아무런 관련이 없다는 말이다(일회적).

그러나 현재완료로 쓴 첫 번째 문장을 시간의 수평선 위로 옮겨보면, 과거에 일어난 일이 현재까지 지속된다는 것을 알 수 있다.

즉 과거에 열쇠를 잃어버려서 현재도 그 열쇠가 없다는 말이다. 하지만 이것을 과거로 해석하는 이유는 과거의 불특정한 시점에 이미 끝난 행동이기 때문이다(명백한 과거에 일어난 일은 과거시제로 쓴다). 현재 열쇠가 없다는 것을 내포하면서 과거에 열쇠를 잃어버렸다는 말을 하는 것이다. 의미전달의 궁극적인 핵심은 현재에 있지만 해석은 과거로 한다. 이처럼 의미와 해석이 나눠지는 것은 현재완료에 딱 들어맞는 우리말 표현이 없기 때문이다.

03 현재로 해석하는 현재완료

현재완료 속에는 현재와 과거의 의미가 동시에 들어 있다고 했다. 그래서 때로는 현재로 해석되기도 한다. 아래 문장을 살펴보자.

- **I know her because I have met her before.**
  나는 그녀를 예전에 만나본 적이 있기 때문에 그녀를 안다.
- **I have known her for ten years.**
  나는 10년 동안 그녀와 알고 지낸다.
- **I have lived in Daegu since 1984.**
  나는 1984년 이래로 대구에 살고 있다.

나는 10년 전에 그녀를 알게 되었고 그 이후로 그녀와 계속 알고 지낸다는 의미다. 지금도 그녀와 알고 지낸다는 의미가 있으므로 현재로 해석한다. 세 번째 문장 역시 현재도 대구에 살고 있으므로 현재로 해석한다.

04 이것이 전부인가?

현재완료를 과거 혹은 현재로 해석한다고 했지만 그것이 전부는 아니다. 지속의 의미라면 '(계속) ~해왔다'로, 경험이라면 '~해본 적이 있다'로 해석한다. 이미 앞에서 설명한 것이다.

- **He has been in hospital since last year.**
  그는 지난해부터 병원에 입원해 있다.
- **She has been to Europe.**
  그녀는 유럽에 가본 적이 있다.

이 외에도 현재완료를 쓰는 이유는 더 있다. 다음 문장을 살펴보자.

- **A man escaped from the prison.**
- **A man has escaped from the prison.**

모두 '죄수가 탈출했다'라는 말이다. 두 번째 문장은 현재완료로 썼으므로 지금도 그 죄수가 잡히지 않았다는 것을 알 수 있다. 현재완료에는 현재라는 말이 들어 있으므로 과거가 아니라 현재에 일어난 일이라는 느낌을 주기 충분하다. 불과 얼마 전에 일어났던 일, 방금 일어난 일도 단순 과거보다는 현재완료를 써서 표현한다. 그래서 신문과 같은 신속성을 따지는 것에는 과거보다는 현재완료를 선호한다. 과거로 쓴 신문을 누가 사보겠는가!

독해 연습

이탤릭체로 된 현재완료의 의미(완료/ 지속/ 경험/ 결과)를 찾고, 이를 우리말로 써보자.

There has been a warning that cigarette smoke affects children[1] who live with smokers as well as smokers themselves. Anyone who has ever smoked knows it.[2] Some people can't quit smoking because it makes them feel relaxed in social situations. I know a man who works for an agricultural company. He was a chain smoker. Because of this, his daughter lost her hearing. One day, he read an article that said children of smokers got earaches more often than those of non-smokers. He realized why his daughter kept saying that she had a earache and had difficulty hearing. He quit smoking that day, but his daughter has already lost her hearing.[3]

1. There *has been* a warning that cigarette smoke affects children.
- (현재완료의 의미) _____ (해석) _____

2. People who *has ever smoked* knows the fact.
- (현재완료의 의미) _____ (해석) _____

3. His daughter *has already lost* her hearing.
- (현재완료의 의미) _____ (해석) _____

해 석

담배연기가 흡연자 자신뿐만 아니라 같이 살고 있는 아이들에게도 영향을 미친다는 경고가 있다. 흡연을 해본 사람이라면 이 사실을 안다. 흡연이 사회생활의 긴장감을 풀어 주기 때문에 몇몇 사람들은 담배를 끊을 수 없다. 나는 농업회사에 근무하는 한 남자를 안다. 그는 줄담배를 피웠다. 이 때문에 그의 딸이 청력을 잃었다. 어느 날 그는 흡연자의 자녀가 비흡연자의 자녀보다 더 자주 귀가 아프다는 기사를 읽었다. 그는 그의 딸이 귀가 아프고 듣는데 어려움이 있다고 호소한 이유를 깨달았다. 그날 이후 그는 금연을 했다. 하지만 그의 딸은 이미 청력을 잃었다.

해 답

1. 계속 – (경고가) 있어 왔다.
2. 경험 – 흡연해본 적이 있다.
3. 결과 – 이미 (청력을) 잃어버렸다. (지금도 그렇다)

현재완료에 숨겨진 또 다른 의미?

 현재완료는 과거부터 현재까지의 경험이나 과거부터 시작한 어떤 일을 현재에 완료하는 것을 나타낸다. 그런데 이것만으로 독해에 나오는 현재완료의 의미를 모두 해석할 수 없다. 현재완료에는 위에서 말한 의미 외에 또 다른 의미가 있기 때문이다. 현재완료는 과거를 언급함으로써 현재를 나타내는 특이한 시제이다. 비록 과거를 언급하지만 목적이 과거에 있는 것이 아니라 현재에 있다. 앞에서 예로 든 문장을 다시 한 번 살펴보자.

I have lost my key.
나는 열쇠를 잃어버렸다.

이 문장은 과거에 열쇠를 잃어버렸다는 것을 말하고 있지만 진짜 의미하는 바는 '그래서 지금 그 열쇠가 없다'는 현재의 상태이다. lost라는 단어 때문에 '과거에 잃어버렸다'라고 해석할 수도 있지만 현재완료는 현재의 상태를 말하는 데 그 목적이 있기 때문에 이 문장은 '나는 지금 열쇠가 없어'로 해석할 수도 있다. 다음 문장도 마찬가지다.

I have fixed the fence.

이 문장은 일반적으로 '나는 울타리를 고쳤다'라고 해석한다. 하지만 이 문장이 전달하고자 하는 진짜 의미는 '그래서 현재 울타리를 수리할 곳이 없다'라는 것이다.

A: Do you have any problem with the fence? 울타리에 문제가 있니?
B: No. I have fixed it. 없어.

과거시제는 과거의 상태만 나타낼 뿐 그 이상도 그 이하도 아니다. 그래서 'I fixed the fence'라고 말한다면 울타리를 과거에 고쳤고 그 이후는 어떻게 되었는지 관심 밖이다. 하지만 'I have fixed the fence'라고 하면 '울타리를 고쳐서 현재 수리할 곳이 없다'라는 의미가 된다. 문장에 현재완료가 쓰였다면 밖으로 드러난 해석과 함께 그 속에 담긴 의미를 항상 생각해야 한다.

09 과거완료의 의미와 그 해석

01 과거완료와 대과거

과거완료는 과거 이전에 발생한 일이 과거에 완료되는 것을 의미한다. 우리말에는 '과거 이전'이라는 말이 없지만 영어에서는 두 가지 일이 일어났을 때 그 중 하나를 기준으로 삼아, 기준이 되는 때가 과거라면 그 이전에 일어난 일을 과거 이전이라 한다. 그래서 'had pp'는 과거 이전에 시작한 일이 과거에 끝나는 것(과거완료)뿐만 아니라 과거 이전에 일어난 일(대과거)을 가리키기도 한다. 때로는 이런 의미들이 섞여 있는 경우가 많다. 과거완료이든, 대과거이든 had pp는 '과거 이전'을 나타낸다.

- **He had lived in seattle before he moved to chicago.**
  그는 시카고로 이사 가기 전에 시애틀에 살았다.
- **When I arrived at the party, she had already left.**
  내가 파티에 도착했을 때 그녀는 이미 떠났다.

02 어떻게 해석할까?

'과거 이전'에서 '과거'를 보는 것을 과거완료, '과거'에서 '과거 이전'을 보는 것을 대과거라고 한다.

- **The train had left when I arrived at the station.**
  내가 역에 도착했을 때 기차는 떠났다.
- **I had finished the work when my mother came back.**
  어머니께서 돌아오셨을 때 나는 그 일을 끝냈다.

첫 번째 문장은 '과거 어느 때 내가 역에 도착했는데 이미 기차는 떠났다'라는 것을 의미한다. 그래서 내가 역에 도착한 것이 과거(arrived)라면 기차가 떠난 것(had left)은 내가 도착한 것보다 먼저 일어난 일이므로 과거 이전 즉 대과거가 된다. 두 번째 문장은 '어머니가 돌아 오셨을 때 나는 그 일을 끝냈다'라는 의미이다. 과거 이전부터 해오던 일을 과거에 즉 어머니가 돌아오신 그 때에 마쳤다는 말이다.

과거완료 혹은 대과거에 꼭 맞는 우리말은 없으므로 과거로 해석하면 무난하다. 물론 위에서 말한 과거완료의 의미를 항상 염두에 두어야 한다.

03 영어에는 '과거 이전에 소망한 것'도 있다

과거 이전에 일어난 일은 had pp로 나타낸다. wish, hope와 같은 소망을 나타내는 말이 과거완료로 쓰였다면 이는 과거 이전에 어떤 것을 소망했다는 말이다. 그런데 과거 이전에 소망했다는 말을 가만히 생각해보면 이것은 과거에 이루어지지 않았다는 것을 내포하고 있다. 따라서 이들은 과거 이전에 어떤 것을 소망했으나 이루어지지 않은 것으로 해석한다.

- **I had wished to go abroad.**
  나는 해외로 가기를 소망했었다(그렇지만 그러지 못했다).
- **I had hoped to be a doctor.**
  나는 의사가 되기를 희망했었다(그렇지만 그러지 못했다).

첫 번째 문장은 과거 이전에 해외에 가기를 소망했으나 결국 가지 못했다는 말이 된다. 두 번째 문장 역시 의사가 되기를 과거 이전에 소망했지만 그렇게 되지 못했다는 의미이다. 문장에서 소망을 나타내는 말이 had pp로 쓰였다면 그 소망이 이루어지지 못했다는 것을 염두에 두고 해석해야 한다.

독해연습

과거완료에 유의하여 주어진 문장의 의미를 파악해보자.

In 1492, Columbus sailed west and arrived on land. He thought the land was Asia. Even when he died, he believed the land he had found was Asia.[1] That's because he thought there was nothing between Europe and Asia. Later, almost everyone believed that he discovered America, but natives had lived there for a long time before he arrived.[2] They had enjoyed their lives.[3] They had discovered the land first.[4] No one doubts that they are truly the owner of the continent.

1. He believed the land he had found was Asia.
→ 그는 믿었다 _____.

2. Natives had lived there for a long time before he arrived.
→ 원주민들은 _____.

3. They had enjoyed their lives.
→ 그들은 _____.

4. They had discovered the land first.
→ 그들이 _____.

해석

1492년 콜럼버스는 서쪽으로 항해해서 육지에 도착했다. 그는 그 땅이 아시아라고 생각했다. 그는 죽을 때조차도 자신이 발견한 땅이 아시아라고 믿었다. 유럽과 아시아 사이에는 아무것도 없다고 믿었기 때문이다. 훗날 거의 모든 사람들은 그가 아메리카를 발견했다고 믿었다. 그러나 그가 도착하기 전부터 원주민들은 그곳에서 오랫동안 살고 있었다. 그들은 자신들의 삶을 즐겼다. 그들이 먼저 그 대륙을 발견했다. 어느 누구도 그 대륙의 진정한 주인이 그들이라는 것을 의심하지 않는다.

해답

1. 그가 발견한 땅이 아시아라는 것을
2. 그가 그곳에 도착하기 전부터 오랫동안 그곳에 살고 있었다
3. 자신들의 삶을 즐겼다
4. 먼저 그 땅을 발견했다

10. 'be + -ing'는 진행으로만 해석하나?

01 현재진행이란?

말하고 있는 지금을 현재라고 하고 어떤 행동을 하고 있는 것을 진행이라고 한다. 따라서 현재진행이라는 것은 말하고 있는 현재에 어떤 행동을 하는 것을 나타낸다. 현재이므로 be동사의 현재형을, 진행이므로 진행의 의미가 있는 -ing를 쓴다. 따라서 'be동사의 현재형 + -ing(진행을 의미)'의 형태가 된다.

- **I'm driving now. Please call me later.**
  나는 지금 운전을 하고 있습니다. 나중에 전화 주세요.

현재 운전을 하고 있는데 전화가 왔다. 전화가 온 시점(현재)에 운전을 하고 있으므로 운전하고 있는 것은 현재진행이 된다.

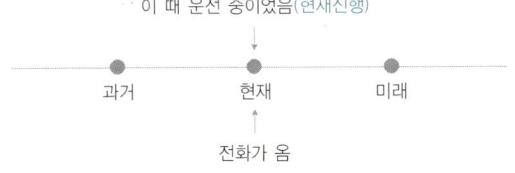

이 표에서 볼 수 있듯이 진행에는 시간이 지속되었다는 개념이 아닌, 어느 한 순간이라는 개념밖에 없다. 따라서 현재진행은 어떤 일이 생겼을 당시에 '무엇을 하고 있다'라고 해석하면 무난하다.

02 반드시 현재 어떤 일을 하고 있어야만 하나?

현재진행은 어느 순간에 어떤 일을 하고 있다는 의미다. 그러나 반드시 특정한 순간에 어떤 행동을 하고 있다는 것만을 나타내지는 않는다. 비교적 최근에 어떤 일을 하고 있다는 것도 나타낸다.

- **He is studying English this semester.**
  그는 이번 학기에 영어를 공부한다.

그리고 현재진행은 일시적으로 무엇을 하고 있다는 의미도 있다. 만약 일시적인 것이 아니라 앞으로도 계속 되는 것이라면 현재로 써야 한다.

- **He drives a bus but he is not driving now. He is sleeping.**
  그는 버스를 운전하지만 지금은 운전하고 있지 않다. 그는 자고 있다.

직업이 버스 운전사이므로 앞으로도 계속 버스를 운전할 것이다. 지속적인 것이므로 현재 시제로 나타낸다. 그러나 지금 근무가 없어 운전하지 않고 있다는 것은 진행형(is not driving)으로 나타낸다.

03 미래로 해석할 때도 있다

현재진행의 기본적인 개념이 '바로 지금'을 의미하지만 사람의 행동이 일순간에 딱 멈춰지는 것은 아니다. 짧은 순간이지만 미래로 이어지기 때문에 현재진행의 개념 속에는 미래의 의미도 들어 있다. 그래서 현재진행은 '어떤 일이 예정되어 있어 그렇게 할 것이다'라는 구체적인 미래의 의미로 해석하기도 한다(will은 막연한 의미의 미래로 해석한다).

- **I am meeting her for dinner this evening.**
  나는 저녁을 먹기 위해 오늘 저녁에 그녀를 만날 것이다.
- **I am going to fix the bike tomorrow.**
  나는 내일 자전거를 고칠 것이다.

첫 번째 문장은 나는 저녁을 먹기 위해 그녀를 '만나고 있다'라고 해석해도 되지만, '만날 것이다'라고 미래의 의미로 해석하는 것이 자연스럽다. 오늘 저녁이라는 'this evening'이 들어있기 때문이다. 현재진행을 미래로 해석할 때는 문장 속에 이렇게 해석하라는 힌트가 들어 있다. 그런 것이 없더라도 문맥을 보고 미래의 의미가 보이면 미래로 해석해야 한다. 현재라는 말에 너무 집착하면 정확한 해석을 할 수 없다.

04 현재와 현재진행의 구별

현재는 지금의 상태뿐만 아니라 과거부터 지금까지 반복적으로 일어난 일을 나타낸다. 반면에 현재진행은 말하는 순간에 일어나는 일시적인 일을 나타낸다.

- **It rains a lot in Daegu in the summer.**
  대구는 여름에 비가 많이 온다. → 반복적으로 일어남

- **It's raining now. Please do not go out.**
  지금 비가 오고 있으므로 나가지 마세요. → 말하는 순간에 일어남

현재진행은 일시적으로 하고 있는 일을 나타내는 반면에 현재는 지속적으로 하는 일을 나타낸다.

- **I am a teacher but I am not teaching now.**
  　　　지속적인 상태　　　　　　　일시적인 상태

교사라는 직업은 지속적으로 행하는 것이므로 현재이지만, 지금은 가르치고 있지 않는다는 것은 일시적인 행동이므로 현재진행이다.

05 과거진행, 미래진행도 있다

현재진행이 현재 어느 순간에 어떤 행동을 하고 있는 것이라고 했으므로, 과거 어느 때 어떤 행동을 하고 있었다면 과거진행이 된다.

- **I was working hard yesterday afternoon.**
  나는 어제 오후에 열심히 일하고 있었다.
- **He was sleeping when I called him.**
  내가 그에게 전화를 했을 때 그는 자고 있었다.

첫 번째 문장은 어제 오후라는 특정한 때에 일하고 있었다는 것이고, 두 번째 문장은 전화를 했을 때 자고 있었다는 것이므로 모두 과거진행이다. 두 문장 다 어떤 순간에 어떤 행동을 하고 있었다는 것을 나타낸다.

그렇다면 미래진형 역시 미래의 어느 때 어떤 행동을 하고 있을 것이라는 의미이다. 아래 예문을 보자.

- **She will be waiting for me even at 3 o'clock.**
  그녀는 3시에도 나를 기다리고 있을 것이다.

위 문장은 3시라는 미래의 특정 때에 그녀가 기다리고 있을 것이라는 의미이다. 현재진행은 가끔 미래의 의미가 포함되어 있어서 해석이 까다롭지만 과거진행이나 미래진행을 해석하는 것은 어렵지 않다. 물리적 개념의 시간과 문장에서 쓰이는 시제는 반드시 일치하는 것이 아니라는 것을 알면 시제를 이해하는 데 많은 도움이 될 것이다.

독해연습 현재진행형이 나타내는 의미(동작의 진행/미래)와 문장의 의미를 알아보자.

Have you ever experienced motion sickness? Do you know why it happens? Let's suppose you are riding in a car[1] and you are reading a book. Your inner ears detects you are moving[2] and sends the information to your brain. Your eyes, which are looking at the book,[3] detect your are not moving, and send that information. Different information coming from different senses confuses your brain. Soon you feel dizzy or sick to your stomach. This is a known cause of motion sickness. If you are leaving for a long trip by ship or plane, taking a pill is a good way to prevent it.[4] If you don't, you will be feeling motion sickness on the sea or in the sky.

1. Let's suppose you are riding in a car.
   - are riding - _____   • 가정해봅시다 여러분이 _____ .

2. Your inner ears detects you are moving.
   - are moving - _____   • 여러분의 안쪽 귀는 _____ .

3. Your eyes are looking at the book.
   - are looking - _____   • 여러분의 눈은 _____ .

4. If you are leaving for a long trip, taking a pill is a good way to prevent motion sickness.
   - are leaving - _____
   - 만약 여러분이 _____ 알약을 먹는 것이 멀미를 예방하는 좋은 방법입니다.

해석

멀미를 경험해보았습니까? 멀미의 원인을 아십니까? 여러분이 차에서 책을 읽고 있다고 가정해봅시다. 안쪽 귀는 여러분이 움직이고 있다는 것을 감지하고 뇌에 그 정보를 보냅니다. 책을 보고 있는 눈은 여러분이 움직이고 있지 않다는 것을 감지하고 뇌에 그 정보를 보냅니다. 다른 감각에서 오는 각각의 다른 정보가 여러분의 뇌를 혼란시킵니다. 곧 여러분은 어지러지거나 속이 울렁거리게 됩니다. 이것이 멀미의 한 원인입니다. 만약 배나 비행기로 긴 여행을 떠날 것이라면 약을 먹는 것이 멀미를 예방하는 좋은 방법입니다. 만약 그렇게 하지 않는다면 바다에서 혹은 하늘에서 여러분은 멀미를 겪을 것입니다.

해답

1. 동작의 진행 – 차를 타고 있다는 것을
2. 동작의 진행 – 여러분이 움직이고 있다는 것을 감지합니다
3. 동작의 진행 – 책을 보고 있습니다.
4. 미래 – 긴 여행을 떠날 것이라면

미래를 담고 있는 현재

01 현재시제란 무엇일까?

문장의 시제(tense)로 쓰이는 현재는 말하고 행동하는 '지금'만을 의미하지 않는다. 비교적 지속적인 성질이나 상태, 반복적으로 행하는 일이나 행동을 현재시제로 나타내기 때문에, 현재시제라는 것은 어떤 일이 일어나고 있는 현재뿐만 아니라 과거 혹은 미래도 포함할 수 있는 개념이다. 진리, 속담처럼 과거에도 그랬고, 현재도 그렇고, 미래에도 변함없는 것들, 즉 과학적 혹은 수학적 사실, 습관 같은 것도 현재시제로 나타낸다.

- **The earth goes round the Sun.**
  지구는 태양 둘레를 돈다.
- **He gets up at six every morning.**
  그는 매일 아침 6시에 일어난다.

02 현재도 미래를 나타낸다

현재시제(편의상 앞으로는 현재라고 칭함)는 미래까지 연결된 개념이다. 따라서 구체적으로 미래를 나타내는 부사구가 오면 현재를 쓸 수도 있다. 미래는 불확실한 것이고 현재는 확실한 것이기 때문에 현재를 쓰면 미래를 쓰는 것보다 더욱 확정적이라는 의미가 된다.

- **He will retire next month.**
  그는 다음 달에 퇴역할 것이다.
- **He retires next month.**
  그는 다음 달에 퇴역한다.

결과적으로는 같은 의미지만 해석에서는 미묘한 차이가 생긴다. 첫 번째 문장은 미래를 썼으므로 '그가 퇴역할 것이지만 약간은 불확실하다'라는 의미가 깔려 있다. 두 번째 문장은 현재를 썼으므로 그가 다음 달에 퇴역하는 것은 확실하다는 것을 나타낸다.

이처럼 미래의 일이지만 확실한 것은 현재로 쓰는 경우가 있으므로 현재를 해석할 때는 미래의 의미가 있다는 것을 염두에 두어야 한다. 현재시제는 무조건 현재의 일을 가리킨다는 고정관념에서 벗어나야 한다.

03 그러면 미래(will)는 언제 쓸까?

현재와 현재진행에 미래의 의미가 있다면 will이 나타내는 미래는 어떤 의미일까? 미래는 아직 일어나지 않은 일이므로 어떻게 될지 알 수 없다. 그래서 will은 불확실한 면이 있다는 의미인 '~일(할) 것이다'라고 해석한다.

그리고 현재진행이 예정된 미래를 나타낸다면, will에는 '즉흥적'으로 무엇을 할 것이라는 의미가 있다. 예를 들어보자.

- **Son : Father, my bike is broken.**
- **Father : I will fix it tomorrow.**
                    (or)
   I am going to fix it tomorrow.

자전거가 고장이 났다는 아이의 물음에 대해 아버지는 두 가지로 대답을 할 수 있다. will을 쓴 대답은 자전거가 고장이 났다는 말을 듣고, 즉흥적으로 내일 고치겠다고 말한 것이고 am going으로 대답한 문장은 자전거를 고치려고 마음먹고 있는데 아이가 말을 해서 내일 고쳐주겠다고 이야기한 것이다. 즉 첫 번째 대답은 즉흥적인 답이고, 두 번째 문장은 예정된 것을 의미한다.

그렇다면 만약 어떤 사람이 옆 사람과 이야기하면서 길을 가다가, 앞에 있는 웅덩이에 빠질 것 같은 상황이라면 어떻게 표현해야 할까? 웅덩이에 빠지는 것이 예상되므로 예정된 미래를 의미하는 'be going to'를 사용하는 것이 적절하다.

- **He is going to fall in the hole.**
  그는 웅덩이에 빠질 것이다.

독해연습

주어진 동사가 나타내는 의미(현재/미래)와 문장의 의미를 알아보자.

Parents know very well the harm of television[1] or movies for their children. But they seldom pay attention to children's computer games.[2] In fact, violent video games are more dangerous for children than just watching violent TV or movies, because they actively participate in the violence. They destroy something around themselves. For them it is simple fun. When they grow up, they may kill others without feeling guilty. That's a big problem for our society. Luckily, all video games that are going to be produced next year will have the level of violence indicated on the packaging.[3] If so, some companies which produce violent and sensual games are leaving this country next year.[4]

1. Parents knows very well the harm of television.
- knows - _____ • 부모들은 _____.

2. They seldom pay attention to children's computer games.
- pay - _____ • 그들은 _____.

3. All video games are going to be produced next year.
- are going - _____ • 모든 비디오게임은 _____.

4. If so, some companies are leaving this country next year.
- are leaving - _____ • 그렇다면 몇몇 회사들은 _____.

해석

부모는 텔레비전이나 영화가 자녀에게 끼치는 해악을 매우 잘 알고 있다. 그러나 아이들의 컴퓨터 게임에는 주의를 거의 기울이지 않는다. 사실 폭력적인 비디오게임은 아이들이 적극적으로 폭력에 참여하기 때문에 단순히 폭력적인 텔레비전이나 영화를 보는 것보다 더 위험하다. 그들은 주변에 있는 것들을 파괴한다. 이것은 그들에게 재미에 불과하다. 그들이 성장하면 그들은 죄의식 없이 다른 사람을 죽일지도 모른다. 그것이 우리 사회의 큰 문제이다. 다행히도 내년에 생산되는 모든 비디오게임은 포장지에 폭력등급이 표시될 것이다. 그렇다면 폭력적이고 선정적인 게임을 제작하는 몇몇 회사들은 내년에 이 나라를 떠나게 될 것이다.

해답

1. 현재 – 텔레비전의 해를 잘 알고 있다
2. 현재 – 아이들의 컴퓨터 게임에 거의 주의를 기울이지 않는다
3. 미래 – 내년에 생산될 것이다
4. 미래 – 내년에 이 나라를 떠날 것이다

미래의 의미를 갖는 것에는 무엇이 있나요?

 앞에서 배운 것을 정리해보면 미래의 의미를 갖는 것에는 미래시제, 현재진행, 현재시제가 있다. 이것을 이해하려면 '시제'와 '때'를 구별할 줄 알아야 한다. 일반적으로 말하는 현재, 과거, 미래는 때를 나타내는 말이며 이들 때를 문장으로 옮길 때 동사로 나타내는 것이 시제이다. 때와 시제는 반드시 일치하는 것은 아니다. 미래(때)에 다가올 일을 영어로 옮길 때는 미래시제(will) 외에 현재시제나 현재진행시제를 사용하기도 한다. '내일이 일요일이다'를 예로 들어보자. 내일은 비록 미래지만 내일이 되면 반드시 일요일이 된다는 것은, 누구나 다 아는 사실이므로 현재로 표현한다.

Tomorrow is Sunday.

그리고 현재시제로 쓸 만큼 확실한 것은 아니지만 어느 정도 알 수 있는 일이라면 현재진행형을 쓴다. 예를 들어 다음 달에 결혼이 예정되어 있다면 현재진행형을 쓴다.

He is marrying her next month.

하지만 '내일 비가 올 것이다'처럼 알 수 없는 일은 미래로 표현한다.

It will rain tomorrow.

결국 때와 시제의 의미를 다음과 같이 정리하면 도움이 된다.

	때(time)	시제(tense)
현재	지금	아는 것
과거	지나간 일	지나간 것
미래	다가올 일	모르는 것

Part 1 ● 문장의 뼈대는 알아야지!

4장 | 목적어를 찾아라

1. 목적어가 보여야 해석이 된다
2. 목적어의 다양한 해석
3. 절도 목적어가 된다
4. 의문사도 목적어에 온다
5. 목적어 이렇게도 나온다

목적어가 보여야 해석이 된다

01 목적어란?

주어가 어떤 행동을 할 때, 행동은 동사이고, 그 영향을 받는 대상은 목적어가 된다. 이렇게 뒤에 목적어를 필요로 하는 동사를 타동사라고 한다. 목적어를 해석할 때는 목적어를 나타내는 조사 '~을/를'을 붙여준다. 주어에 '은/는/이/가'를 붙이는 것과 같다.

- **He likes pets.**
  애완동물 + 을

02 언제 목적어가 필요할까?

'He likes pets'의 경우 주어의 행동은 동사인 likes로 표현된다. 그러나 여기서 동사 likes만으로는 주어가 무엇을 좋아하는지 알 수 없으므로 그 대상인 pets가 목적어로 왔다.
그렇다면 어떤 동사들이 목적어를 필요로 할까? 동사 자체의 의미를 잘 살펴보아야 한다. 예를 들어 resemble의 의미는 '~를 닮다'이다. 따라서 'I resemble'이라는 문장은 '나는 ~를 닮다'가 되기 때문에 의미가 성립되지 않는다. 닮는 대상인 목적어를 써야 완전한 의미가 된다.

누구를?
- **I resembles my grandfather.**
  ~을 닮다   나의 할아버지를

결국 목적어가 필요한지 아닌지는 동사의 의미를 살펴보면 알 수 있고, 목적어가 있다면 '~을/를'을 넣어 해석한다.

03 전치사의 도움을 받아 목적어를 취한다

주어의 상태를 설명하는 말이 필요하면 보어가 오고, 주어가 행하는 행동의 대상이 필요하면 목적어가 온다. 그런데 look처럼 전치사를 필요로 하는 동사도 있다. look의 사전적 의미는 '보다'이다. 그러나 look은 목적어를 취해 '~을 보다'라는 의미로 쓰이기 때문에 대상을 나타내는 전치사 at을 쓰고 그 뒤에 대상인 목적어를 쓴다. 간단히 말하면 look at은 '~을 보다'라는 말이므로 목적어를 취할 수 있다. '동사+전치사'는 하나의 타동사로서 목적어를 취할 수 있다. 전치사 뒤에 오는 명사를 전치사의 목적어라고 한다.

- **They looked at me for a long time.**
         ~을 보다   나

04 형용사나 명사의 도움을 받기도 한다

look처럼 동사 자체가 목적어를 취할 수 없다면 전치사의 도움을 받아 목적어를 취할 수 있다. 그런데 동사는 전치사뿐만 아니라, 형용사 혹은 명사와 함께 어울려 하나의 동사처럼 쓰여 목적어를 취하기도 한다.

- **I am poor at dancing in public.**
     ~을 잘 못하다
- **They took advantage of the opportunity they had.**
        ~을 이용하다

동사가 목적어를 취하는 경우는 여러 가지가 있다. 이런 문장들은 어디까지가 하나의 동사와 같은 의미를 갖는지 파악해서, 그것을 하나의 덩어리로 해석하는 것이 중요하다. 하나로 묶는 것들은 주로 숙어처럼 관용적으로 쓰는 것들이므로 눈여겨봐야 한다.

- '동사+전치사' → 목적어
  → **Please fill in the blank.** 빈칸에 기입하세요.
- '동사+형용사+전치사' → 목적어
  → **My daughter is good at painting flowers.** 내 딸은 꽃을 잘 그린다.
- '동사+명사+전치사' → 목적어
  → **They made fun of the poor man.** 그들은 불쌍한 사람을 놀렸다.

독해 연습

주어진 동사가 취하는 목적어를 찾고 문장의 의미를 우리말로 써보자.

You may wonder about the giant pyramids in Egypt[1] if you visit them or see them in the pictures. The ancient Egyptians believed if the body of a dead man could be preserved, it would give him life after death.[2] They tried to preserve their bodies[3] by applying oil and wrapping them with linen cloth. They were placed in tombs now called pyramids. Although the dreams of kings and nobles for immortality were buried with their bodies and forgotten, their dreams rise from death and give us a wonderful sight.[4]

1. You may wonder about the giant pyramids in Egypt.
- wonder about → _____
- 여러분은 _____ .

2. The ancient Egyptians believed it would give him life after death.
- believed → _____
- 고대 이집트인들은 _____ .

3. They tried to preserve their bodies.
- tried → _____
- 그들은 _____ .

4. Their dreams give us a wonderful sight.
- give → _____
- 그들의 꿈은 _____ .

해 석

여러분이 이집트 피라미드를 방문하거나 그 사진을 보면 거대한 피라미드에 놀랄 것이다. 고대 이집트인들은 죽은 사람의 신체가 보존될 수만 있다면 그것이 죽은 후에도 삶을 줄 것이라고 믿었다. 그들은 시체에 오일을 바르고 띠로 된 천으로 감싸서 시체를 보존하려고 애썼다. 이것들은 지금 피라미드라고 불리는 무덤 속에 놓여졌다. 비록 불멸에 대한 왕이나 귀족의 꿈은 그들의 신체와 함께 묻혀 잊혀졌지만 그들의 꿈은 죽음에서 부활하여 우리에게 훌륭한 광경을 제공한다.

해 답

1. the giant pyramids in Egypt   아마 이집트의 거대한 피라미드에 놀랄 것이다
2. (that) it would give him life after death   신체가 사후에 그들에게 삶을 줄 것이라고 믿었다
3. to preserve their bodies   시체를 보존하려고 애썼다
4. us a wonderful sight   우리에게 훌륭한 광경을 제공한다

02 목적어의 다양한 해석

01 '~을/를'로 해석하자

대부분의 동사가 자동사와 타동사 모두로 쓰이기 때문에 자동사인지 타동사인지 구분하는 것은 어렵다. 하지만 문장에 쓰인 동사를 해석할 때는 이런 어려움이 없다. 동사 뒤에 명사(동명사)가 있으면 목적어가 될 수 있으므로 이를 '~을/를'로 해석한다.

- **I know the strange man.**
  그 낯선 사람 + 을

그렇지만 명사가 왔다고 무조건 '~을/를'로 해석해서는 안 된다. 주어를 설명하는 말이 될 수도 있기 때문이다.

- **He is an expert on cancer.**
  그는 암 전문가이다.

'He = expert'이므로 목적어가 아니라 주어를 설명하는 말(보어)이 된다.

02 '~에게'로도 해석한다

목적어는 일반적으로 '~을/를'로 해석되지만 '~에게'로 해석될 때도 있다.

- **They provide us with the rice.** 그들은 우리에게 쌀을 제공한다.
  우리 + 에게

provide 뒤에 목적어 us가 나와서 '우리를'로 해석하기 쉽지만 동사의 의미에 따라 '~에게'로 해석하기도 한다. 목적어가 나왔다고 무작정 '~을/를'로 해석하지 말자.

03 '~에게 ~을'도 있다

대부분의 동사는 목적어를 하나만 취하지만 두 개의 목적어를 취하는 동사도 있다. 이 경우 두 개의 목적어는 일정한 순서에 따라 쓰인다. 사람과 사물이 함께 올 경우에는 사람이 먼저 오고 사물이 나중에 온다. 이런 경우 동사는 '~에게 ~을'이라는 의미가 된다. 사물이 먼저 오는 경우는 없다.

- **She bought   him   a hat.**
  그 + 에게   모자 + 를

목적어가 두 개, 즉 '명사+명사'의 형태가 될 경우 다음과 같은 방법으로 구분한다. 일반적으로 의미는 관사(a, an, the)로 시작해서 명사로 끝난다. 따라서 관사가 있는 부분이 새로운 명사가 시작되는 곳이다.

- **He gave some astonished children a beautifully wrapped gift.**

위의 문장은 목적어가 길게 연결되어 있어 해석이 쉽지 않다. 앞서 이야기했듯이 관사부터 새로운 의미가 시작하기 때문에 children 뒤의 'a ~'부터 또 다른 목적어가 된다. 두 개의 명사가 구별되었으면 첫 번째 명사는 '~에게'로 두 번째 명사는 '~을/를'로 해석하면 된다.

- 그는 주었다 / 몇몇 놀란 아이들에게 / 아름답게 포장한 선물을 /

04 사물이 먼저 오면?

앞에서 말했듯이 목적어로 사물이 먼저 오고 사람이 나중에 오는 경우는 없다. 사물이 먼저 올 경우에는 사람 앞에 전치사가 붙어 부사의 형태가 되므로 전치사의 의미에 맞게 해석하면 된다.

- **I gave   a doll   to him.**
  인형 + 을   그 + 에게
- **She bought   a hat   for him.**
  모자 + 를   그 + ~를 위해

to는 방향을 나타내는 의미이므로 '~에게', for는 목적을 나타내므로 '~를 위해'라고 해석하면 무난하다.

독해 연습
주어진 동사의 목적어를 찾고 문장의 의미를 우리말로 써보자.

Alpinist, Park Young Seok succeeded in reaching the North Pole[1] on April 30, 2005. The success of the exploration gave him the glory of becoming the first man[2] in the world to complete the Grand Slam[3] of climbing the 7 highest peaks on each continent[4] and the 14 highest peaks in the Himalayas. After stepping on these peaks, he reached the 2 poles: the North and South Poles. Despite the success, there was sorrow because he had lost his friends in the Himalayas. Many companies in the world provided the equipment for him.[5] It is no doubt that Korea is proud of him.

1. He succeeded in reaching the North Pole.
- succeeded in → _____   • 그는 _____ .

2. The success gave him the glory of becoming the first man.
- gave → _____   • 이 성공은 _____ .

3. He completed the Grand Slam.
- completed → _____   • 그는 _____ .

4. He climbed the 7 highest peaks in each continent.
- climbed → _____   • 그는 _____ .

5. Many companies provided the equipment for him.
- provided → _____   • 많은 회사들은 _____ .

해 석
산악인 박영석은 2005년 4월 30일 북극점에 도달하는 데 성공했다. 이 탐험의 성공은 그에게 각 대륙의 7개 최고봉과 히말라야산맥의 14개 최고봉을 올랐다는 그랜드슬램을 달성한 세계 최초의 사람이라는 영광을 주었다. 이들 정상에 발을 디딘 후 그는 2개의 극점인 북극점, 남극점에 도달했다. 하지만 그런 성공 뒤에는 히말라야에서 친구를 잃은 슬픔도 있었다. 많은 회사가 장비를 그에게 제공해주었다. 한국이 그를 자랑스러워하는 것은 당연하다.

해 답
1. reaching the North Pole   북극점에 도달하는 데 성공했다
2. him the glory of becoming the first man   그에게 최초라는 영광을 주었다
3. the Grand Slam   그랜드슬램을 이룩했다
4. the 7 highest peaks   각 대륙의 7개 최고점에 올랐다
5. the equipments   그에게 필요한 장비를 제공하였다

03 절도 목적어가 된다

01 목적어에 오는 것

목적어 자리에는 명사가 온다. 따라서 명사라는 말이 붙은 동명사(-ing), 인칭대명사, 관계대명사 등도 목적어 자리에 올 수 있다. 또한 주어와 동사가 있는 절의 형태도 올 수 있다. that절이나 whether, if절, 그리고 의문사(when, where, how) 등이 그것이다.

- 목적어 – 〈단어 – 명사〉　　〈절 – 명사절〉
  　　　　동명사　　　　　　명사접속사(=that)
  　　　　부정사(명사적용법)　whether, if
  　　　　재귀대명사　　　　　의문사
  　　　　관계대명사

02 명사접속사 that

명사가 쓰이는 주어, 목적어, 보어 자리에 절이 올 경우에는 that을 쓴다. 따라서 that을 '명사접속사'라고 하자.

- **People in the meeting thought that the man would come soon.**
  　　　　　　　　　　　　　　　　그가 곧 올 것이다 + ~는 것을
- **The reason is that he got up late this morning.**
  　　　　　　　　　　그가 오늘 아침 늦게 일어났다 + ~는 것

목적어 자리에 오는 'that'은 생략될 수도 있다. 주어, 동사가 나왔는데 또 주어, 동사가 나오면, 뒤의 주어와 동사 앞에는 명사절을 이끄는 목적격 접속사 that이 생략된 것으로 보고 이것을 목적어로('~을/를') 해석하자.

- **Teachers expect students will do their best on the test.**
  학생들이 시험에서 최선을 다할 것이다 + ~는 것을

that은 think, expect, believe와 같은 몇몇 동사들이 나오는 경우에만 생략된다. 그래서 이런 동사들을 보면 that이 생략되었을 수도 있다는 것을 염두에 두고 독해를 해야 문장 파악이 쉬워진다.

목적어에 절이 올 경우 무조건 '~을/를'로 해석하면 어색해지는 경우가 있다.

- **I think that everything is going well.**
  나는 모든 것이 잘 되어 가고 있다고 생각한다.

'모든 것이 잘 되어 가는 것을 생각한다'라고 해석하면 이상하다. 이럴 때는 '~을/를'을 고집하지 말고 '~라고'하면 자연스럽다. '생각하다(think)', '믿다(believe)', '결심하다(decide)' 등의 동사는 그 목적어를 '~을/를'로 해석하는 것보다는 '~고/라고'로 해석하는 것이 좋다.

03 명사처럼 쓰이는 접속사 whether, if

목적어 자리에 절이 올 경우에 쓰이는 that는 목적어가 절이라는 것만 나타낼 뿐 아무 의미가 없다. 그러나 whether나 if에는 특별한 의미가 있다.

- **I don't know whether he will do the work.**
  나는 그가 그 일을 할 것인지 아닌지 모른다.
- **He asked if I knew Chinese.**
  그는 내가 중국어를 아는지 물어보았다.

if가 동사의 목적어로 쓰일 때는 '만약'이라는 의미가 아니라 '~인지 아닌지'라는 의미가 된다. 특히 ask, wonder, doubt, know, learn 등의 동사 뒤에 올 때는 '~인지 아닌지'라고 해석한다. 하지만 if가 쓰인 절이 부사절이라면 '만약'으로 해석한다.

- **If you finish it by 3 o'clock, you can go.**
  만약 네가 3시까지 그것을 끝낸다면 너는 가도 된다.
- **If I were a bird, I could fly to you.**
  만약 내가 새라면 너에게 날아갈 수 있을 텐데.

04　가끔 형용사도 절을 목적어로 취한다

형용사는 명사 앞이나 뒤에서 명사를 설명한다. 그러나 가끔은 형용사가 목적어를 취하는 경우도 있다. 목적어는 동사와 전치사의 전유물이지만 가끔은 형용사에게 양보를 하기도 한다. 그렇다고 모든 형용사가 목적어를 취하는 것이 아니라 주로 관용적으로 쓰이는 몇몇 형용사만 그러하다.

- **His parents need to make sure that he is safe.**
  그의 부모님들은 그가 안전하다는 것을 확신할 필요가 있다.
- **People are aware that 1950 is an important year in the history of the Korea.**
  사람들은 1950년이 한국역사에서 중요한 해라는 것을 알고 있다.

'make sure that', 'be aware that'을 하나의 동사처럼 '~을 확신하다', '~을 알고 있다'로 해석하면 독해가 좀더 빨라질 것이다.

독해 연습

주어진 동사의 목적어와 문장의 의미를 알아보자.

People are well aware that animals are suffering a lot from many kinds of experiments.[1] Animals have rights to live happily as humans do. However, some people think the fact that a three-year-old child is suffering from a disease unknown to us.[2] His or her family doesn't have any other alternatives except the use of animals in medical research to develop vaccines for the disease. Luckily, there's good news for the animals as doctors have begun to do research with stem cells instead of animals. People don't know whether animals will continue to be used for laboratory experiments or not.[3] But the possibility will be much lower than it is now.

1. People are well aware that animals are suffering a lot from many kinds of experiments.
   - be aware → _____
   - 사람들은 → _____

2. Some people think first that a child is suffering from a disease unknown to us.
   - think → _____
   - 몇몇 사람들은 → _____

3. People don't know whether animals will continue to be used for laboratory experiment or not.
   - know → _____
   - 사람들은 → _____

해석

사람들은 동물이 다양한 실험에 사용되어 많은 고통을 겪는다는 것을 잘 알고 있다. 동물도 사람처럼 행복하게 살 권리를 갖고 있다. 그러나 몇몇 사람들은 불치병에 걸린 세 짜리 아이가 겪는 고통을 먼저 생각한다. 그 아이의 가족은 병에 필요한 백신을 개발하기 위해서 동물을 실험하는 것 말고는 다른 선택의 여지가 없다. 다행히 의사들이 동물 대신에 줄기세포로 연구를 시작했다는 좋은 소식이 있다. 사람들은 동물들이 실험실에서 실험용으로 계속 사용될지 아닐지는 알지 못한다. 그러나 그 가능성은 지금보다 훨씬 낮을 것이다.

해답

1. that animals are suffering a lot from many kinds of experiments
   다양한 실험에 사용되는 동물이 많은 고통을 겪는다는 것을 알고 있다.
2. that a child is suffering from a disease unknown to us   어린아이가 병으로 고통을 겪고 있다는 것을 먼저 생각한다.
3. whether animals will continue to be used for laboratory experiment or not
   동물들이 실험실에서 실험용으로 계속 사용될지 아닐지는 알지 못한다.

04 의문사도 목적어에 온다

01 의문을 나타내는 의문사

의문문은 상대방에게 무엇을 묻는 것으로 '동사+주어~'의 어순을 취하며 문장의 끝에 물음표가 나온다(동사가 주어 앞으로 왔는데 물음표가 없으면 도치된 문장이다). 즉 '동사+주어 ~?'의 형태가 된다. 여기에 when, where, how, why, what과 같은 의문사가 오면 '언제, 어디서, 어떻게, 왜, 무엇을~?'과 같은 식으로 해석을 한다.

- **When** | **is** | **your birthday?**
  언제 | 이니?(동사) | 너의 생일(주어)

  언제 + 너의 생일이니? → 너의 생일은 언제니?

그런데 when이나 where처럼 의문사가 부사절을 이끄는 접속사로 쓰일 때는 '~할 때', '~하는 곳에'라고 해석한다.

- **When** | **I met** | **a friend of mine, I asked his name.**
  ~때 | 내가 만났다 | 친구를

  ~ 때 + 내가 친구를 만났다 → 내가 친구를 만났을 때

02 목적어로 쓰인 의문사

의문사절은 명사처럼 쓰이기 때문에 주어 자리는 물론 목적어 자리에도 올 수 있다. 또한 전치사의 목적어로도 쓰인다. 그런 경우 의문사절은 목적어 '~을/를'로 해석된다.

- 동사의 목적어

  She didn't <u>know</u> what she should to at that time.
  그녀는 그 때 어떻게 해야 할지를 몰랐다.

- 전치사의 목적어

  We are talking about where we will go on a picnic tomorrow.
  우리는 내일 어디로 소풍을 갈 것인가에 대해 이야기하고 있다.

엄밀히 말하면 목적어로 쓰인 의문사는 의문을 나타내는 부사이므로 부사로 해석한다.

- **I don't know where I should go.**
  ~을 알지 못한다   어디로 + 내가 가야 한다 + ~를
  → 어디로 내가 가야 할지를 → 어디로 가야 할지를 알지 못한다

의문사가 목적어로 쓰일 경우는 뒤에 주어와 동사가 온다는 점에서 접속사로 쓰이는 것과 같으나 본질적으로는 의문사이므로 의문의 의미에 초점을 두어 해석한다.

03 목적어로 올 때는 형태가 변하기도 한다

의문사절이 목적어로 쓰이려면 주어와 동사가 있어야 하지만 반드시 그런 것은 아니다. 부정사가 올 때도 많다.

- **They asked how to solve the problems.**
  그들은 어떻게 그 문제를 푸는지 물었다.

'의문사+to부정사'는 부정사의 명사적 용법이다. 부정사를 명사 즉 목적어로 보는 것이다. 따라서 부정사를 목적어(~을/를)로 해석한다.

- **I don't know where to go.**
  어디로   가야 할지를

이것이 정확한 해석이다. 물론 '가야 할 곳을'이라고 해석해도 의미는 통하지만 부정사의 용법에 어긋난다.

독해연습

이탤릭체로 된 의문사절의 역할(부사/명사)과 의미를 알아보자.

How pleased were you with the service in a hotel? If you feel thankful for the service, you may tip those who attend to you. The size of tip is dependent on *how pleased you are with the service*.[1] Canadians and Americans usually tip in places like hotels, airports, and hair salons. *When you get service from a porter at an airport*,[2] you should tip two dollars for each bag. If you don't know *how to tip in other situations*,[3] it is good to follow these customs. The usual tip for restaurant waiters and taxi drivers, is between 15~20 percent of the fare. But remember, there is no tipping in cafeterias or fast food restaurants.

1. The size of tip is dependent on *how pleased you are with the service*.
- (의문사절의 역할) _____   • (의미) _____

2. *When you get service from a porter at an airport*, you should tip two dollars for each bag.
- (의문사절의 역할) _____   • (의미) _____

3. If you don't know *how to tip in other situations*, it is good to follow these customs.
- (의문사절의 역할) _____   • (의미) _____

해석

당신은 호텔의 서비스에 얼마나 즐거웠는가? 만약 서비스가 고마웠다면 봉사를 한 사람에게 팁을 줄 수 있다. 팁의 금액은 서비스가 얼마나 즐거웠는지에 달려있다. 캐나다인이나 미국인은 일반적으로 호텔, 공항, 미장원과 같은 장소에서는 팁을 준다. 공항에서 짐꾼에게 봉사를 받을 때는 가방 하나 당 2달러의 팁을 주어야 한다. 만약 다른 상황에서 어떻게 팁을 주어야 하는지 모른다면 이런 관습을 따르는 것이 좋다. 식당 웨이터나 택시 운전사에게 주는 일반적인 팁은 요금의 15~20퍼센트이다. 그러나 카페나 패스트푸드점에서는 팁이 없다는 것을 기억해라.

해답

1. 명사(목적어) – 여러분이 봉사에서 얼마나 즐거웠는지를(~에)
2. 부사 – 여러분이 공항에서 짐꾼에게서 봉사를 받았을 때
3. 명사(목적어) – 다른 상황에서 어떻게 팁을 주어야 하는지를

05 목적어 이렇게도 나온다

01 문장의 기초적인 구성

문장이 되기 위해서는 기본적으로 주어와 동사가 있어야 하고, 여기에 보어나 목적어 혹은 부사가 첨가되면서 문장이 완성된다. 이 때 주어와 동사가 다시 한 번 나오려면 접속사가 필요하다. 문장과 문장을 이어주는 말이 필요하기 때문이다.

- 문장 : 주어 + 동사 ~ (접속사) + 주어 + 동사 ~

02 주어 동사가 두 번씩 나올 때

그런데 독해를 하다보면 한 문장에 주어와 동사가 접속사 없이 두 번씩 나오는 경우를 볼 수 있다. 주로 think, know, believe 같은 동사의 목적어로 절이 올 때 접속사 that이 생략되었기 때문이다.

- I think he is honest. ← I think (that) he is honest.

I think도 주어, 동사이고 he is도 주어와 동사이다. 이처럼 한 문장에 주어와 동사가 연이어 두 번씩 나오면 뒤에 오는 주어, 동사를 목적어(~을/를)로 해석한다.

- **We believe** he is innocent.
  ~을 믿는다   그가 무죄라는 것을

절을 목적어로 취하는 모든 동사들이 이렇게 쓰이는 것은 아니고 위에서 말한 것과 같은 동사들의 경우에 그렇다.

03 관계사가 생략되어도 주어, 동사가 또 나온다

주어와 동사가 오고 다른 단어들이 오다가 또 다시 주어와 동사가 오면 거기에는 목적격 관계대명사가 생략되어 있을 가능성이 높다. 목적어 자리에 쓴 관계대명사는 생략할 수 있기 때문이다. 따라서 뒤에 오는 주어와 동사는 앞에 있는 명사를 설명하는 것으로 해석한다. 동사의 목적어가 아니기 때문에 목적어로 해석해서는 안 된다.

- I know a girl everybody loves.

  어떤 소녀? → 모든 사람이 좋아하는 소녀

  ← I know a girl (whom) everybody loves.

목적격관계대명사만 생략되는 것은 아니다. 관계부사도 생략되어 쓰인다(how의 경우 반드시 생략한다). 따라서 관계부사가 생략되어 있을 가능성도 생각해야 한다. 주어, 동사 앞에 오는 명사가 시간이나 장소를 나타내는 명사라면 관계부사가 생략되어 있을 가능성이 높다. 관계부사가 생략되었을 때도 앞에 오는 명사(선행사)를 설명하는 식으로 해석한다.

- This is the house I have lived for ten years.

  무슨 집? → 내가 10년 동안 살아온 집

  ← This is the house (where) I have lived for ten years.

결국 접속사 없이 주어, 동사가 한 문장 내에 오는 경우는 다음과 같이 정리할 수 있다.

- 주어 + 동사 + 주어 + 동사 ~
- 주어 + 동사 ~ + 명사 + 주어 + 동사 ~

동사 뒤에 '주어+동사~'가 오면 이것을 목적어로 해석하고 어떤 명사 뒤에 '주어+동사~'가 오면 앞에 있는 명사를 설명하는 것으로 의미를 파악한다.

이탤릭체로 된 부분이 나타내는 절의 형태(that절/의문사절/관계대명사절/관계부사절)와 의미를 알아보자.

If you think you are lost in the forest, go to the biggest tree nearby.[1] The tree will help you find your way out. Leaves and branches tend to grow quickly on the south side of trees with much sunlight. Look above your head. You can easily find where south is.[2] If you know which way is south,[3] it is easy to know where the north is. North is the opposite direction of the south. If you can't find your way out yet, look at the moss under your feet. It always grows on the north side of trees. These are ways you find your way out.[4]

1. *If you think you are lost in the forest*, go to the biggest tree nearby.
- (절의 형태) _____   • (의미) _____

2. You can easily find *where south is*.
- (절의 형태) _____   • (의미) _____

3. If you know *which way is south*?
- (절의 형태) _____   • (의미) _____

4. These are ways *you find your way*.
- (절의 형태) _____   • (의미) _____

해 석

만약 네가 숲에서 길을 잃었다고 생각한다면 근처에 있는 가장 큰 나무로 가라. 이 나무는 네가 길을 찾도록 도움을 줄 것이다. 나뭇잎과 가지는 태양 빛이 많은 남쪽으로 빨리 자라는 경향이 있다. 고개를 들어봐라. 너는 어느 쪽이 남쪽인지 쉽게 찾을 수 있을 것이다. 만약 네가 어느 쪽이 남쪽인지 안다면 북쪽을 찾는 것은 쉽다. 북쪽은 남쪽의 반대쪽이다. 만약 아직 나아갈 길을 찾지 못했다면 발밑의 이끼를 봐라. 이것은 늘 나무의 북쪽에 자란다. 이것이 네가 길을 찾는 방법이다.

해 답

1. that절(that 생략) – 네가 숲에서 길을 잃었다고(← ~을)
2. 의문사절 – 어디가 남쪽인지를
3. 의문사절 – 어느 쪽이 남쪽인지를
4. 관계부사절(how 생략) – 네가 길을 찾는

PART 2

문장의 가지를 다듬자!

1장 ● 명사를 설명하는 말

2장 ● 독해에서 만난 준동사

3장 ● 부사, 알고 보면 요긴한 것

4장 ● 의미의 마술사, 전치사

Part 2 ● 문장의 가지를 다듬자!

1장 | 명사를 설명하는 말

1. 명사를 설명하는 것들
2. 목적어를 설명하는 말의 해석
3. 주어를 설명하는 분사
4. 관계사절은 명사를 설명한다
5. 관계대명사의 해석
6. 전치사구도 명사를 설명한다

01 명사를 설명하는 것들

01 설명하는 말은 어디에 있나?

앞에서 배웠듯이 명사는 주어와 목적어 자리에 오며, 명사를 설명하는 말은 이들 뒤에 온다. 명사 앞에서 그 명사를 설명하는 말은 단순한 설명에 지나지 않지만, 명사 뒤에서 명사를 설명하는 말에는 '보어'라는 명칭을 붙인다. 동사 뒤에서 주어를 설명하면 주격보어, 목적어 뒤에서 목적어를 설명하면 목적보어라고 한다.

- 주어(명사) + 동사 + 설명하는 말(보어) ~
- 주어 + 동사 + 목적어(명사) + 설명하는 말(보어) ~

02 형용사가 으뜸

영어 문장이 명사와 이를 설명하는 말의 반복되는 과정이라고 할 때 설명하는 말로 쓰이는 가장 일반적인 것은 형용사이다. 형용사는 명사의 상태를 형용한다(그린다)는 말이며 '명사가 어떠하다'는 의미다.

- **He died young. (He → young)**
  그는 젊은 나이에 죽었다.
- **Students should keep their classroom clean. (classroom → clean)**
  학생들은 교실을 깨끗이 유지해야 한다.

형용사의 기능을 하는 것에는 부정사, -ing, pp 등도 있으므로 명사 뒤에 이런 말들이 오면 명사를 설명하는 식으로 해석한다.

- **She came back to school smiling brightly. (she → smiling)**
  그녀는 환하게 미소지으면서 학교로 돌아왔다.

- **I was pleased at the news. (I → pleased)**
  나는 그 소식에 기뻤다.

형용사가 명사를 설명할 때 그 명사가 주어이면 형용사는 동사 뒤에 와서 주어에 쓰인 명사를 설명한다.
그런데 명사는 목적어 자리에도 오기 때문에 이런 것들은 목적어 뒤에도 온다. 이 때는 당연히 목적어를 설명하는 식으로 해석한다.

- **I saw him coming to me quickly. (him → coming)**
  나는 그가 서둘러 나에게 오는 것을 보았다.
- **They want me to do it right now. (me → to do)**
  그들은 내가 그것을 즉시 하기를 원한다.

03 명사도 명사를 설명한다

형용사만 명사를 설명하는 것이 아니라 명사도 다른 명사를 설명할 수 있다. 예문을 보자.

- **He is an expert on cancer. (He → expert)**

그는 누구인가? 그는 암 전문가이다(He = expert). 주어에 쓰인 명사(He)를 동사 뒤에서 다른 명사(expert)가 설명하고 있다. 또한 동사 뒤에서 설명할 수도 있지만 명사 바로 뒤에서 설명할 수도 있다.

- **The man, an expert on cancer, turned up at the meeting.**
  암 전문가인 그 사람이 모임에 나타났다.

명사가 다른 명사를 바로 뒤에서 설명하게 되면 'The man = expert'가 되며 이를 동격이라 부른다.

04 전치사구도 가능하다

길게 설명될 문장을 짧게 만들어주는 전치사구도 명사를 설명하는 형용사 역할을 한다.

- **The man in black blocked my view.**
  그 남자 → (어떤 남자?) → 검은 옷을 입은 (남자)

05 절도 명사를 설명한다

형용사에 준하는 것들은 명사를 설명할 수 있다. 여기에는 절의 형태도 있다. 절이 명사를 설명하면 형용사절이 되는데 그 대표적인 것이 관계사절이다. 그래서 관계사절은 앞에 나온 명사를 설명하는 것으로 해석한다.

- **A man, who has blue eyes and a dark face, came to me.**

  어떤 사람 → 푸른 눈과 검은 얼굴을 한 사람이 → 나에게 왔다

- **A man came to me who has blue eyes and a dark face.**

  어떤 사람이 → 나에게 왔다 → 그는 눈이 푸르고 얼굴이 검다

- **I know the house where he lives.**

  그 집 → 거기에 그가 산다

- **have to remember the fact that he is honest.**

  그 사실 → 그는 정직하다

관계사절은 첫 번째, 세 번째 문장처럼 명사 뒤에서 설명할 수도 있고, 두 번째 문장처럼 명사와 떨어져서 설명할 수도 있다. 하지만 의미를 파악하는 방법은 똑같다. 네 번째 문장에서의 that절은 앞에서 나온 명사의 의미를 풀어서 설명하고 있다. 명사와 that절은 동격의 관계(the fact = that he is honest)이다.

독해 연습

주어진 명사를 설명하는 말과 그 의미를 찾아보자.

> There are many kinds of frogs in the world. Some of them are tiny enough to sit on top of a coin. Other frogs are as big as a plate.[1] Even though the size and color are different, all frogs start their lives in the water. At that time they have no legs. They have tails which disappear as they grow.[2] They change into adults with four legs but no tail.[3] They are good jumpers.[4] They can jump 20 times as high as their bodies.

1. **Other frogs** are as big as a plate.
   - Other frogs → _____
   - 다른 개구리들은 → _____

2. They have **tails** which disappear as they grow.
   - tails → _____
   - 꼬리는 → _____

3. They change into **adults** with four legs but no tail.
   - adults → _____
   - 어른 → _____

4. **They** are good jumpers.
   - They → _____
   - 그들은 → _____

해석

세상에는 많은 종류의 개구리들이 있다. 그것들 중의 어떤 것은 동전에 앉을 만큼 작다. 다른 것들은 접시만큼 크다. 비록 크기와 색깔은 다르지만 모든 개구리들은 물에서 삶을 시작한다. 그때는 다리가 없다. 그들은 성장하면서 사라지는 꼬리를 가지고 있다. 그들은 네 개의 다리는 있지만 꼬리가 없는 성체로 변한다. 그들은 훌륭한 높이뛰기 선수다. 그들은 자신의 몸보다 20배만큼이나 높이 뛸 수 있다.

해답

1. are as big as a plate – 접시만큼 크다
2. which disappear as they grow – 그들이 성장함에 따라 사라진다
3. with four legs but no tail – 네 개의 다리는 있지만 꼬리가 없는
4. are good jumpers – 훌륭한 높이뛰기 선수이다

목적어를 설명하는 말의 해석

01 목적어와 목적보어란?

명사가 목적어라면 이를 설명하는 형용사는 목적보어가 된다. 따라서 목적어와 목적보어 사이에는 의미상 주어와 서술어의 관계가 성립한다. 주어와 서술어의 관계라면 반드시 능동(I love him)이나 수동(He was loved by me)의 관계가 성립된다. 하지만 목적보어에는 동사 형태가 올 수 없다. 그렇게 되면 한 문장에 동사가 두 개가 되기 때문이다.

- **I see him sings a song. (✗)**

따라서 목적보어에 동사가 올 때는 동사에 -ing가 있는 형태(singing)나 부정사(to sing), 원형부정사(sing) 혹은 pp(sung)로 형태를 바꾼다. 위 문장의 경우는 see가 지각동사이므로 sing이나 singing이 알맞은 형태다.

02 능동으로 해석하자

목적보어 자리에 부정사, -ing, 동사원형이 오면 목적어와 목적보어를 능동의 관계로 해석한다.

- **I want him to go there early.** 나는 그가 거기에 일찍 가기를 원한다.
  그가 → 거기에 간다

- **I saw a man cross(crossing) the street.**
  어떤 사람이 → 길을 건넌다

- **I made him do it immediately.**

  그가 → (그것을) 한다

목적보어에 -ing, 동사원형이 오면 동사는 지각동사(see, watch, hear), 사역동사(make, have, let) 등이 된다.

03 pp는 수동, 완료로 해석하자

목적어와 목적보어의 관계가 능동의 의미라면 여러 형태의 준동사가 오지만 수동, 완료의 의미일 때는 pp가 온다. 따라서 pp가 오면 그렇게 해석한다.

- **He had the trees removed from the forest.**

  나무가 옮겨지도록(tree → be removed)

수동이라고 해서 pp만 오는 것은 아니다. 'to be pp'가 올 수도 있다. 아래 예문에서 to be pp가 온 이유는 목적보어로 반드시 부정사 형태를 취해야 하는 속성의 동사 expect가 있기 때문이다.

- **I expect the car to be repaired soon.**

  차가 수리되기를(car → to be repaired)

04 또 다른 해석 방법

명사를 설명하는 것에는 형용사와 명사가 있다. 이들은 동사 형태가 아니기 때문에 수동이나 능동의 의미가 없다. 따라서 글자 그대로 해석하면 된다.

- **He kept the room clean.**

  방이 → 깨끗한

- **He made her a good wife.**

  그녀가 → 좋은 아내

결국, 목적보어로 -ing, 부정사, 원형이 오면 목적어와 목적보어를 능동의 관계로 해석하고 pp나 'to be pp'가 오면 수동의 관계로 해석한다. 형용사나 명사일 경우는 목적어에 쓰인 명사를 단순히 설명하는 것으로 해석하면 된다.

- **주어 + 동사 + 목적어 + 목적보어**
    - PP → 수동으로 해석
    - -ing, 부정사, 동사원형 → 능동으로 해석

05 해석은 이렇게 하자

목적어 자리에 쓰인 명사와 이를 설명하는 말은 능동이나 수동의 관계로 설명된다. 이 말을 다른 각도에서 보면 목적어와 목적보어는 한 짝이 된다는 말이다. 따라서 이들은 하나로 묶어 해석해야 한다. 초급자들이 저지르기 쉬운 실수 중의 하나는 목적어와 목적보어를 분리하여 해석하는 것이다.

- **I saw her dance in her room.**
    - → 잘못된 해석 : **I saw her … dance …**
    - → 올바른 해석 : **I saw … her dance …**

dance는 목적어인 her를 설명하는 말이다. 따라서 '나는 보았다. 무엇을? 그녀가 춤추는 것을'이라고 해석해야 한다.

- **나는 보았다 → (무엇을?) → 그녀가 춤추는 것을**

그리고 이 해석처럼 목적어인 her를 '~을, 를'로 해석하지 않고 '~가, 이'로 해석한다. 목적어와 목적보어는 의미상 주어와 동사의 관계이기 때문이다. 그래서 her dance를 '그녀가 춤추는 것을'이라고 해석하는 것이다.

독해 연습 목적어와 이를 설명하는 말(목적보어)을 하나로 묶어 그 의미를 파악해보자.

> Greenhouses are not green. They are transparent, so they can accept a lot of light and heat, which help plants grow green even in winter.[1] Today people add greenhouses into their homes. The greenhouse rooms are made for people, not for plants. Light and heat come into the house through the greenhouses, which are called 'skylights'. People can keep the other parts of the house warm by using the light and heat.[2] Sometimes people see the roof of a house covered with glass for heating houses.[3] People expect the sun to be used as energy replacing oil[4] in the near future.

1. Greenhouses help plants grow green even in winter.
- (목적어와 목적보어) _____
- (의미) 온실은 돕는다 _____

2. People can keep the other parts of the house warm by using the light and heat.
- (목적어와 목적보어) _____
- (의미) 사람들은 유지할 수 있다 _____

3. Sometimes people see the roof of a house covered with glass for heating houses.
- (목적어와 목적보어) _____
- (의미) 때때로 사람들은 본다 _____

4. People expect the sun to be used as energy replacing oil.
- (목적어와 목적보어) _____
- (의미) 사람들은 기대한다 _____

해 석

온실은 녹색이 아니다. 이것은 투명해서 많은 빛과 열을 받아들여 겨울에도 식물이 푸르게 자라도록 한다. 오늘날 사람들은 온실을 가정에 둔다. 이 온실 공간은 식물을 위해서가 아니라 사람들을 위해 만들어진다. 빛과 열은 'skylights'라고 불리는 온실을 통해 집에 들어온다. 사람들은 그 빛과 열을 이용해 집의 다른 부분을 따뜻하게 유지할 수 있다. 때때로 사람들은 난방을 위해 집의 지붕이 유리로 덮힌 것을 본다. 사람들은 가까운 미래에 태양이 기름을 대신하는 에너지로 사용되기를 기대한다.

해 답

1. plants grow green – 식물이 푸르게 자라는 것을
2. the other parts of the house warm – 집의 다른 부분이 따뜻하게
3. the roof of a house covered – 집의 지붕이 덮인 것을
4. the sun to be used – 태양이 사용되기를

03 주어를 설명하는 분사

01 분사란?

분사(分詞)란 품사를 나눈다는 말로 원래 동사였던 것을 형용사로 나누는 것이다. 동사를 형용사로 분사하는 방법에는 두 가지가 있다. 동사에 -ing를 붙여 현재분사로 만들거나 -ed를 붙여 과거분사로 만드는 것이다. 이렇게 되면 동사가 분사가 되어 형용사처럼 쓰이게 된다.

- **Let sleeping dogs lie.**
  잠자는 개를 누워 있게 둬라 (→ 잠자는 사자를 건드리지 마라)

- **Look at the fallen leaves.**
  떨어진 잎(낙엽)을 봐라.

02 왜 동사를 분사로 만들까?

동사를 분사시켜 형용사로 만드는 이유는 명사를 설명하기 위해서이다. 그렇게 되면 분사는 주어를 설명할 수 있게 된다. 다음 예문을 살펴보자.

- **I went home, whistled. (✗)**

이 문장에서 동사 went는 주어인 I를 설명한다. 그리고 문장 끝에 있는 whistle도 동사다. 역시 주어를 설명하고 있다. 본동사 went가 나왔기 때문에 동사가 또 나오면 틀린 문장이 된다. 다른 방법을 찾아야 한다. 가장 간단한 방법이 접속사를 쓰는 것이다.

- **I went home and whistled.**

이렇게 되면 문법적으로도 문제가 없고 '나는 집에 갔다. 그리고 휘파람을 불었다'라는 의미가 된다.

주어를 설명하는 것에는 동사뿐만 아니라 형용사도 있다. 따라서 동사를 형용사로 바꾸면 주어를 설명할 수 있게 된다. 분사로 바꿀 때 –ing를 쓰는 것은 주어와 이것의 의미 관계가 능동이기 때문이다. 수동의 관계라면 pp로 바꾼다.

- **I went home whistling.**
  나는 휘파람을 불면서 집에 갔다.

이처럼 주어를 설명하고자 할 때는 동사로 설명할 수도 있고 형용사(whistling)로 설명할 수도 있다. 이 때 동사를 형용사로 바꾸어 설명하는 것을 분사구문이라고 한다. 의미는 어떤 행동이 동시에 일어났다는 것을 의미한다(동시 상황을 나타내는 분사구문).

03 분사구문의 해석

분사구문에서는 동사뿐만 아니라 형용사(분사)도 주어를 설명하므로 두 가지 행동이 있게 되며 이 두 행동을 적절히 합쳐서 문장의 의미를 완성한다. 위의 분사구문의 경우 집에 가는 행동과 휘파람을 부는 행동이 동시에 일어났기 때문에 '~하면서 (동시에)'라고 해석했다. 그러나 꼭 이렇게만 해석하는 것은 아니다. 얼마든지 다르게 해석될 수도 있다.

- **He ran away, seeing me.**
  그는 나를 보고 나서 달아났다.
- **She was late in class, getting up late.**
  그녀는 늦게 일어났기 때문에 지각했다.

분사구문은 형태가 어떤 것이든지 '주어가 어떠하다'는 식으로 의미를 파악하면 된다. 그러나 좀더 정확하게 해석하고자 한다면 적당한 말을 첨가해야 한다. '~하면서'라는 의미를 이끌어낸 것도 두 행동 사이의 관계를 살펴보고 적당하게 만들어낸 것이다. 도망간(ran) 행위와 보는(seeing) 행위 사이의 관계를 살펴보면 '보고 난 후에 도망갔다'로 생각해 볼 수 있다. 두 번째 문장의 경우도 '늦게 일어났기 때문에 지각한' 것으로 볼 수 있다. 그래서 getting up late를 '늦게 일어났기 때문에'라고 해석한다. '늦게 일어났기 때문에'는 '(수업에) 늦었다'를 설명한다. 즉 분사구문을 정확하게 해석하면 동사를 설명하는 부사구가 된다. 하지만 전체적인 의미만 파악하고자 할 때는 주어를 설명하는 식으로 해석하면 그 의미가 쉽게 파악된다.

우리말로 옮길 때는 정확한 해석을 해야 한다. 그렇지만 의미만 알고자 한다면 '주어를 설명하는 것(주어가 ~하다)으로 분사를 보면 된다.

- **He ran away seeing me.**
  He → ran away 하고 He → seeing me 하다

전체적인 의미 파악은 이렇게 하면 되고 좀더 자세하고 정확한 해석을 하고자 한다면 두 행위 사이의 관계를 살펴보고 적당한 말을 넣는다.

'He → ran away' + 'He → seeing me'
⇒ He → seeing me 한 후에 He → ran away 했다

분사구문의 정확한 해석은 문맥과 읽는 사람의 언어 능력에 달려 있다고 볼 수 있다.

독해 연습

주어진 명사를 설명하는 말을 찾아보고 그 의미를 우리말로 써보자.

> Having only one stinger, worker bees use their stingers only once in their life time.[1] So, bees sting only when attacked.[2] Bees sting, knowing they will die a few hours later.[3] However, queen bees can use their stingers many times and use them to sting other queens. Male bees, having no stingers, can't sting.[4] Don't worry when you see bees; bees won't sting unless they have to.

1. Having only one stinger, **worker bees** use their stingers only once in their life time.
   - worker bees → _____
   - 일벌은 → _____

2. **Bees** sting only when attacked.
   - Bees → _____
   - 벌들은 → _____

3. **Bees** sting, knowing they will die a few hours later.
   - Bees → _____
   - 벌들은 → _____

4. **Male bees**, having no stingers, can't sting.
   - Male bees → _____
   - 수컷 벌들은 → _____

해석

일벌은 단지 하나의 침을 갖고 있기 때문에 평생에 한 번 침을 사용한다. 그래서 벌들은 공격을 받을 때만 침을 쏜다. 벌들은 몇 시간 후에 죽을 것이라는 것을 알면서 침을 쏜다. 그러나 여왕벌은 침을 여러 번 사용할 수 있으며 다른 여왕벌을 쏘는 데 사용한다. 수컷 벌은 침이 없기 때문에 침을 쏠 수 없다. 벌을 보더라도 걱정하지 마라. 벌은 쏴야 할 때가 아니라면 쏘지 않을 것이다.

해답

1. Having only one stinger / use their stingers   단지 하나의 침을 갖는다 / 침을 사용한다
2. sting / attacked   침을 쏜다 / 공격을 받는다
3. sting / knowing they will die   침을 쏜다 / 그들이 죽을 것을 안다
4. having no stingers / can't sting   침이 없다 / 침을 쏠 수 없다

04 관계사 절은 명사를 설명한다

01 문법에서의 관계대명사

문법에 포인트를 두고 관계대명사를 보면 다소 복잡한 면이 있다. 명칭에서 알 수 있듯이 '관계라는 접속사'와 '대명사'를 알아야 이해되는 개념이기 때문이다. 그러나 독해에서는 이렇게 복잡하게 생각할 필요가 없다.

- I know the girl **and she** speaks in French.
- I know the girl **who** speaks in French.

02 대명사와 관계대명사

독해에서 바라본 관계대명사는 너무나 쉽다. 관계대명사는 앞에 나온 명사를 설명하는 대명사로 해석하면 되고 관계대명사절은 앞에 나온 명사를 설명하는 형용사절로 해석하면 되기 때문이다.

- I know a girl. She is pretty.
  나는 소녀를 안다. 그녀는 예쁘다.
- I know a girl who is pretty.
  나는 한 소녀를 아는데 그녀는 예쁘다.

대명사가 쓰인 문장은 앞에 오는 문장과 마침표로 분리되어 있다. 앞에 오는 문장과 뒤에 오는 문장 사이에는 호흡이 끊겨 있다는 말이다. 앞의 문장과 뒤의 문장은 독립적이다. 그러나 두 번째 문장처럼 관계대명사로 연결되어 있으면 한 문장이 된다. 앞에 나온 명사의 의미를 한 호흡으로 설명하므로 명사의 의미에 대한 궁금증이 곧바로 해소된다.
반면에 이를 대명사로 해석하면 새로운 호흡으로 설명하게 되므로 그만큼 명사의 의미가 강조되고 새로워진다.

03 관계대명사의 해석

호흡의 측면에서 독해를 살펴본 것이 다소 생소하게 느껴졌을 수 있다. 간단하게 생각하자. 관계대명사는 대명사이므로 '그', '그녀', '그것'처럼 대명사로 해석하면 된다.

- **I have chemicals that will wash ink out of my shirts.**

  화학약품 → 그것은 → 씻어줄 것이다 잉크를 내 옷에서

'나는 화학약품을 갖고 있다. 어떤 것? 잉크를 셔츠에서 씻어줄 것' 이렇게 의미를 파악하자. 그러면 관계대명사절 전체가 앞에 나온 명사를 설명하는 말이라는 것을 이해하게 된다.

- **I have chemicals that will wash ink out of my shirts.**

  어떤 화학약품? → 내 셔츠에서 잉크를 씻어줄

04 관계부사도 명사를 설명한다

관계대명사를 대명사로 해석하듯이 관계부사 역시 부사로 해석하면 된다. '거기서(where), 그 때(when), 그 때문에(why), 그렇게(그런 방법으로; how)' 등의 부사로 해석한다.

- **I am looking at the house where my children live.**

  집 거기서 나의 아이들이 산다

  어떤 집? → 나의 아이들이 살 (집)

위의 예문은 '나는 집을 보고 있다. 거기서(그 집에서) 내 아이들이 살고 있다'라는 의미이다. 관계부사는 부사로 해석되지만 관계부사절 전체는 결국 앞에 나온 명사를 설명하는 말이 된다. 이렇게 의미를 파악하면 앞에서 뒤로 직독직해가 되면서 의미를 쉽게 알 수 있게 된다.

독해 연습

주어진 명사를 설명하는 절을 찾아 그 의미를 알아보자.

> Have you ever thought of the importance of the hair that you have?[1] Maybe you seldom think of it. People have hair for many reasons. Its primary function is to protect skin. You have eyebrows and eyelashes which keep dust and insects out.[2] There's another reason why people have hair.[3] The hair on people's heads holds in lots of body heat. It keeps the temperature of the body constant. It's a function that you have never thought of.[4]

1. Have you ever thought of the importance of the hair that you have?
   - hair → _____
   - 머리카락 → _____

2. You have eyebrows and eyelashes which keep dust and insects out.
   - eyebrows and eyelashes → _____
   - 눈썹과 속눈썹 → _____

3. There's another reason why people have hair.
   - reason → _____
   - 이유 → _____

4. It's a function that you have never thought of.
   - function → _____
   - 기능 → _____

해 석

여러분이 가진 머리카락의 중요성에 대해 생각해본 적이 있습니까? 아마도 여러분은 거의 생각해보지 않았을 것입니다. 여러 가지 이유로 사람들은 털이 있습니다. 그것의 첫 번째 기능은 피부를 보호하는 것입니다. 여러분은 먼지와 곤충이 들어오지 못하게 하는 눈썹과 속눈썹을 가지고 있습니다. 사람들에게 털이 있는 또 다른 이유가 있습니다. 사람들의 머리에 있는 털은 많은 신체의 열을 품고 있습니다. 이것은 신체의 온도를 일정하게 유지해줍니다. 이것이 여러분이 생각지도 못한 기능입니다.

해 답

1. that you have – 여러분이 가진
2. which keep dust and insects out – 먼지와 곤충이 들어오지 못하게 하는
3. why people have hair – 사람들이 털을 갖는
4. that you have never thought of – 여러분이 생각지도 못한

05 관계대명사의 해석

01 의미에 따른 분류

관계대명사는 대명사이므로 앞에 나온 명사를 지칭한다. 이때 지칭하는 명사가 사람이면 who, 사물이면 which가 온다. 마치 지칭하는 명사가 사람이면 he나 she, 사물이면 it이 오는 것과 같다. 사람과 사물 모두를 지칭할 때는 that이 온다.

- **who, whom** : 사람
- **which** : 사물
- **that** : 사람이나 사물 모두, 혹은 구별이 어려운 경우

02 문장 위치에 따른 분류

대명사의 경우 문장에서의 위치에 따라 그 형태가 달라진다. 마찬가지로 관계대명사도 대명사이므로 주어자리에는 who, 목적어 자리에는 whom이 온다. 사물을 지칭하는 which는 주어, 목적어 모두에 which가 온다. 그리고 소유를 의미할 때는 whose가 온다.

- 주격 : **who, which**
- 목적격 : **whom, which**
- 소유격 : **whose**

who와 whom처럼 그 형태가 완전히 다르면 해석하는 데 문제가 없다(who는 '그는', whom은 '그를'이라고 해석한다). 그러나 which는 주격과 목적격의 형태가 같으므로 which 뒤에 주어가 오면 '~을/를'로, 동사가 오면 '~이/는/가'로 해석한다.

- **I know many students who attend high school.**
  나는 많은 학생을 아는데 그들은 고등학교에 다닌다.

- **He has a car which is very big.**
  그는 차를 갖고 있는데 그 차는 매우 크다.
- **She knows a man whose ambition is great.**
  그녀는 한 사람을 아는데 그의 야망은 크다.

03 관계대명사는 생략되기도 한다?

관계대명사의 '관계'는 '접속사'를 의미하므로 관계대명사는 문장과 문장을 연결해주며 주격이면 who/which, 목적격이면 whom/which가 된다. 하지만 관계대명사가 생략되어 보이지 않는 경우도 있다.

- 주어 + 동사 + 명사 ~ + (관계대명사) + 주어 + 동사 ~

- **This is the restaurant which my children like.**
  이것은 식당인데 이 식당을 나의 아이들이 좋아한다.
- **This is the hotel we are looking for.**
  이것은 호텔인데 이 호텔을 우리가 찾고 있다.

첫 번째 문장에서 관계대명사가 like의 목적격으로 쓰였지만, 두 번째 문장에서는 관계대명사를 생략했다. 목적격 관계대명사는 생략될 수 있기 때문이다. 따라서 문장에서 접속사 없이 절이 연결되었다면 동사나 전치사의 목적어로 쓰인 관계대명사가 생략된 것으로 보고 앞에 오는 명사를 설명하는 식으로 해석하자.

04 관계대명사의 새로운 모습

관계대명사 앞에 전치사가 오면, 전치사와 관계대명사를 하나로 묶어 해석한다.

- **This is the house in which I live.**
  안에서 + 그것 → 그것 안에서 ⇒ 집안에서

전치사가 명사에 딸린 경우(in the house → in which)에는 전치사와 관계대명사를 하나로 묶어서 해석하면 되지만 그렇지 않은 경우에는 의미 파악이 어려워진다.

- **He is the man of whom I am proud.**
  그의(?)

위의 문장에서 'of whom'을 하나로 묶어 그 의미를 파악하려고 하면 의미가 쉽게 드러나지 않는다. 이럴 경우에는 '전치사+관계대명사'를 문장 뒤로 보내보자.

- **He is the man I am proud of whom(= the man)**
  ~을 자랑스러워하다 + 그를 → 그를 자랑스러워하다

이렇게 하면 의미가 드러난다. '전치사+관계대명사'만으로 의미 파악이 힘든 이유는 전치사가 동사와 연결되어 의미를 형성하기 때문이다. 그래서 원래의 위치인 동사 뒤로 돌려보내면 그 의미가 드러나는 것이다.

- **He is the man on whom I depend.**
  depend on whom(= the man) 그에게 의지하다

독해할 때, 관계대명사가 나오면 전치사가 명사와 관련해서 의미를 형성하는지 아니면 동사와 관련해서 의미를 형성하는지를 살펴봐야 한다.

독해 연습

이탤릭체로 된 관계대명사절의 의미와 문장 전체의 의미를 알아보자.

> Have you ever dreamed of flying in the sky or floating in the sea? If so, there's a lake which can fulfill your dream.[1] Visit the lake in Utah which is called the Great Salt Lake. You can see people who are enjoying themselves in the water[2] without any help from boats. It's a lake in which you can float[3] because the salty water in the lake is denser than your body. It is interesting enough to attract tourists. But it doesn't have any fish or plants. In some aspects, the lake is dead. That's how the Dead Sea in Israel got its name.

1. There's a lake *which can fulfill your dream*.
- (관계대명사절) _____
- (문장 전체) _____

2. You can see people *who are enjoying themselves in the water*.
- (관계대명사절) _____
- (문장 전체) _____

3. It's a lake *in which you can float*.
- (관계대명사절) _____
- (문장 전체) _____

해 석

여러분은 하늘을 날거나 바다를 떠다니는 것을 꿈꾸어본 적이 있습니까? 그렇다면 여러분의 꿈을 충족시킬 수 있는 호수가 있습니다. Great Salt Lake라고 불리는 Utah에 있는 호수를 방문해 보세요. 여러분은 보트의 어떤 도움도 없이 물에서 즐겁게 노는 사람들을 볼 수 있습니다. 여러분이 떠 있을 수 있는 이유는 호수의 소금 농도가 신체의 농도보다 짙기 때문입니다. 이것은 관광객을 끌만큼 충분히 흥미롭습니다. 그러나 호수에 어떤 고기나 식물은 없습니다. 어떤 측면에서 그 호수는 죽은 것입니다. 이런 이유로 이스라엘에 있는 호수는 Dead Sea라는 이름을 가지게 된 것입니다.

해 답

1. 이것은 여러분의 꿈을 충족시킬 수 있습니다. → 여러분의 꿈을 충족시켜줄 수 있는 호수가 있습니다.
2. 그들은 물에서 즐기고 있습니다. → 물에서 즐기고 있는 사람들을 볼 수 있습니다.
3. 여기에서 여러분은 뜰 수 있습니다. → 그것은 여러분이 뜰 수 있는 호수입니다.

06 전치사구도 명사를 설명한다

01 전치사란?

전치사는 명사 앞에 위치해서(전치해서) 명사와의 관계를 나타내는 말이다. 즉 전치사 혼자서는 아무런 기능을 할 수 없고 명사와 함께 쓰일 때만 유용한 의미를 만들 수 있다.

- **on the desk**
  ~위에 + 책상 → 책상위에

02 '전치사+명사'는 형용사로 해석한다

'전치사+명사'는 형용사처럼 명사를 설명한다.

- **He is looking at the house on the hill.**
  (어떤 집?) → 언덕 위에 있는

형용사는 명사 앞에서, 혹은 뒤에서 그 명사를 설명해준다. 하지만 '전치사+명사'는 두 단어 이상이므로 반드시 명사 뒤에 온다. 명사 뒤에서 앞에 오는 명사를 설명하므로 의미는 앞에서 뒤로 즉 'the house → on the hill'로 파악하지만 우리말로 옮길 때는 형용사가 먼저 와야하므로 'on the hill → the house' 즉 '언덕 위의 집'으로 해석한다.

03 부사로도 해석한다

문맥에 따라 '전치사+명사'는 동사를 설명(부사)하기도 한다. 그런데 명사를 설명하는 경우는 쉽게 알 수 있으나 동사를 설명하는 경우는 그렇지 않다. 그래서 명사를 설명하지 않는다면 그것을 부사로 여기고 부사로 해석하면 된다.

- He went home in haste.

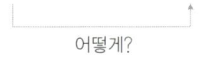

'그는 집에 갔는데(went) 어떻게 갔느냐 하면 서둘러서(in haste) 갔다'라는 말이다. 다음과 같이 해석된다.

- went in haste

04 이렇게도 해석을 하나?

'전치사+명사'를 동사의 의미를 보충해주거나 명사의 의미를 보충해주는 기능으로 해석하는 것은 어렵지 않다. 그러나 다소 생소하지만 '전치사+명사'가 주어에 쓰인 명사를 설명할 때도 있다.

- **The machine is of use in our office. (The machine → of use : 유용한)**
  이 기계는 우리 사무실에 유용하다.

전치사구 앞에 명사가 없다고 이상하게 생각하지 말자. 'of+명사'는 단독으로 주어를 설명할 수 있다. 특히 be동사 뒤에 와서 주어를 설명하는 말로 흔히 쓰이며 형용사로 해석하면 된다.

독해 연습 이탤릭체로 된 전치사구의 기능(형용사/부사)과 그 의미를 알아보자.

On the way home, he saw a house *on fire* in the distance.[1] When he drove to the house, he found out it was his house. He heard his wife cry out. He tried to reach her *in time*. But it was too late.[2]

He was so tortured *by the memory* of the dreadful fire[3] that he nearly went insane. But he still had his small children. He decided to be a good father *to them*.[4] He took them for walks, read them stories and played games with them. The children seemed to forget the absence of their mother because of him.

1. He saw a house *on fire* in the distance.
- (기능) _____ • (의미) _____

2. He tried to reach her *in time*.
- (기능) _____ • (의미) _____

3. He was so tortured *by the memory* of the dreadful fire.
- (기능) _____ • (의미) _____

4. He decided to be a good father *to them*.
- (기능) _____ • (의미) _____

해석

집에 오는 길에 그는 멀리서 불에 타고 있는 집을 보았다. 그 집까지 운전해 갔을 때 그는 그것이 그의 집이라는 것을 알았다. 그는 아내가 소리치는 것을 들었다. 그는 그녀에게 늦지 않게 가려고 노력했다. 그러나 너무 늦었다.

그는 그 끔찍한 화재의 기억으로 매우 고통을 받아서 거의 제정신이 아니었다. 그러나 그에게는 여전히 어린 자녀들이 있었다. 그는 그들에게 좋은 아빠가 되기로 했다. 그는 아이들을 데리고 산책을 가고 동화도 읽어주고 그들과 게임도 했다. 아이들은 그 때문에 엄마의 부재를 잊고 있는 것처럼 보였다.

해답

1. 형용사 – 불타는
2. 부사 – 제때에 (늦지 않게)
3. 부사 – 기억으로
4. 부사 – 그들에게

Part 2 ● 문장의 가지를 다듬자!

2장 | 독해에서 만난 준동사

1. 준동사의 위치와 해석
2. 준동사의 본질은 동사이다
3. 쓰임에 따라 해석을 하자
4. 준동사도 시제가 있다
5. 주어를 찾아야 해석을 하지!
6. -ing, 때로는 간단하게 해석하자
7. -ing, 이런 것도 알아두면 좋지!
8. 분사가 뭐지?
9. 분사의 해석

준동사의 위치와 해석

01 준동사란?

준동사는 동사의 형태를 변형시킨 것이므로 기본적으로 동사의 성질을 가지면서 명사, 형용사, 부사의 역할을 한다. 이러한 준동사로는 동사원형에 to를 붙여 만든 부정사, -ed를 써서 만든 과거분사, -ing를 쓴 동명사 혹은 현재분사가 있다. -ing가 명사처럼 주어, 목적어, 보어 자리에 오면 동명사, 형용사처럼 명사를 설명하고 있으면 현재분사로 부른다. 부정사의 경우 to가 생략되어 동사원형만 있는 것을 원형부정사라 한다. 하지만 보통은 동사원형이라고 부른다.

- **watch** (동사) → **watching** (동명사/현재분사)
  watched (과거분사)
  to watch (부정사)
  watch (원형부정사)

동사가 다른 품사로 바뀐 것이 준동사이다. 그러므로 준동사를 잘 해석하려면 어떻게 바뀌었는지, 그것이 어떻게 쓰이는지를 아는 것이 중요하다. 준동사의 쓰임새를 정리하면 다음과 같다.

- 부정사, **-ing** → 명사, 형용사, 부사로 쓰인다

- 과거분사(**-ed**) → 형용사로만 쓰인다

02 왜 준동사가 필요할까?

문장과 문장을 연결할 때에는 접속사를 쓴다.

- **He dances. I see it.**
- **He dances and I see it.**

첫 번째의 두 문장을 합칠 때에는 두 번째 문장처럼 and와 같은 접속사로 연결하면 간단하다. 그러나 반드시 접속사로만 문장을 연결할 수 있는 것은 아니다. 목적어와 목적보어 형태로 바꾸어 연결할 수도 있다. 목적어와 목적보어는 의미상 주어와 동사(서술어)의 관계이기 때문이다. 따라서 He는 목적어 자리에 him으로 오고, dances는 목적보어 자리에 온다.

- **I see him dances. (✗)**

그러나 여기서 문제가 발생한다. 한 문장에 두 개의 동사(see, dances)가 나올 수 없으므로 동사 하나를 없애야 한다. 동사를 삭제하면 가장 간편하겠지만 그렇게 되면 의미를 살릴 수 없으므로 형태를 바꾼다. 즉 동사 앞에 to를 붙이거나(to부정사), -ing를 붙이거나(동명사), 과거분사(pp)로 바꾸거나, 동사원형으로 바꾼다.

- **dances → to dance/ dancing/ danced/ dance**
- **I see him dance. (○)**

위의 경우에는 동사원형이 왔다. 지각동사(see)가 동사원형을 목적어로 취하기 때문이다. 결국 동사 'see'는 주어 'I'를 설명하고 준동사 'dance'는 목적어 'him'을 설명한다. 이처럼 준동사는 형용사처럼 명사를 설명한다. 다시 말하면 목적어를 설명하는 목적보어 자리에는 형용사가 오기 때문에 목적보어 자리에는 형용사의 역할을 하는 준동사가 온다.

준동사는 명사를 설명하는 말로 쓰일 뿐만 아니라 주어, 목적어, 보어 자리에 올 수도 있다.

- 준동사
  - **명사** — 주어, 목적어, 보어
  - **형용사** — 명사 설명
  - **부사** — 형용사, 동사, 문장 전체 설명

준동사가 명사를 설명하거나 주어, 목적어, 보어 자리에 올 때는 해석하기가 비교적 쉽다. 그러나 두 번째 문장처럼 부사로 쓰일 때는 눈에 드러나지 않을 수도 있다. 이럴 때는 형용사나 동사를 설명하는 식으로 해석하면 된다.

- **Watching TV all day long is not good for one's eyes.**
  하루종일 TV를 보는 것은 눈에 좋지 않다.
- **He was pleased to hear the news that she was alive.**
  그는 그녀가 살아 있다는 소식을 듣고 기뻤다.

준동사의 쓰임은 다양하기 때문에 준동사를 해석하는 것은 만만치 않다. 하지만 독해를 하려면 반드시 극복해야 한다.

03 준동사의 위치에 따른 다양한 해석

준동사는 쓰임새에 맞게 해석하면 된다. 부정사를 예로 들어 보자.

- **see : 보다**
- **to see : ?**

see와 to see 모두 '보다'라고 해석한다. 의미의 차이는 없지만 형태가 다른 만큼 해석도 달라야 한다. to see는 명사처럼 목적어, 보어 자리에 쓰인다. 그러면 to see는 '보는 것을(목적어)' 혹은 '보는 것(보어)'이라고 해석한다. 형용사로 쓰일 때는 '~을 볼'이라고 해석하고, 부사로 쓰일 때는 '보기 위해서', '그래서 ~을 보다'라고 해석한다.

- **I see her.**
  나는 그녀를 본다.
- **I want to see her.**
  나는 그녀를 보기를 원한다.
- **What I want is to see her.**
  내가 원하는 것은 그녀를 보는 것이다.
- **I looked for the movies to see on weekends.**
  나는 주말에 볼 영화를 찾았다.
- **I went home early to see my mother.**
  나는 어머니를 보기 위해서 일찍 집에 갔다.

-ing의 경우도 마찬가지다. 오는 위치에 따라 해석을 하면 된다.

- **There's a man seeing children on the field.**
  운동장에 있는 아이들을 보는 사람이 있다.
- **Seeing famous paintings is important for young children.**
  유명한 그림을 보는 것은 어린아이들에게 중요하다.

'보다'라는 동사의 기본 의미를 중심으로 문장 내의 위치에 따라 약간씩 달리 해석하면 다음과 같은 차이가 생긴다.

- 동사 : 동사의 의미로 해석
- 준동사 : ~하는 것이/ ~하는 것/ ~하는 것을/   ← 명사
  　　　　~하는 것의   ← 형용사
  　　　　~하기 위해서/ 그래서 ~하다   ← 부사

문법과 해석은 별개가 아니다. 해석을 잘하기 위해서는 기본적인 문법을 잘 알아야 한다. 하지만 시험에 나오는 문법과 해석에 필요한 문법은 조금 다르다. 시험을 잘 보려면 기본적인 문법을 바탕으로 예외적인 것들을 잘 알아야 하지만 독해를 잘하려면 기본적이고 중심적인 문법을 잘 알아야 한다.

04　목적보어로 쓰인 준동사의 해석

목적어와 목적보어는 의미상 주어와 동사의 관계이다. 따라서 -ing나 부정사와 같은 준동사가 목적어 뒤에서 목적어를 설명하면 이들을 주어와 동사의 의미로 묶어 해석한다. 즉 목적보어에 준동사가 있으면 목적어와 하나로 묶어서 해석을 한다.

- **I want you to do your homework for yourself.**
  나는 원한다 → 네가 숙제하기를 (you → to do)

- **I saw her dancing in her room.**
  나는 보았다 그녀가 춤추는 것을 (her → dancing)

위의 예문은 '주어 → 동사 → 목적어 → 목적보어'의 순서대로 의미를 파악해야 한다. 주어와 동사를 통해 기본적인 의미를 파악한 후에 목적어의 의미를 파악한다. 위의 문장을 예로 들면, 주어와 동사를 읽고 '나는 원한다'라고 의미를 파악한 뒤, 목적어 you를 보고 '너를 원한다'라고 의미를 파악한다. 그런데 여기서는 you 뒤에 you를 설명하는 to do가 오기 때문에 you to do를 하나로 묶어 목적어로 해석한다. 즉 다음과 같이 설명할 수 있다.

1단계 의미 파악 : 주어 + 동사 : I want
2단계 의미 파악 :   동사 + 목적어 : want you
3단계 의미 파악 :   목적어 + 목적보어 : you to do

1단계 의미 파악 : 나는 원한다
2단계 의미 파악 :   원한다 너를
3단계 의미 파악 :   원한다 네가 (숙제) 하기를
　　해석 → 나는 네가 (숙제) 하기를 원한다.

지금까지 목적보어 자리에 오는 준동사의 해석을 살펴보았다. 꼭 준동사뿐만 아니라 목적보어가 있는 대부분의 문장을 이렇게 해석하면 된다. 다만 준동사는 동사의 성질을 가지므로 준동사가 목적어를 취할 경우가 있다(위의 경우 준동사 to do가 목적어 homework를 취하고 있다).

독해 연습 | 이탤릭체로 된 준동사의 쓰임새(명사/형용사/부사)와 의미를 파악해보자.

On Christmas, people get together to enjoy themselves either by having a party or exchanging gifts. Receiving or giving gifts is great pleasure. The pleasure is much greater for young children. They think they have a right to receive gifts because they are good boys or girls.[1] Especially, they want to get gifts from Santa Claus.[2] They believe that Santa Claus comes down through the chimney to bring them gifts. To get the gifts they want, they pray before going to bed.[3] They hang stockings by the fireplace. The next morning, they wake up to find their stockings filled with gifts[4] and Santa Claus has gone. They don't know Santa Claus is their parents.

1. They think they have a right *to receive gifts* because they are good boys or girls.
- (쓰임새) _____   • (의미) _____

2. Especially, they want *to get gifts* from Santa Claus.
- (쓰임새) _____   • (의미) _____

3. *To get the gifts* they want, they pray before going to bed.
- (쓰임새) _____   • (의미) _____

4. They wake up to find their stockings *filled up with gifts*.
- (쓰임새) _____   • (의미) _____

해 석

성탄절에 사람들은 파티를 열거나 선물을 교환함으로써 모임을 즐긴다. 선물을 받거나 주는 것은 큰 기쁨이다. 그 기쁨은 어린아이들에게 훨씬 더 크다. 그들은 자신들이 착한 소년/소녀이기 때문에 선물을 받을 권리가 있다고 생각한다. 그들은 특히 산타클로스로부터 선물을 받기를 원한다. 아이들은 산타클로스가 굴뚝으로 내려와서 그들에게 선물을 가져다준다고 믿는다. 원하는 선물을 얻기 위해 그들은 잠들기 전에 기도를 한다. 그들은 벽난로 옆에 양말을 걸어 둔다. 다음날 아침에 그들은 잠에서 깨어 선물로 가득 찬 양말을 발견하고 산타클로스가 다녀간 것을 안다. 그들은 산타클로스가 자신들의 부모님이라는 것은 모른다.

해 답

1. 형용사 – 선물을 받을   **2.** 명사 – 선물 받기를
3. 부사 – 선물을 받기 위해   **4.** 형용사 – 선물로 가득 찬

준동사의 본질은 동사이다

01 준동사의 해석

준동사는 동사에서 나왔으므로 동사가 할 수 있는 거의 모든 기능을 할 수 있다. 그러나 주어와 동사는 비교적 가까이 있으므로 의미를 연결하는 데 큰 어려움이 없지만, 준동사는 주어와 멀리 떨어져 있는 경우가 대부분이므로 준동사를 해석할 때쯤 되면 주어를 잊어버리게 된다. 그렇게 되면 준동사의 의미를 완성시킬 수 없으므로 해석을 할 때는 주어를 꼭 기억해야 한다. 준동사의 주어를 찾아 준동사와 연결시키는 것이 준동사 해석의 시작이다.

02 준동사의 주어는?

한 문장에 나온 두 개의 동사 중에 하나의 동사를 다른 형태로 바꾼 것이 준동사이므로 동사나 준동사의 주어는 같을 수 있다. 따라서 준동사의 주어는 그 문장의 주어와 대부분 일치한다.

- **I want I get a job. (✗)**

  I want to get a job as soon as possible.
  나는 원한다 (내가) 직업을 구하기를

- **I enjoyed playing soccer on the field.**
  나는 즐겼다 (내가) 축구하는 것을

want/enjoyed의 주어가 I라는 것은 금방 눈에 들어온다. 그리고 to get/playing의 주어도 그 문장의 주어와 일치하므로 역시 I가 된다. 첫 번째 문장은 '내가 원하고 내가 직업을 갖는다'라는 말이고, 두 번째 문장은 '내가 즐겼고 내가 축구를 했다'라는 말이다. 준동사의 주어를 찾지 못하면 누가 직업을 구하는지 누가 축구를 하는지 알 수 없게 된다. 그래서 꼭 주어를 찾아야 한다.

그러나 준동사의 주어가 이처럼 간단하지만은 않다. 준동사의 주어는 문장의 주어일 수도 있지만 목적어일 수도 있다. 목적어가 목적보어의 의미상 주어라는 것을 상기해보면 쉽게 알 수 있다.

- I expect you to study hard.
  나는 기대한다 네가 공부하는 것을

- I saw him working hard in his room all day long.
  나는 보았다 그가 일하는 것을

즉 you가 to study를, him이 working한다는 말이 된다.

- 나는 기대한다 / (무엇을?) 네가 열심히 공부하는 것을
- 나는 보았다 / (무엇을?) 그가 열심히 일하는 것을

준동사는 의미상 주어와 하나로 해석되기 때문에 준동사의 의미상 주어를 찾는 것이 중요하다.

03 준동사는 목적어나 보어도 취한다

준동사는 문장 내에서 주어, 목적어, 보어가 될 수 있고, 또한 동사의 성질을 가지기 때문에 목적어나 보어를 취하기도 한다.

- **Studying English is difficult for us.** (English : studying의 목적어)
  주어

- **We expect to buy a big car.** (a big car : to buy의 목적어)
  목적어

- **We expect you to be quiet.** (quiet : to be의 보어)
  보어

준동사를 해석할 때는 준동사 자체를 주어, 목적어, 보어로 해석하지만 준동사가 취하는 목적어도 따로 있다는 것을 생각해서 해석해야 한다.

- **We** | **expect** | **to buy** | **a big car**.
  주어   동사   목적어   to buy의 목적어

준동사 to buy를 expect의 목적어로 해석하고 a big car를 to buy의 목적어로 해석하면 '큰 차를 사는 것을 기대한다'라는 의미가 된다. 전체적으로 보면 점선으로 나뉜 부분이 문장의 주된 골격이 되고 그 속에 새로운 목적어가 있다는 것을 알 수 있다.

04 준동사에도 수동태가 있다

준동사도 동사이므로 수동태가 있다. 부정사의 수동태라면 to be pp가 되고 ing의 수동태라면 'being pp'가 된다. 문장에서 이런 형태를 보면 당황하지 말고 수동의 의미로 해석하자.

- **It is sure that loving is better than being loved.**
  사랑하는 것(능동)   사랑받는 것(수동)

수동형이 되더라도 준동사의 주어는 그 문장의 주어와 일치하고 시제는 그 문장의 동사, 즉 본동사의 시제와 일치한다.

05 접속사 뒤에 준동사가 오기도 한다

준동사는 주로 명사 뒤에 와서 명사를 설명하는 것으로 쓰이지만 때로는 접속사 뒤에 단독으로 오기도 한다. 단, 아래의 예문처럼 때나 조건을 나타내는 접속사(when, while, if) 뒤에만 올 수 있다. 주어와 be동사가 동시에 생략되었기 때문이다. 이럴 때는 당황하지 말고 pp를 수동, -ing를 능동으로 해석한다(부정사는 이들 접속사 뒤에 오지 않는다).

- **When asked a question by others, try to respond politely.**
  다른 사람으로부터 질문을 받으면 예의바르게 답하도록 하세요.
- **If loved by others, you have to find a way to return it.**
  다른 사람으로부터 다시 사랑을 받는다면 그것에 보답할 길을 찾아야 한다.
- **I am alert while driving.**
  운전하는 동안 나는 주의를 기울인다.

06 준동사 자체가 갖는 의미는?

그렇다면 준동사 자체가 갖는 의미는 무엇일까? 준동사의 의미는 다양해서 어느 하나라고 단정할 수 없지만 대체로 다음과 같은 의미를 갖는다.

- 부정사 → 미래 의미
- -ing → 과거 의미
- 동사원형 → 현재 의미

- -ing → 능동(동작, 진행)
- pp → 수동(완료)

본동사가 미래의 의미라면 뒤에 준동사로 미래의 의미를 갖는 부정사가 오고, 본동사가 동작의 의미를 갖으면 뒤에 오는 준동사 역시 동작의 의미를 갖는 ing가 온다. pp는 수동이나 완료를 의미한다.

- **I expect him to go back soon.**(**expect** : 미래 → 부정사 **: to go**)
  나는 그가 곧 돌아올 것이라고 기대한다.
- **I saw her dancing in her room.**(**see** : 지각 → 동작 **: -ing**)
  나는 그녀가 방에서 춤추는 것을 보았다.
- **I kept the door opened.**(목적어와 목적보어가 수동의 관계 → **pp**)
  나는 문을 열어 두었다.

독해 연습

이탤릭체로 된 준동사가 취하는 의미상 주어와 목적어를 찾아보자.

People enjoy climbing mountains.[1] Some of them try to climb mountains as high as over 8,000 meters,[2] but there are not many people who have stood on the top of mountains. Even though they are experienced and healthy, it is not easy for them to put their footprints on peaks[3] like Everest or K2. They know climbing is only possible when the goddess of the mountain permits them. She opens the door for those who love mountains and try to live with them. She keeps the door closed for those who try to conquer them.[4] For them, conquering mountains often results in being conquered, that is to say, death.

1. People enjoy *climbing* mountains.
- (의미상 주어) _____ (목적어) _____

2. Some of them try *to climb* mountains as high as over 8,000 meters.
- (의미상 주어) _____ (목적어) _____

3. It is not easy for them *to put* their footprints on peaks.
- (의미상 주어) _____ (목적어) _____

4. She keeps the door *closed* for those who try to conquer them.
- (의미상 주어) _____ (목적어) _____

해석

사람들은 산에 오르기를 즐긴다. 그들 중 몇몇은 8천 미터가 넘는 높은 산을 오르려고 하지만 산 정상에 선 사람은 많지 않다. 비록 그들이 경험이 있고 건강하더라도 에베레스트나 K2와 같은 정상에 발자국을 남기는 것은 쉽지 않다. 그들은 산의 여신이 그들을 허락할 때만 등반이 가능하다는 것을 안다. 여신은 산을 사랑하고 산과 함께 살려는 사람들에게만 문을 연다. 산을 정복하려는 사람들에게는 문을 닫는다. 그런 사람들에게 산을 정복한다는 것은 종종 산에 의해 정복당하는 것, 다시 말해 죽음으로 끝난다.

해답

1. people – mountains
2. Some of them – mountains
3. them – their footprints
4. the door – 없음

03 쓰임에 따라 해석을 하자!

01 부정사와 -ing

부정사와 -ing는 둘 다 명사, 형용사, 부사로 쓰인다. 그러나 -ing가 명사, 형용사, 부사인 반면에 부정사는 명사처럼, 형용사처럼, 부사처럼 쓰인다. 이 말의 차이를 알고 나면 더 이상 독해가 어렵지 않을 것이다.

많은 사람들은 동명사, 현재분사, 분사구문을 열심히 공부한다. 그러나 이런 것들은 명사, 형용사, 부사의 쓰임만 알면 간단히 해결된다. 쉬운 것부터 시작하는 것이 무엇보다 중요하다. 공부는 쉽게 하자.

02 명사로 해석하자

준동사 해석의 기본은 그 위치를 찾는 것이다. 주어라면 주어로, 목적어라면 목적어로 해석하면 되기 때문이다. 부정사는 주어, 목적어, 보어 자리에 와서 명사처럼 쓰인다. 주어라면 '~이/는/가', 목적어라면 '~을/를', 보어라면 '~하는 것'으로 해석을 한다.

- **I want to see her.**
  보다 + ~을 → 보기를

- **What he wants is to see the movies.**
  보다 + ~는 것 → 보는 것

- **To see something exactly is important for children. (?)**
  보다 + ~는 것은 → 보는 것은

위 문장에 쓰인 to see는 각각 want의 목적어, what의 보어, is의 주어로 쓰였으며 격에 따라 해석하면 된다. 그런데 세 번째 문장처럼 부정사는 주어 자리에 잘 쓰지 않는다. 부정사가 명사처럼 쓰이기는 하지만 명사는 아니기 때문에 주어 자리에 오는 경우가 흔치 않다.

일반적으로 주어 자리에는 명사인 -ing 형태로 오고 목적어 자리에 올 때도 want, expect 처럼 몇몇 동사에 한해서만 온다. 이것이 명사와 '명사적 용법'의 차이이다.

- **Seeing something exactly is important for everyone.**
  무엇인가를 정확하게 보는 것은 모든 사람에게 중요하다.

-ing는 진짜 명사이기 때문에 주어, 목적어, 보어 등 명사가 오는 곳이라면 어디든지 올 수 있다.

- **They enjoy traveling.**
  여행하다 + ~을 → 여행하는 것을

- **Studying hard everyday is a difficult thing.**
  공부하다 + ~은 → 공부하는 것은

- **Seeing is believing.**
  믿다 + ~것 → 믿는 것

03 형용사로 해석하자

준동사가 주어나 목적어, 보어 자리에 오면 그에 맞는 조사를 붙여 해석을 한다. 형용사로 쓰일 때는 명사를 설명하는 식으로 해석하면 된다. 준동사는 형용사이므로 명사 앞이나 뒤 어디든지 올 수 있다.

- **Look at the sleeping baby.**
  잠자는 아기를 봐라.
- **Look at the baby sleeping on the bed.**
  침대에서 자고 있는 아기를 봐라.

하지만 부정사는 조금 다르다. 형용사처럼 쓰이지만 형용사가 누릴 수 있는 모든 것을 향유할 수는 없다. 다시 말해 부정사는 명사 앞에는 오지 못하고 명사 뒤에서만 앞에 오는 명사를 설명할 수 있다.

- **Bring me something to drink.**
  나에게 마실 것을 가져다 줘.
- **The machine is used to cut trees.**
  이 기계는 나무를 자르는 데 사용된다.

두 번째 문장처럼 부정사 뒤에 명사가 오면 이것은 부정사의 목적어가 된다. 그리고 준동사는 목적어나 보어를 취할 수 있으므로 다음과 같은 형태로 많이 쓰인다.

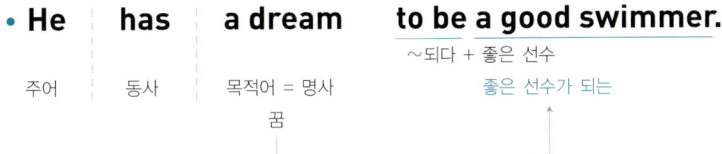

꿈이 무엇이냐? 훌륭한 수영선수가 되는 것이다. 여기서의 부정사 to be는 명사 dream을 설명한다(형용사처럼 쓰였다는 말이다). 동시에 a good swimmer라는 보어를 취하고 있다(동사이기 때문이다). 준동사의 해석이 어렵다고 느끼는 사람은 이런 것을 잘 모르기 때문이다. 보통의 단어들은 하나의 기능만 한다. 그러나 준동사는 주어, 목적어, 보어, 혹은 형용사로 해석해야 하고, 동시에 준동사에 딸린 단어도 그 위치에 맞게 해석해야 한다.

a dream　　**to be**　　**a good swimmer**
꿈　　　　　～이 되다　　좋은 선수　→　**좋은 선수가 되는 꿈**
　① ↑　　　　　② ↑　　　　　③

따라서 준동사가 쓰인 문장은 위에서 볼 수 있듯이 다소 길다. 이런 부분을 반복해서 연습해야 독해 실력이 향상된다.

04　부사로 해석하자

부사는 형용사, 동사 혹은 문장 전체를 설명한다. 따라서 준동사가 부사로 쓰일 때는 이런 것들을 설명하는 식으로 해석한다. 그러나 실제로 독해를 할 때 준동사가 이런 것들을 설명하는지 아닌지 알아보는 것은 번거롭기도 하고 눈에 드러나지도 않는다. 그래서 주어, 목적어, 보어로 쓰이지 않거나 명사를 설명하지 않는다면 부사로 쓰인 것으로 보면 된다. 처음에는 문장에 쓰인 그대로의 준동사만 해석한다. 그리고 나서 준동사를 제외한 부분과 준동사가 있는 부분의 의미를 결합한다. 이 때 단순히 두 부분의 의미를 결합하는 것이 아니라 두 문장이 잘 어울릴 수 있도록 적당한 의미를 첨가해야 한다. 그렇다고 아무 의미나 첨가하는 것은 아니고 원인, 이유, 결과, 목적, 조건과 같은 것, 즉 '～ 때문에', '～ 해서', '～하기 위해서', '～한다면' 등을 첨가한다. 이것이 준동사를 부사로 해석하는 방법이다.

- **I will do my best to get the first prize.**
  의미 파악 : 나는 최선을 다할 것이다/ (나는) 일등상을 받을 것이다.
  첨　　가 : _____ + ～하기 위해(목적) + _____
  해　　석 : 나는 일등상을 받기 위해 최선을 다할 것이다.

-ing가 부사로 쓰일 때도 원인, 이유, 조건 등의 의미를 첨가해서 해석한다. 어떤 의미를 넣을 것인지는 두 문장을 살펴보고 찾는다(-ing가 이렇게 부사로 쓰일 때를 분사구문이라고 한다).

- **You will find the building, turning left.**
  의미 파악 : 너는 그 건물을 찾을 것이다/ (네가) 왼쪽으로 간다
  첨 가 : _____ + ～한다면(조건) + _____
  해 석 : 네가 왼쪽으로 간다면 그 건물을 찾을 것이다.

준동사의 해석은 쓰임에 따라 다르게 한다. 명사로 쓰였다면 격에 맞게, 형용사라면 명사를 설명하는 식으로, 부사라면 문맥에 맞게 원인, 이유, 목적 등의 의미를 첨가한다. 특히 분사구문도 부사의 일종이기 때문에 적당한 의미를 첨가하면 쉽게 해석할 수 있다.

독해 연습

이탤릭체로 된 부분의 쓰임새(명사/형용사/부사)와 의미를 알아보자.

At a party, a host or hostess says "To your health!" raising a glass.[1] After that, the host drinks with the guests. Is the host really wishing good health to all the guests? Does the host do this to have everyone start drinking?[2] Actually the custom goes back to the Middle Ages. At that time, poisonings were very common. So the host had to show the wine was not poisoned by drinking first.[3] Today wine is not poisoned to hurt guests.[4] But making a toast continues as a gesture of good wishes.[5]

1. A host or hostess says "To your health!", *raising a glass*.
   - (쓰임새) _____   • (의미) _____

2. Does the host do this *to have everyone start drinking*?
   - (쓰임새) _____   • (의미) _____

3. The host had to show the wine was not poisoned by *drinking first*.
   - (쓰임새) _____   • (의미) _____

4. Today wine is not poisoned *to hurt guests*.
   - (쓰임새) _____   • (의미) _____

5. *Making a toast* continues as a gesture of good wishes.
   - (쓰임새) _____   • (의미) _____

해석

"당신의 건강을 위하여!" 파티에서 주인이 잔을 들면서 이렇게 말한다. 그 후에 주인은 손님과 더불어 술을 마신다. 주인은 정말로 모든 손님의 건강을 소망하는 것일까? 주인은 정말로 모든 사람들이 술을 마시게 하려고 이런 말을 할까? 실제로 이 관습은 중세시대로 거슬러 올라간다. 그 때는 독을 넣는 것이 매우 흔했다. 그래서 주인이 먼저 마심으로써 술에 독이 있지 않다는 것을 보여주어야 했다. 오늘날에는 손님들을 다치게 하기 위해 술에 독을 넣지 않는다. 그러나 건배는 소망을 비는 의미로 계속 된다.

해답

1. 형용사(주어 설명; 동시 상황을 나타냄) – 잔을 들면서
2. 부사(목적) – 모든 사람들이 술을 마시게 하려고
3. 명사(전치사의 목적어) – 먼저 마심
4. 부사(목적) – 손님을 다치게 하기 위해
5. 명사(주어) – 건배를 하는 것은

04 준동사도 시제가 있다

01 완전한 -ing, 불완전한 to부정사

-ing는 명사(동명사), 형용사(현재분사), 부사(분사구문) 중의 하나로 쓰인다. 그래서 어느 하나로 부르는 것보다는 통칭하여 -ing로 부르는 것이 낫다. 적어도 독해를 할 때는 그렇다. 그러나 부정사는 앞서 살펴보았듯이 불완전한 품사이다. 부정사는 '아니다'라는 부정(不正)이 아니라 '정해진 것이 없다'라는 부정(否定)의 의미이다.

무엇이 정해져 있지 않다는 말인가? 단수나 복수에 따라 형태가 달라지지 않고 언제나 일정한 형태(to+동사원형)를 나타낸다. 시제도 마찬가지이다. 일반적으로 동사는 그 형태만 봐도 현재(want)인지 과거(wanted)인지 알 수 있으나 부정사는 그렇지 않다. 언제나 'to want'이다.

- 부정 → 정해지지 않은 것 ─ 시제(현재, 과거, 미래)
           └ 수(단수, 복수)

02 시제를 어떻게 알지?

앞서 이야기했듯이 부정사는 형태만 봐서는 현재인지, 과거인지 알 수 없다. 언제나 to 다음에 동사원형을 쓰기 때문이다.

- is → to be
- was → to be

형태로는 시제를 알 수 없으므로 본동사의 시제를 보고 알아낸다. 앞에 나온 본동사의 시제가 현재이면 부정사의 시제도 현재, 과거이면 과거가 된다. 즉 부정사의 시제는 본동사의 시제와 일치한다.

- I want to be a teacher.
  = 일치(현재)

- I wanted to be a teacher.
  = 일치(과거)

첫 번째 문장에서는 본동사 want의 시제가 현재이므로 to be의 시제도 현재이다. 두 번째 문장에서는 본동사 wanted가 과거이기 때문에 to be의 시제는 과거이다.
-ing도 마찬가지다. 본동사와 시제가 일치한다.

- They finished painting the fence.
  = 일치(과거)

울타리를 칠한 것은 과거이다. 본동사인 finished가 과거이기 때문이다. 따라서 '(과거에) 울타리 칠하는 것을 끝냈다'라는 의미가 된다.

03 한 시제 앞서는 준동사도 있다

준동사의 시제는 본동사와 일치하므로 부정사의 시제 표현은 자유스럽지 못하다. 그렇다고 완전히 종속되어 있는 것이 아니라, 다소 융통성이 있는 부분도 있다. 그 예로 부정사의 경우는 'to + have pp', -ing의 경우에는 'having pp'가 있다. 모두 have pp라는 완료형이다. 완료형이 단순시제(현재, 과거)보다 한 시제 앞서 일어났다는 것을 나타내므로 완료형 준동사는 본동사의 시제보다 한 시제 앞선다고 보면 이해가 빠를 것이다.

- He seems to have been sick.
  현재   과거

- I was ashamed of having spent all the money.
  과거   대과거

첫 번째 문장의 to have been은 완료형이므로 본동사인 want보다 한 시제 빠르다. want가 현재이므로 to have been의 시제는 과거다. 따라서 해석도 '(과거에) 아팠던 것처럼 (현재) 보인다'라고 해야 한다. -ing를 쓴 두 번째 문장도 마찬가지다. was가 과거이므로 having spent는 과거보다 한 시제 빠른 대과거가 된다. '(대과거: 그 이전에) 모든 돈을 써 버렸던 것을 (과거에) 부끄러워했다'라고 한 시제 빠르게 해석해야 한다.

04 해석은 어떻게 하는가?

준동사의 시제를 나타내는 법을 배웠다. 따라서 현재라면 현재로, 과거라면 과거로 해석한다.

- **I want   to be a teacher.**
  원한다(현재) 되기를(현재)

- **I wanted   to be a teacher.**
  원했다(과거) 되기를(과거)

- **He seemed to have been happy.**
  보였다(과거)   (행복)했던 것처럼(대과거)

세 번째 문장은 부정사가 완료형이므로 본동사의 시제인 과거보다 한 시제 빠른 대과거로 해석해야 한다. 첫 번째, 두 번째 문장은 부정사와 본동사의 시제가 일치하므로 각각 현재, 과거를 나타낸다. 하지만 부정사의 의미가 과거라고 해서 과거로 해석하면 올바른 해석이라고 할 수 없다.

- 나는 원했다/ (과거에) 선생님이 되었기를 (×)

이런 문제는 우리말과 영어의 차이 때문에 생기는 것이다. 앞에 나온 동사가 과거라면 그 뒤에 나오는 동사는 시제의 개념 없이 원형의 의미로 해석한다.

- 나는 (과거에) 원했다/ 선생님이 되기를

과거의 의미라고 해서 과거로 해석하면 안 된다.

독해 연습

이탤릭체로 된 준동사의 시제를 찾고, 시제에 맞게 해석을 해보자.

I am forgetful enough to forget what I did even five minutes ago.¹ One day I decided to bring my lunch to work, to cut down on the expense. But I kept forgetting to bring my lunch box every morning,² so I never ate lunch. I hoped to remember to bring lunch.³ I invented a new device. I put a note on the front door that said "Don't forget your lunch. It's on the table." The next morning I was about to go out, I noticed the note and then went to the table, where I found a note, saying "Thanks!"⁴ Oh my goodness! My roommate took the lunch box. He seemed to think that it had been put there for him.

1. I am forgetful enough *to forget* what I did even five minutes ago.
- (시제) _____   • 나는 _____ .

2. I kept forgetting *to bring* lunch box every morning.
- (시제) _____   • 나는 _____ .

3. I hoped *to remember* to bring lunch.
- (시제) _____   • 나는 _____ .

4. I found a note, *saying* "Thanks!"
- (시제) _____   • 나는 _____ .

해 석

나는 5분 전에 행한 것조차 잊어버릴 만큼 건망증이 심하다. 어느 날 나는 비용을 줄이기 위해 직장에 도시락을 싸가기로 결심했다. 그러나 나는 매일 아침 도시락을 챙기는 것을 계속 잊어버려서 점심을 전혀 먹지 못했다. 나는 점심을 챙겨오는 것을 기억하기 바랐다. 나는 새로운 장치를 개발했다. 나는 현관문에 '도시락을 잊지 마라. 탁자 위에 있다'라는 쪽지를 붙였다. 다음날 아침 막 나가려고 할 때 나는 그 쪽지를 발견하고 탁자로 갔는데 거기서 '고마워'라고 적힌 쪽지를 발견했다. 이런! 내 친구가 그 도시락을 가져갔다. 그는 그 도시락이 자신을 위해 거기에 놓인 것으로 생각한 것 같았다.

해 답

1. 현재 – 5분 전에 행한 것조차 잊어버릴 만큼 건망증이 심하다
2. 과거 – 매일 아침 도시락을 챙기는 것을 계속 잊어버렸다
3. 과거에서 본 미래 – 점심을 챙겨오는 것을 기억하기 바랐다
4. 과거 – '고마워'라고 적혀있는 쪽지를 발견했다

05 주어를 찾아야 해석을 하지!

01 준동사도 주어가 있다

동사는 동작이나 상태를 나타내는 말이고 주어는 그것의 주체를 나타내는 말이다. 준동사 역시 동사이므로 당연히 주어가 있다. 일반적으로 동사는 주어 뒤에 오지만 준동사는 목적어나 보어 자리에 혹은 형용사, 부사로서 그러한 기능을 수행한다. 이것이 동사와의 차이점이다.

02 준동사의 주어는?

원래 준동사는 하나의 주어 밑에 2개의 동사가 올 수 없기 때문에 동사 하나를 바꾼 것이다. 따라서 준동사의 주어는 그 문장의 주어가 된다.

- I want go there. (✗)
  → I want to go there.

'I'라는 주어에 동사가 연이어 올 수 없고, want가 부정사를 목적어로 취하기 때문에 뒤에 오는 동사를 to go로 바꾸었다. 따라서 to go의 주어는 당연히 I이다. 아래에 -ing를 목적어로 취한 경우도 마찬가지다. 결국 목적어에 쓰인 준동사의 주어는 그 문장의 주어가 된다.

- I practice playing the piano.

준동사는 보어 자리에도 온다. 즉 목적어에 쓰인 명사를 설명하기 위해 목적어 뒤에 목적보어로 쓰인다. 따라서 목적보어 자리에 온 준동사의 주어는 당연히 목적어가 된다.

- I want **him to go** there.

- I see **them playing** soccer.

to go나 playing은 목적어인 him과 them을 설명하기 위해 쓴 것이므로 이들 준동사의 주어는 목적어인 him과 them이 된다.

03 주어와 목적어만 주어가 될까?

준동사가 목적어나 목적보어 자리에 있을 때 준동사의 주어는 그 문장의 주어나 목적어였다. 그러나 그렇지 않은 경우도 있다.

- **It is important to go there.**

위의 예문에는 목적어가 없으므로 to go의 주어는 문장의 주어인 It이 된다. 그러나 It은 to go의 주어가 될 수 없다. 사람은 갈 수 있지만 그것(It)은 갈 수 없기 때문이다. 이럴 경우 부정사 앞에 'for+목적격'으로 주어를 나타낸다. -ing의 주어는 소유격이나 목적격으로 나타낸다.

- **It is important for us to go there early.**
  우리가 거기에 일찍 가는 것은 중요하다.
- **I am not sure of his(him) passing the test.**
  나는 그가 그 시험에 통과할지 확신할 수 없다.

거기에 가는 사람 즉 to go의 주체는 for us가 되고 시험에 통과하는 사람은 his(him)가 된다. 그리고 부정사의 경우 'of+목적격'으로 주어를 나타내는 경우도 있다. 사람의 성질을 나타내는 형용사(kind, foolish, wise 등)가 올 경우 그러한 성질을 갖고 있는 사람이 누군지를 나타내야 하기 때문에 주체를 나타내는 of가 온다. 그 외의 형용사가 오는 경우에는 가주어 it이 가리키는 말로 'for+목적격+to 부정사'가 온다.

- **It is kind of you to help me.**
  kind → (누가?) → **of you**(네가)

- **It is important for us to go there early.**
  important → (무엇이?) → **for us to go**(우리가 가는 것)

부정사의 주어로 for나 of가 오는 것은 형용사와 무관하지 않다. for는 형용사의 목적이나 대상을 나타내고 of는 주체를 나타낸다. 따라서 형용사의 의미가 주체를 필요로 하는 것이라면 of가 오고 대상을 필요로 하면 for가 온다. 그리고 이 전치사 뒤에 오는 명사는 전치사의 목적어다. 목적어는 준동사의 주어가 될 수 있다.

독해연습

이탤릭체로 된 준동사의 의미상 주어를 찾고 이들을 해석해보자.

It was already 8 o'clock at night. It was important for us to get to the party in due time.[1] I hurried not to be late,[2] but my wife told me to slow down.[3] I followed her words and stopped for a red light, but a car in the lane next to us ran the red light. Soon I heard the car crash into another car[4] and people screaming on the street.[5] I was sure from the screaming that the driver was severely hurt. It was not long before I saw an ambulance rushing to the spot.

1. It was important for us *to get* to the party in due time.
   - (의미상 주어) _____   • (의미) _____

2. I hurried not *to be* late.
   - (의미상 주어) _____   • (의미) _____

3. My wife told me *to slow* down.
   - (의미상 주어) _____   • (의미) _____

4. Soon I heard the car *crash* into another car.
   - (의미상 주어) _____   • (의미) _____

5. I heard people *screaming* on the street.
   - (의미상 주어) _____   • (의미) _____

해 석

벌써 밤 8시였다. 우리가 예정시간 내에 파티에 도착하는 것은 중요했다. 나는 늦지 않으려고 서둘렀지만 아내는 속도를 낮추라고 말했다. 나는 아내의 말을 듣고 빨간 불에 멈추었지만 우리 옆 차선에 있는 차는 신호를 위반했다. 곧 나는 그 차가 다른 차와 부딪치고 사람들이 길에서 비명을 지르는 소리를 들었다. 나는 그 비명을 통해 운전자가 심하게 다쳤다는 것을 확신했다. 얼마 지나지 않아 나는 구급차가 서둘러 그 장소에 가는 것을 보았다.

해 답

1. us – 우리가 예정시간 내에 파티에 도착했다
2. I – 나는 늦었다
3. me – 나는 속도를 낮추었다
4. car – 그 차가 충돌했다
5. people – 사람들이 비명을 질렀다

06 -ing, 때로는 간단하게 해석하자

01 의미 파악과 독해

영어문장을 독해하는 과정은 두 가지다. 첫째는 문장의 의미를 파악하는 과정이고 둘째는 해석하는 과정이다. 의미를 파악해서 우리말 어순에 맞게 풀어내는 것이 해석이다. 따라서 의미를 파악하는 것과 해석은 다르다. 예문을 보자.

- **He came back, smiling brightly.**

이 문장을 처음 독해할 때는 He came back의 의미를 파악한 후, smiling brightly의 의미를 파악하게 된다. smiling brightly의 주어는 문장의 주어인 He이므로 '그는 환하게 미소 지었다'라는 의미가 된다. 그리고 나서 이 두 문장을 '~하면서'라는 말로 연결시킨다. 따라서 문장 전체는 '그는 환하게 미소 지으면서 돌아왔다'로 해석된다.

이처럼 -ing와 같은 준동사에는 의미 파악과 해석의 과정이 따로 있다. 처음에는 -ing가 쓰인 문장의 의미를 파악하고 그 다음에는 적당한 말을 첨가하여 전체 의미를 완성한다.

- **He came back, smiling brightly.**
  → 의미 파악 : 그는 돌아왔다/ (그는) 환하게 미소 지었다
  → 첨가 : ~하면서
  → 해석 : 그는 환하게 미소 지으면서 돌아왔다.

- **Being sick, he couldn't go out.**
  → 의미 파악 : (그는) 아프다/ 그는 나갈 수 없었다
  → 첨가 : ~ 때문에
  → 해석 : 그는 아파서 나갈 수 없었다.

영어에 익숙해지면 위와 같은 과정이 순식간에 일어나기 때문에 의미를 파악하는 단계가 없는 것처럼 보이지만, 해석을 할 때는 반드시 의미를 파악하는 단계를 거치게 된다. 영어

를 처음 시작하는 사람이라면 주어를 찾는 것과 적당한 말을 첨가하는 것이 어렵겠지만 연습을 통해 익숙해져야 한다.

독해를 할 때는 그 목적에 맞게 하는 것이 필요하다. 지문을 읽고 그 내용을 파악하기 위해서라면 의미 파악 수준에 그치고 다른 문장으로 넘어가는 것이 나을 수도 있다. 하지만 해석을 하고자 한다면 의미 파악을 거쳐 해석의 단계로 나아가야 한다.

02 -ing, 주어를 설명하는 말로 해석하자

만약 -ing의 다양한 쓰임을 잘 모르겠다면 어떻게 해석하는 것이 좋을까? 그럴 땐 '-ing는 명사를 설명하는 말'이라는 것을 기억하면 된다. 분사구문이라면 주어에 쓰인 명사를 설명하는 말, 형용사라면 앞뒤에 오는 명사를 설명하는 말이 된다. 목적어라면 주어를 설명하는 것으로 의미를 파악할 수도 있다.

- 부사/분사구문

    I turned off the computer, saving the data.
    (나는) 데이터를 저장했다

- 형용사/현재분사

    They are looking at a child crying with pain.
    (아이는) 아파 울고 있다

- 명사/동명사

    I like watching TV.
    (나는) TV를 본다.

때로는 간단하게 의미를 파악하는 것이 필요할 때가 있다.

독해 연습

이탤릭체로 된 -ing의 주어를 찾고 그 의미를 알아보자.

> If you want something very strongly, it will come true. There's a story about it in Greek and Roman Mythology. Pygmalion, a king of Cyprus and sculptor, decided to live unmarried, thinking that the women in his kingdom had something bad. Instead he began making a statue of the perfect woman[1] with his wonderful talent for sculpting. The statue he made looked like a real woman. Every night he enjoyed seeing it.[2] At last, he fell in love with it. He went to sleep, wishing that the stature would be a real person.[3] One day at the festival of Venus, he prayed "Oh, beautiful Venus, give me someone for my wife." After hearing the prayer, Venus made the ivory statue into a real person.[4] The statue became his real wife.

1. Instead he began *making a statue of the perfect woman*.
- (의미상 주어) _____
- (의미) _____

2. Every night he enjoyed *seeing it*.
- (의미상 주어) _____
- (의미) _____

3. He went to sleep, *wishing that the stature would be a real person*.
- (의미상 주어) _____
- (의미) _____

4. After *hearing the prayer*, Venus made the ivory statue into a real person.
- (의미상 주어) _____
- (의미) _____

해 석

만약 여러분이 무엇인가를 간절히 바란다면 그것은 이루어질 것이다. 그리스 로마 신화에는 이에 대한 이야기가 있다. 키프로스의 왕이자 조각가인 피그말리온은 자신의 왕국의 여자들이 어떤 나쁜 점을 갖고 있다고 생각하고는 결혼하지 않고 살기로 결심했다. 대신에 그는 자신의 훌륭한 재능으로 완벽한 여자상을 만들기 시작했다. 그가 만든 상은 진짜 여자처럼 보였다. 매일 밤 그는 그것을 보는 것을 즐겼다. 마침내 그는 조각상과 사랑에 빠졌다. 그는 그 상이 진짜 사람이 되기를 소망하면서 잠이 들었다. 어느 날 비너스의 축제에서 그는 '아름다운 비너스님, 나에게 아내를 주십시오'라고 기도했다. 그 기도를 들은 비너스는 그 상아 조각상을 진짜 사람으로 만들었다. 그 조각상은 그의 진짜 아내가 되었다.

해 답

1. He – 그는 완벽한 여자상을 만들었다
2. he – 그는 그것을 보았다
3. He – 그는 그 상이 진짜 사람이 되기를 소망했다
4. Venus – 비너스는 그 기도를 들었다

07 -ing, 이런 것도 알아두면 좋지!

01 -ing, 수동의 의미로도 해석한다

-ing는 명사이므로 목적어 자리에 오지만 pp는 명사가 아니기 때문에 목적어 자리에 올 수 없다. 그래서 수동을 나타낼 때는 being pp를 쓴다. 그런데 독해를 하다보면 목적어에 있는 -ing를 수동의 의미로 해석해야 하는 경우가 있다.

- **This paper needs rewriting.**
  이 서류는 다시 쓸 필요가 있다.
- **My shoes need mending.**
  내 신발은 수선이 필요하다.

need는 '무엇을 필요로 하다'라는 의미이고 부정사를 목적어로 취한다. 위의 예문을 보면 사람이 쓰고 서류는 쓰여지는 것이므로 수동형을 써야 한다고 생각할 수 있다.

- **This paper needs to be rewritten.**
- **My shoes need to be mended.**

그러나 이런 문장 보다는 -ing를 목적어로 하는 문장을 즐겨 쓴다. need의 주어가 사람이 되면 need의 의미는 '~할 필요가 있다'라는 말이지만 사물이 주어로 오면 need는 '~되어야 할 필요가 있다'라는 의미가 된다. 동사 자체가 수동의 의미이므로 문장 전체가 수동으로 해석된다.

- 사물주어 + need + -ing ~ → ~되어야 할 필요가 있다
- 사람주어 + need + 부정사 ~ → ~할 필요가 있다

그래서 need는 사물이 주어로 오면 목적어 자리에 -ing가 오며, 그 의미는 수동으로 해석된다.

02 −ing, 과거로도 해석한다

목적어 자리에 쓰인 −ing를 수동의 의미로 해석해야 하는 경우도 있지만 과거로 해석해야 하는 경우도 있다.

- **I remembered(forgot) posting the letter to my father.**

여기서 posting은 remembered의 목적어다. 당연히 '∼을/를'로 해석한다. 따라서 '편지 부치는(posting) 것을 기억했다'라고 해석하기 쉽지만 '편지 부친 것을 기억했다'라고 해석해야 한다. −ing에는 과거의 의미가 있기 때문이다. −ing가 목적어 자리에 왔다고 단순히 '∼을/를'로만 해석해서는 안 된다. 특히 remember나 forget과 같은 동사의 목적어로 온 경우는 더욱 그러하다. 만약 목적어로 부정사가 오면 미래의 의미로 해석한다. 이런 것까지 생각하면서 해석해야 하기 때문에 독해가 어려운 것이다.

03 전치사와 만나 이루는 의미

전치사 뒤에는 명사가 오므로 당연히 −ing가 오며, −ing는 in, by, on과 같은 전치사와 자주 어울린다.

in -ing : ∼하는 데 있어서
by -ing : ∼함으로써
on -ing : ∼하자마자

- **They are busy in preparing for the final test.**
  그들은 기말고사를 준비하느라 바쁘다.
- **You can get it by asking for it.**
  그것을 요구함으로써 당신은 그것을 얻을 수 있다.
- **On seeing my appearance, they began to laugh.**
  내 모습을 보자마자 그들은 웃기 시작했다.

간단히 외우고 있으면 여러모로 매우 편리하다.

독해 연습
이탤릭체로 된 부분의 의미를 우리말로 써보자.

Suddenly he remembered making a promise with a friend of his[1] with whom he attended elementary school. It was the day. He rushed to the place in the darkness but there was no one. A few minutes later, a man came near him with his head bending down. The man looked humble in the light of the moon. His clothes and shoes needed mending and washing. He approached the man, but the man didn't notice him. The man looked lost in thought. By calling the man's nickname, he made the man stop and turn around.[2] On seeing his face, the man knew who he was.[3] Soon they recognized each other and remembered their promise.

1. Suddenly he remembered *making a promise* with a friend of his.
   • (의미) _____

2. *By calling the man's nickname*, he made the man stop and turn around.
   • (의미) _____

3. *On seeing his face*, the man knew who he was.
   • (의미) _____

해 석
불현듯 그는 초등학교를 같이 다녔던 친구와 한 약속을 기억했다. 바로 그날이었다. 그는 어둠 속에서 그 장소로 서둘러 갔다. 그러나 아무도 없었다. 몇 분 후에 한 남자가 머리를 숙인 채 그에게 다가왔다. 그 남자는 달빛 속에서 초라해 보였다. 그의 옷과 신발은 수선과 세탁을 해야 했다. 그는 그 남자에게 다가갔지만 그 남자는 그를 알아차리지 못했다. 그 남자는 생각에 빠져있는 것처럼 보였다. 그 남자의 별명을 부름으로써 그는 그 남자를 멈춰 서서 돌아보게 했다. 그의 얼굴을 보자마자 그 남자는 그가 누구인지 알아챘다. 곧 그들은 서로를 알아보았고 그들의 약속을 기억했다.

해 답
1. he – 약속을 한 것을
2. he – 그가 그 남자의 별명을 부름으로써
3. the man – 그의 얼굴을 보자마자

08 분사가 뭐지?

01 분사란?

분사는 동사를 형용사로 바꾼 것이므로 동사와 형용사의 기능을 동시에 수행한다. 동사는 주어 뒤에 오지만 분사는 형용사의 기능을 하므로 명사 앞이나 뒤에 와서 명사의 의미를 설명해준다. 물론 일반적인 형용사처럼 동사 뒤에 와서 주어에 쓰인 명사를 설명하기도 한다. 이렇게 쓰이는 분사에는 현재분사(-ing)와 과거분사(pp)가 있다.

02 과거분사란?

과거분사는 보통 pp라고 부르는데 동사에 -ed를 붙인 것이다. 대부분의 동사의 과거분사는 원형에 -ed를 붙이지만 불규칙적으로 변하는 것도 있다. 이것을 외우느라고 영어시간에 애를 먹었을 것이다.

- **look → looked**
- **see → seen**
- **be → been**

동사에 -ed를 붙이면 과거분사가 되어 수동의 의미를 띠게 되어 수동태에 쓰인다.

- **He is loved by a lot of people.**
  그는 많은 사람들에 의해 사랑 받는다.

여기서 pp인 loved는 수동의 의미이며 이것이 '이다'인 is와 합쳐져 '사랑 받다'가 된다. 결국 'be pp'는 수동의 의미를 나타내는 동사로 해석하면 된다. 그러나 pp는 형용사 역할을 하는 분사이기 때문에 형용사로 해석되는 경우도 있다.

- She **was tired** of the work.
  ~이다 싫증난 → 싫증나다

- He **was surprised** by the man.
  ~이다 놀란 → 놀라다

많은 사람이 'be pp' 자체를 하나의 동사로 보고 수동의 의미로 해석한다. 하지만 위의 문장과 같은 경우는 형용사로 보고 해석해도 무난하다. 동사를 설명할 때 이야기하였지만 수동태라고 해서 특별한 것은 아니다. be동사를 해석하고 pp를 수동의 의미로 해석하면 편리할 때가 많다.

03 현재분사란?

과거분사에서 분사의 의미를 알았다면 -ing가 현재분사라는 것은 쉽게 이해할 수 있을 것이다. -ing는 능동, 진행의 의미를 가지므로 be동사와 함께 쓰이면 진행형이 된다.

- He **is walking** around the park.
  그는 공원을 산책하고 있다.

그리고 -ing는 형용사로도 쓰인다. 즉 -ing는 명사를 설명한다. 직독직해를 잘하기 위해서는 뒤에서 앞으로 해석하는 수식보다는 앞에서 뒤로 설명하는 식으로 의미를 이해해야 한다.

- Look at the **baby sleeping** on the bed.
  침대에서 자고 있는 아기를 봐라.

sleeping은 baby의 상태를 설명(수식)하고 있다. 형용사로 쓰인다는 말이다. 능동, 진행의 의미라면 -ing, 수동, 완료의 의미라면 pp가 된다. 이렇게 설명하니 결국 준동사를 설명할 때와 같은 것이 되어 버렸다. 핵심을 잡으면 영어는 간단해진다.

독해연습
이탤릭체로 된 명사를 설명하는 분사를 찾고 그 의미를 알아보자.

Family members living in the same house seem to look alike.[1] Genetics can explain one of the reasons. But there's something that cannot be explained by only genetics alone. Some scientists say that children learn their looks. Children are born with their faces unformed.[2] They come to learn where to set their eyebrows by looking at the people living around them.[3] If a husband and a wife live together for a long time, they began to look alike. So people can identify them as a couple.

1. *Family members* living in the same house seem to look alike.
- (분사) _____ (의미) _____

2. Children are born with *their faces* unformed.
- (분사) _____ (의미) _____

3. They come to learn where to set their eyebrows by looking at *the people* living around them.
- (분사) _____ (의미) _____

해석
같은 집에서 사는 가족들은 비슷하게 보입니다. 유전학이 그 이유 중의 하나를 설명할 수 있습니다. 그러나 유전학만으로는 설명될 수 없는 것이 있습니다. 몇몇 과학자들은 아이들이 그들의 생김새를 배운다고 말합니다. 아이들은 얼굴 형태가 정해지지 않은 채로 태어납니다. 그들은 주변의 사람들을 보면서 어디에 눈썹을 두어야 할지를 배웁니다. 만약 남편과 아내가 오랜 시간 동안 함께 산다면 그들은 비슷해집니다. 그래서 사람들은 그들이 부부라는 것을 알 수 있습니다.

해답
1. living in the same house – 같은 집에서 사는
2. unformed – 형태가 정해지지 않은
3. living around them – 그들 주변에 사는

09 분사의 해석

01 명사를 설명하는 식으로

형용사는 명사 앞에서 혹은 뒤에서 명사를 설명한다. 따라서 형용사처럼 쓰이는 분사도 명사 앞에서 혹은 뒤에서 그 명사를 설명한다.

- **Look at the sleeping baby.**
  잠자고 있는 아기

  Look at the baby sleeping on the floor.
  아기 → 자고 있는

- **Look at the fallen leaves.**
  떨어진 잎 : 낙엽

  Look at the leaves fallen on the ground.
  잎 → 떨어진

분사도 형용사이므로 명사 앞에서 명사를 설명하는 것이 일반적이다. 그러나 분사에 딸린 단어가 있을 때는 명사 뒤에서 설명한다. 여러 개의 딸린 단어가 명사 앞에 놓이게 되면 분사와 명사 사이가 너무 멀어지게 되어 분사가 명사를 설명하는 것이 눈에 드러나지 않는다.

- **Look at the sleeping on the floor baby.** (✗)
- **Look at the fallen on the ground leaves.** (✗)

02 주어를 설명하는 식으로

문장에서 주어 뒤에 오는 것은 모두 주어를 설명해주기 위해 존재하는 것들이다. 따라서 동사만으로 주어를 설명할 수 없다면, 동사는 보충 설명하는 말로 분사를 취하게 된다.

- **He stood gazing at the pond.**
  그는 연못을 보면서 서 있었다.
- **The girl seemed worried.**
  그 소녀는 걱정하고 있는 것처럼 보였다.

결국 동사 뒤에 오는 분사(gazing/worried)도 동사와 함께 주어인 He / The girl을 설명하고 있다(He → gazing, The girl → worried).

03 목적어를 설명하는 식으로

분사는 주어뿐만 아니라 목적어를 설명할 수도 있다. 명사는 목적어 자리에도 오기 때문이다. 이 경우 분사는 목적어로 쓰인 명사 앞, 뒤에 위치한다.

- **I love the sleeping baby.**
  나는 잠자고 있는 아기를 사랑한다.
- **I love the baby sleeping on the bed.**
  나는 침대에서 잠자고 있는 아기를 사랑한다.
- **I saw a plane flying in the sky.**
  나는 하늘을 날고 있는 비행기를 보았다.

참고로, 분사가 목적어 뒤에 오면 목적어에 쓰인 명사를 설명하는 것으로 해석하면 되지만 문법적으로는 구별해야 하는 경우가 있다. 목적어 뒤에서 목적어를 설명한다고 모두 목적보어가 되는 것은 아니다. 목적보어를 취하는 동사에 한해서만 목적보어라고 부르고(세 번째 문장) 그렇지 않은 경우(두 번째 문장)는 보어라고 하지 않고 단순히 명사를 설명하는 것으로 본다.

이탤릭체로 된 분사가 설명하는 명사를 찾고 그 명사와 연관지어 의미를 파악해보자.

Audrey Hepburn, born in Belgium and brought up in the occupied city, became a world-wide film star.[1] During World War II, she ran across many people searching for food all day long.[2] She also saw many people dying and screaming in pain.[3] She was also one of them. She was tortured with hunger and driven nearly to death by the war. After the war, an international relief organization came to help her family. She never forgot the gratitude. So she devoted all of her energy to UNICEF's efforts to help children in need in Africa.

1. Audrey Hepburn, brought up in the *occupied* city, became a world-wide film star.
- (설명하는 명사) _____
- (의미) _____

2. She ran across many people *searching* for food all day long
- (설명하는 명사) _____
- (의미) _____

3. She saw many people *dying* and *screaming* in pain.
- (설명하는 명사) _____
- (의미) _____

해 석

벨기에에서 태어나고 점령당한 도시에서 자란 오드리 헵번은 전 세계적인 영화배우가 되었다. 제2차 세계대전 동안 그녀는 하루종일 음식을 찾아다니는 많은 사람들을 만났다. 그녀는 또한 많은 사람들이 고통으로 죽어가고 비명을 지르는 것을 보았다. 그녀도 역시 그들 중 한 사람이었다. 그녀는 배고픔으로 고통을 겪었고 전쟁으로 거의 죽음까지 내몰렸다. 전쟁 후, 국제구호연맹이 그녀의 가족을 돕기 위해 왔다. 그녀는 그 고마움을 절대로 잊지 않았다. 그래서 그녀는 아프리카에서 어려움에 처한 아이들을 돕는 유니세프의 활동에 모든 노력을 바쳤다.

해 답

1. city – 그 도시는 점령당했다 (점령당한 도시)
2. people – 사람들이 찾았다 (찾는 사람들)
3. people – 사람들이 죽어가고 비명을 질렀다 (죽어가고 비명을 지르는 사람들)

Part 2 ● 문장의 가지를 다듬자!

3장 | 부사, 알고 보면 요긴한 것

1. 부사의 역할과 쓰임새
2. 비교는 형용사 설명에 불과하다
3. 이런 것도 부사로 해석한다

부사의 역할과 쓰임새

01 부사란?

주어, 목적어로 쓰이는 명사와 이를 설명하는 동사, 형용사는 문장에서 중요한 역할을 하지만 부사는 그렇지 못하다. 원래 부사(adverb)라는 단어는 'Ad(옆에)+Verb(동사)'에서 유래했기 때문에 동사를 설명하는 기능을 주로 한다.

- **They talked slowly and calmy.**

  이야기했다 / (어떻게?) / 천천히 그리고 침착하게

  → 그들은 천천히 그리고 침착하게 이야기했다.

그러나 부사는 여기에 그치지 않고 형용사나 부사, 문장 전체를 설명한다.

- **Fortunately, he didn't die at the accident.**

  다행히도 / (어떻게 됐나?) / 그는 그 사고로 죽지 않았다.

  → 다행히도 그는 그 사고로 죽지 않았다.

부사는 문장에서 중요한 역할을 하지 못하는 것으로 여겨지지만 부사가 갖는 개념은 문장의 구조를 파악하는데 매우 중요한 역할을 한다.

02 어떻게 해석할까?

부사는 부수적인 말이지만, 문장과 문장, 문단과 문단의 의미를 자연스럽게 연결하는 기능을 한다. 하나의 단어로 된 부사는 그 단어의 의미만 알면 해석이 어렵지 않다. 문제는 단어와 단어가 만나 부사구와 부사절을 이룰 때이다. '전치사+명사' 형태가 되면 일반적으로 부사구가 되므로 부사로 해석한다. 간단한 사실이지만 이것을 모르면 해석이 어색해진다.

- **hurry** : 서두름
- **in a hurry** : 서두름 속에서(?) → 서둘러서

- **He ran to the office in a hurry.**
  그는 서둘러서 사무실로 뛰어갔다.
- **They did it with ease.**
  그들은 쉽게 그것을 했다.

'전치사+명사'를 부사로 해석하면 의미가 훨씬 쉽게 들어온다. 부사 해석의 고비는 관계부사절이다. 관계부사의 품사는 부사이기 때문에 당연히 부사로 해석한다. 관계부사는 골치 아프게 생각할 필요 없이 부사라는 것만 기억하면 된다.

- **This is the house where I live.**
  이것은 집이다 / 거기서(부사) / 나는 산다.
- **We remember the year 1950 when the Korean War broke out.**
  우리는 1950년을 기억한다 / 그때(부사) / 한국전쟁이 발발했다.

참고로 하나 더 알아두어야 할 것이 있다. 관계부사 자체는 부사이므로 부사로 해석하면 되지만 관계부사절은 명사(선행사)를 설명하는 것으로 해석한다.

- **This is the house where I live.**
  이것은 집이다   거기서   나는 산다

- **This is the house where I live.**
  이것은 집이다   내가 사는 집
  　　　　　　↑
  　　　　어떤 집?

03 부사의 다양한 쓰임

관계부사는 어떤 기능을 하는 것일까? 명칭에 이미 답이 나와 있다. 접속사와 부사의 기능을 하기 때문에 관계부사라고 한다. 특히 품사는 부사이기 때문에 주어, 목적어, 보어로 쓰이지 않는다. 주어, 목적어로 쓰이면 문장의 중요한 뼈대가 되기 때문에 부사(관계부사)가 아니라 명사(관계대명사)가 된다.

- **This is the house. There I live.**
  거기서(부사 – 하나의 문장에서 사용)

- **This is the house where I live.**
  거기서(관계부사 – 두 개의 절 사이에서 사용)

부사를 쓴 문장과 관계부사를 쓴 문장은 위의 예문처럼 마침표가 있고 없고의 차이밖에 없다. 해석에서는 특별한 차이를 보이지 않는다. 모두 '거기서'와 같이 부사로 해석한다.

부사절, 부사구, 부정사의 부사적 용법 등에 '부사'라는 용어가 들어가면 모두 부사의 기능을 한다. 구가 부사처럼 쓰이면 부사구, 절이 부사처럼 쓰이면 부사절이 된다. 그러므로 이런 문법들을 잘 알려면 부사부터 잘 알아야 한다. 특히 부사의 의미보다는 부사의 기능에 초점을 두자.

독해 연습

이탤릭체로 된 부분에 유의하여 주어진 문장의 의미를 파악해보자.

Tigers are thought to be scary and man-eating animals. But tigers are actually shy. If you are near a zoo where tigers live, go to that zoo.[1] They stay away from visitors. They also don't like heat. On hot days, they spend most of the time cooling off in the water.[2] The color of tigers are different according to where they live. Tigers living in the south are brighter than those in the north.[3] Tigers and lions are similar enough to mate with other.[4] When the father is a tiger and the mother a lion, the offspring are called tigons. Ligers are the offspring of a female tiger and a male lion.

1. If you are near a zoo *where tigers live*, go to that zoo.
   → _____

2. *On hot days*, they spend most of the time cooling off in the water.
   → _____

3. Tigers living *in the south* are brighter than those in the north.
   → _____

4. Tigers and lions are similar enough to mate *with other*.
   → _____

해석

호랑이는 무섭고 사람을 잡아먹는 동물로 생각된다. 그러나 호랑이는 실제로 수줍은 동물이다. 만약 호랑이가 사는 동물원 가까이에 있다면 그 동물원에 가봐라. 그것들은 방문객을 피해 있다. 그것들은 또한 더위를 좋아하지 않는다. 더운 날엔 대부분의 시간을 몸을 식히기 위해 물에서 보낸다. 호랑이의 색은 어디에 호랑이가 사느냐에 따라 다르다. 남쪽에 사는 호랑이는 북쪽에 사는 호랑이보다 밝다. 호랑이와 사자는 서로 짝을 이룰 만큼 비슷하다. 아버지가 호랑이고 어머니가 사자이면 자식은 Tigon이라고 불린다. Liger는 암컷 호랑이와 수컷 사자의 자손이다.

해답

1. 만약 호랑이가 사는 동물원 가까이에 있다면 그 동물원에 가봐라.
2. 더운 날 그들은 대부분의 시간을 몸을 식히면서 보낸다.
3. 남쪽에 사는 호랑이는 북쪽에 사는 호랑이보다 밝다.
4. 호랑이와 사자는 서로 짝을 이룰 만큼 비슷하다.

비교는 형용사 설명에 불과하다

01 비교란?

비교란 말 그대로 어떤 것들을 서로 비교하는 것이다. 단, 토끼의 귀와 사슴의 귀, 코끼리의 코와 돼지의 코처럼 같은 대상을 비교해야 한다. 그런데 비교를 할 때는, 비교급을 써야하고, er를 붙여야 하고, than을 쓰고, as~as를 써야 한다고 배웠기 때문에 어렵게 느껴진다. 하지만 비교라는 것은 그렇게 장황한 것이 아니다. '더 예뻐? 더 작아?'처럼 형용사의 의미를 더욱 돋보이게 하는 것에 불과하다.

02 어떻게 비교할까?

형용사를 설명할 때는 부사가 온다. 예를 들어 매우 아름답다는 것을 나타내고자 한다면 very를 쓴다.

- **She is beautiful. → She is very beautiful.**

이 외에 다른 말이 올 수도 있다. 예를 들면 '더 아름답다'라는 의미로는 more를 쓴다. more는 부사이므로 형용사를 설명한다.

- **She is more beautiful.**

그녀는 더 아름답다. 이것이 비교를 나타내는 문장이다. 쉽지 않은가? 그런데 이 문장만으로는 다소 부족함이 느껴진다. 뭐보다 아름다운지, 그 대상이 필요하다. 더 아름답다는 말 뒤에는 '~보다'라는 말이 오면 자연스럽다. 따라서 '~보다'라는 의미를 가진 than이 뒤에 나온다. 여기서 than이 접속사라는 것이 중요하다. 그 뒤에 주어와 동사가 오기 때문이다.

- **She is more beautiful than I am beautiful.(?)**
  그녀는 내가 아름다운 것보다 더 아름답다.

'그녀는 더 아름답다. 뭐보다? 내가 아름다운 것보다'라고 영작했지만, 실제 생활에서는 '내가 아름다운 것보다 그녀가 더 아름답다'라고 쓰지 않는다. 반복되는 말은 생략하고 '나보다 그녀가 더 아름답다'고 한다. 그래서 'I'만 남게 된다.

- **She is more beautiful than I.**
  그녀는 나보다 더 아름답다.

비교라고 해서 언제나 'more~than'이 오는 것은 아니다. '더 ~하다'라고 하면 more가 오고 '~보다'라는 의미가 필요하면 than이 온다.

03 다양한 비교의 표현

비교란 본질적으로 형용사(부사)의 의미를 어떻게 표현하느냐 하는 것이기 때문에 형용사(부사)가 중심이 된다. '더'라는 말을 표현하기 위해 more가 왔듯이 '~만큼'이라고 하면 as가 온다. as가 '~ 때문에' 혹은 '~할 때'라는 의미의 접속사로 쓰이기 때문에 접속사로 여기는 사람이 많다. 그러나 '~만큼'이라는 의미의 부사로 형용사를 꾸며준다. 이것만 알면 as를 써서 표현된 비교는 어렵지 않게 해석할 수 있다.

- **She is   as   beautiful.**
  그녀는 ~이다   그만큼   아름다운
  → 그녀는 그만큼 아름답다.

위의 문장 역시 무엇만큼 아름다운지 비교의 대상이 필요하다. 그래서 대상 앞에 '~만큼'이라는 as가 또 온다. 여기서의 as는 than과 같은 접속사로 뒤에 주어, 동사가 온다.

- **She is as beautiful   as   I (am beautiful).**
  그만큼 아름다운   (무엇) 만큼?   나
  → 그녀는 나만큼 아름답다.

'그녀는 나만큼 아름답다'라는 또 다른 비교의 표현이 되었다. 이처럼 비교의 해석은 형용사를 수식하는 부사를 잘 해석하면 된다.

04 -er을 붙여 비교하기

그런데 '더'라는 말이 more로만 표현되는 것은 아니다. 형용사에 '-er'을 붙여도 그런 의미가 된다. 3음절 이상의 단어에는 more을 쓰고 그렇지 않은 짧은 단어는 뒤에 -er을 붙인다. beautiful과 유사한 의미이지만 pretty에는 -er을 붙인다. 발음을 해보면 3음절 이하이기 때문이다.

- **She is prettier than I (am pretty).**
  더 예쁜   ~보다   내가 예쁜 것보다

부사나 형용사의 형태를 보고 비교의 의미로 해석한다.

05 그 외에 주의할 것은?

마지막으로 주의해야 할 것이 하나 더 있다. 독해를 하다 보면 접속사 than이나 as 뒤에 주어와 동사가 오지 않는 경우가 많다. 영어가 제일 싫어하는 것이 반복이라고 했다. 비교는 본질적으로 같은 것을 비교하는 것이기 때문에 반복되는 것이 반드시 있다. 위의 문장에서도 be pretty라는 말이 반복된다. 그래서 생략되면 than이나 as 뒤에는 주어만 딸랑 남게 된다. 그렇게 되면 접속사 than, as는 전치사처럼 보인다. 따라서 이들 뒤에는 목적어 즉 목적격이 온다. 실제 문장에서는 목적격이 더 많이 쓰인다.

- **She is more beautiful than I am beautiful.**
  ↓ (반복되는 부분 생략)

  She is more beautiful than I.
  ↓ 접속사 than이 전치사처럼 쓰이게 됨

  She is more beautiful than me.
  그녀는 나보다 더 아름답다.

독해 연습 | 이탤릭체로 된 비교의 표현에 유의하여 주어진 문장의 의미를 알아보자.

Have you ever heard the sound woodpeckers make? Maybe you can't hear it if you live in the city. But deep in the mountains, you can often hear the sound. Woodpeckers have sharper and stronger beaks than any other bird,[1] so they can peck holes in trees. Two of their toes point forward and the other two backward. They are as sharp as nails,[2] which help them cling to the sides of tree trunks and branches. Their tongues are stickier than those of other birds,[3] so they can catch bugs easily.

1. Woodpeckers have *sharper and stronger beaks* than any other bird.
   → _____

2. Their toes are *as sharp* as nails.
   → _____

3. Their tongues are *stickier* than those of other birds.
   → _____

해 석

딱따구리가 내는 소리를 들어본 적이 있습니까? 만약 여러분이 도시에 산다면 들어볼 수 없을 것입니다. 그러나 깊은 산중에서는 종종 그 소리를 들을 수 있습니다. 딱따구리는 다른 새들보다 더 날카롭고 강한 부리가 있어서 나무에 구멍을 낼 수 있습니다. 그들의 발톱 중 두 개는 앞으로 향하고 다른 두 발톱은 뒤로 향합니다. 그것들은 못처럼 날카로워서 나무줄기 옆이나 가지에 붙어 있도록 도와줍니다. 그들의 혀는 다른 새들의 혀보다 더 끈적거려서 벌레를 쉽게 잡습니다.

해 답

1. 딱따구리는 다른 새들보다 더 날카롭고 강한 부리가 있습니다.
2. 그들의 발톱은 못처럼 날카롭습니다.
3. 그들의 혀는 다른 새들의 혀보다 더 끈적거립니다.

 배수와 비교는 어떤 관계인가요?

 배수라는 것은 기본적으로 '몇 배 크다 혹은 작다'라고 말하는 것이기 때문에 비교의 표현과 별반 다르지 않다. 비교의 의미가 좀더 구체적으로 드러난 것이 배수이다. 막연히 더 크다는 것이 아니라 두 배 혹은 세 배 크다고 하는 것이 배수 표현이므로 배수 표현에는 구체적인 숫자가 온다. 3배라고 하면 three times, 4배는 four times가 된다. 따라서 '세 배 큰'은 '3 times taller'가 된다.

This tree is 3 times taller than that one.
      3배 더 큰   저 나무보다

이것이 바로 배수 표현이다. very tall을 '매우 큰'이라고 해석하듯이 3 times taller도 '3배 더 큰'이라고 해석하면 된다. 비교의 표현에 구체적인 숫자가 올 뿐이다. 따라서 비교를 나타내는 as에도 배수 표현이 있을 수 있다.

This tree is 3 times as tall as that one.
이 나무는 저 나무보다 3배 크다.

이 문장의 해석도 마찬가지다. '저 나무만큼 큰'이라는 'as tall as that one'에 3 times가 더 있으므로 '3배만큼 큰'으로 해석하면 된다. 비교를 이해하고 해석할 수 있다면 배수를 이해하고 해석하는 것이 어렵지 않다.

03 이런 것도 부사로 해석한다

01 이럴 땐 명사를 부사로 해석한다

명사는 반드시 주어, 목적어, 보어 중 하나가 된다. 그런데 독해를 하다 보면 분명히 명사인데 주어도 목적어도 보어도 아닌 것이 있다. 무얼까? 한참을 고민하는 사람이 있다. 다음 문장을 해석해보자.

- **This spring, we will move to the village.**
- **In this spring, we will move the village.**

첫 번째 문장의 spring은 '봄'이라는 명사로 흔히 쓰인다. 그래서 '봄'으로 해석하면 의미는 파악할 수 있지만 '올 봄 우리는 이사한다'처럼 어색해진다. 두 번째 문장에는 전치사 in이 있으므로 '올 봄에'라고 해석하면 '올 봄에 우리는 이사할 것이다'가 되어 자연스러운 해석이 된다.

그러면 첫 번째 문장을 해석하는 비결은 무엇일까? 간단한 사실만 알면 된다. 시간을 나타내는 명사는 그 자체가 바로 부사로도 쓰인다. 그래서 spring은 '봄'이라는 의미이지만 '봄에'라는 의미도 된다. 특히 이러한 명사들이 this, next와 같은 단어를 동반할 때 그렇게 해석한다.

- **this week** → 이번 주에
- **next month** → 다음 달에

02 이런 것도 부사로 해석한다

시간을 나타내는 명사 자체가 부사로 해석되기도 하지만 명사와 명사가 전치사를 통해 하나로 연결될 때도 부사로 해석되는 경우가 있다. 주로 관용적으로 쓰이는 것들이므로 알아두어야 한다.

- **one by one** → 하나씩 하나씩
- **step by step** → 천천히
- **hand in hand** → 손에 손잡고
- **word by word** → 하나씩 하나씩

03 이렇게 해도 부사로 해석한다

명사에 ly를 붙이면 형용사가 된다. 그런데 명사에 ly를 붙여 부사가 되는 것도 있다. 역시 시간을 나타내는 명사가 그렇다.

- **The magazine is published monthly.**
  이 잡지는 매달 발행된다.
- **The milk is delivered daily.**
  이 우유는 매일 배달된다.

monthly는 monthly magazine(월간지)처럼 형용사로 해석되지만 위의 예문처럼 '매달'이라는 부사의 의미로도 해석된다. daily 역시 마찬가지다. daily newspaper처럼 '매일 신문'이라는 의미도 되지만 위에서처럼 '매일'이라는 부사의 의미로도 해석된다.

04 새로운 의미의 부사가 생겨난다

품사는 단어마다 타고난다. 그래서 어떤 단어의 품사를 알려면 사전을 찾아보거나 그 뜻을 생각해보면 된다. 그런데 영어에는 품사를 바꾸는 간단한 방법이 있다. 바로 -ly를 붙이는 것이다. 명사에 -ly를 붙이면 형용사가 되고 형용사에 -ly를 붙이면 부사가 된다.

- 명사 + ly → 형용사
  friend(친구) + ly → friendly(다정한)

- 형용사 + ly → 부사
  pretty(예쁜) + **ly** → **prettily**(예쁘게)

그런데 near나 late와 같은 형용사는 좀 특이하다. '가까운', '늦은'이라는 의미의 형용사이지만 이들 형용사에 -ly를 붙이면 기존의 의미와는 전혀 다른 의미가 된다.

- **near**(가까운) + **ly** → **nearly**(거의)
- **late**(늦은) + **ly** → **lately**(최근에)
- **high**(높은) + **ly** → **highly**(매우)
- **rare**(드문) + **ly** → **rarely**(거의 ~않다)

- **She stared at me for nearly 30 seconds.**
  그녀는 거의 30초 동안 나를 쳐다보았다.
- **I haven't seen him lately.**
  나는 최근에 그를 만나지 못했다.
- **He is rarely late for school.**
  그는 좀처럼 학교에 지각하지 않는다.

nearly, lately, highly는 '거의', '최근에', '매우'라는 뜻이다. 이런 부사들은 자주 쓰이므로 그 의미를 꼭 알아두자.

이탤릭체로 된 부분의 의미를 알아보자.

> Seasons repeat themselves. Flowers bloom in the spring and wilt in the autumn. The next year, flowers bloom again[1] even though they are not the same ones. Daily life also repeats itself. Cartons of milk are delivered every morning.[2] People work hard in the workplace. On their break time, they drink a cup of coffee and read magazines published weekly or monthly.[3] After a short rest, they go back to work. Time goes quickly. It's nearly six o'clock.[4] It's time to go home. For some people, this kind of life is highly recommended[5] but for others it's not. They prefer lives full of adventure.

1. *The next year*, flowers bloom again.
→ _____

2. Cartons of milk are delivered *every morning*.
→ _____

3. They read magazines published *weekly or monthly*.
→ _____

4. It's *nearly* six o'clock.
→ _____

5. For some people, this kind of life is *highly* recommended.
→ _____

해 석

계절은 반복된다. 꽃은 봄에 피고 가을에 시든다. 비록 같은 꽃은 아니지만 꽃은 이듬해 다시 핀다. 일상의 생활도 또한 반복된다. 매일 아침에 우유가 배달된다. 사람들은 직장에서 열심히 일한다. 휴식시간에 커피 한 잔을 마시고 주마다 혹은 월마다 발행되는 잡지를 읽는다. 짧은 휴식시간 후에 그들은 일자리로 돌아간다. 시간은 빨리 흐른다. 거의 6시다. 집에 갈 시간이다. 어떤 사람들에게는 이러한 삶이 매우 추천할 만하지만 다른 사람들에게는 그렇지 않다. 그들은 모험으로 가득 찬 삶을 더 좋아한다.

＊wilt : 시들다 ＊carton : 한 통

해 답

1. 다음 해에   **2.** 매일 아침에   **3.** 주마다 혹은 월마다
4. 거의   **5.** 매우

Part 2 ● **문장의 가지를 다듬자!**

4장 | 의미의 마술사, 전치사

1. 전치사는 항상 구를 형성한다
2. 목적어를 만드는 전치사

01 전치사는 항상 구를 형성한다

01 전치사 뒤의 명사

전치사 뒤에 오는 명사는 전치사의 목적어이므로 전치사 뒤에는 목적격이 온다. 그리고 동사가 전치사의 목적어로 쓰일 때는 당연히 -ing(동명사)의 형태가 된다.

- **I go to school.**
  나는 학교에 간다.
- **My mother looked at me.**
  어머니가 나를 보았다.
- **He is famous for eating a lot.**
  그는 많이 먹기로 유명하다.

일반적으로 that절이나 부정사는 비록 명사처럼 쓰이지만 전치사의 목적어로는 쓰이지 않는다.

02 전치사가 만드는 의미 구조

개별 전치사의 의미를 아는 것도 중요하지만 문장에서 전치사가 하는 역할을 아는 것이 더 중요하다. 전치사가 만드는 의미는 명사를 만나게 됨으로써 종결된다. 명사 앞에는 형용사가 오고 형용사 앞에는 이를 설명하는 부사가 온다. 이들 앞에는 전치사가 온다. 결국 전치사 뒤에는 부사나 형용사가 오고 최종적으로는 명사가 온다. 전치사는 이렇게 연결되어 의미를 완성한다.

- 전치사 + (명사를 설명하는 말) + 명사
  관사 + 부사 + 형용사
  → **at the very big house**(매우 큰 집에서)

문장에서 전치사가 나오면 명사가 나올 때까지를 하나의 의미로 묶어 해석한다.

03 전치사구는 형용사/부사의 역할을 한다

전치사가 명사를 만나 이루는 구는 문장에서 어떤 역할을 할까? 앞서 전치사구는 문장의 살과 같은 역할을 한다고 했다. 즉 전치사구는 형용사, 부사처럼 명사를 설명하거나, 형용사나 동사를 설명하는 것으로 쓰인다.

- **He took the books on the desk.** (명사 설명)

  책 → (어떤 책?) → 책상 위에 있는

- **My old friend and I met on the street yesterday.** (동사 설명)

  만났다 → (어디서?) → 거리에서

결국 전치사구는 '전치사 + ~ + 명사'로 이루어져 있으며, 형용사/부사처럼 해석한다.

04 전치사 자체가 부사로도 쓰인다

전치사는 명사와 구를 이루어 형용사, 부사처럼 쓰이기도 하지만 전치사 자체가 부사로도 쓰인다. 전치사가 부사로 쓰이면 전치사로 시작해서 명사로 끝나지 않는다.

- 전치사 → '전치사 + ~ + 명사' (명사 필요)
- 전치사 → 부사 (명사 필요 없음)

- **Hold on, the road is bumpy.** (부사)
  꼭 잡아라. 길이 울퉁불퉁하다.
- **He put on his hat.** (전치사)
  그는 그의 모자를 썼다.

그렇다고 on이 전치사인지 부사인지 구별할 필요는 없다. on이 갖고 있는 의미만 살려 해석하면 된다. 다만 on을 전치사로만 알고 있으면 첫 번째 문장처럼 명사 없이 쓰인 문장을 보고 당황할 수 있다. 전치사도 그 자체가 부사로도 쓰일 수 있다는 것을 알아두면 된다.

 전치사는 항상 명사 앞에만 오나요?

 일반적으로 전치사는 명사 앞에 와서 그 의미를 형성한다. 그러나 전치사는 그것뿐만 아니라 명사 뒤에 쓰여 다른 명사와의 관계를 나타내기도 한다. 예를 들어 'invitation(초대)'은 문장에서 대부분 '~에 초대'라는 의미로 쓰인다. 따라서 전치사 to를 동반하여 다른 명사와의 의미를 만들어낸다. 'cause(원인)' 역시 '~의 원인'이라는 의미로 많이 쓰이므로 of를 동반한다.

I didn't get an invitation to the party.
나는 그 모임에 초대를 받지 못했다.

Do you know the cause of the accident?
아내는 개를 무서워한다.

앞서 배운 동사나 형용사가 전치사를 통해 뒤에 오는 명사(목적어)와 어떤 의미를 형성하는 것과 같은 이치다.

He applied for the company.
그는 그 회사에 지원했다.

My wife is afraid of dogs.
아내는 개를 무서워한다.

명사, 동사, 형용사가 뒤에 어떤 전치사를 취하는지 잘 알고 있어야 문장의 구조가 한 눈에 들어오고 해석이 자연스러워진다. 따라서 명사 앞에 오는 전치사뿐만 아니라 명사 뒤에 오는 전치사도 잘 알아두자.

이탤릭체로 된 전치사구의 역할(형용사/부사)과 그 의미를 알아보자.

It sometimes happens that students can't hand in their homework in time because their computers have a virus. Today computer viruses are a new form of serious disease. Some viruses are famous for stopping computer systems[1] and others delete files. Viruses spread secretly and rapidly, attaching themselves to other programs. Then they infect computers in companies and homes.[2] Viruses can delete files with important information[3] within a second. The damage is beyond imagination. It's a good idea to always back up files in safe places.[4]

1. Some viruses are famous *for stopping computer systems*.
(역할) _____ (의미) _____

2. They infect computers *in companies and homes*.
(역할) _____ (의미) _____

3. Viruses can delete files *with important information*.
(역할) _____ (의미) _____

4. It's a good idea to always back up files *in safe places*.
(역할) _____ (의미) _____

해 석

때때로 학생들은 컴퓨터에 바이러스가 있어 숙제를 제때에 제출할 수 없을 때가 있습니다. 오늘날 컴퓨터 바이러스는 새로운 형태의 심각한 질병입니다. 어떤 바이러스는 컴퓨터 시스템의 작동을 멈추게 하는 것으로 유명하고 어떤 것들은 파일을 삭제합니다. 바이러스는 다른 프로그램에 붙어 은밀하고 빠르게 퍼집니다. 그러고 나서 이것은 회사나 가정에 있는 컴퓨터를 감염시킵니다. 바이러스는 중요한 정보가 있는 파일을 순식간에 삭제할 수 있습니다. 그 손해는 상상을 초월합니다. 파일을 안전한 곳에 언제나 백업하는 것이 좋은 방법입니다.

해 답

1. 부사 – 컴퓨터 시스템 작동을 멈추게 하는 것으로
2. 형용사 – 회사나 가정에 있는
3. 형용사 – 중요한 정보가 있는
4. 부사 – 안전한 곳에

02 목적어를 만드는 전치사

01 전치사, 의미의 연금술사

전치사는 명사 앞에 쓰여 그 명사의 의미를 조금씩 확장시키고 때로는 새로운 의미를 만들어내기도 한다.

- **house** : 집
- **in the house** : 집에서
- **(the roof) of the house** : 집의

단어의 수는 유한하지만 전치사를 사용하면 무한에 가까운 많은 의미를 만들어낼 수 있다. '집의 지붕'이라는 단어는 없다. '집'이라는 단어와 '지붕'이라는 단어가 있을 뿐이다. 하지만 전치사를 통해 이 둘의 의미가 합쳐지면 '집의 지붕'이라는 새로운 의미가 생긴다. 이처럼 전치사는 의미를 만들어내는 연금술사와 같다.

02 동사에게도 전치사가 필요하다

일반적으로 동사는 목적어를 취한다. 따라서 목적어를 취하는 동사 뒤에 명사가 오면 그것은 '~을/를'로 해석한다. 그런데 모든 동사가 목적어를 취하는 것은 아니다. 많은 동사가 목적어 없이도 쓰인다.

- **He was at home yesterday.**
  그는 어제 집에 있었다.

그리고 어떤 동사는 전치사의 도움을 받아 목적어를 취한다. 전치사는 그 뒤에 명사를 취할 수 있기 때문에 동사가 전치사를 동반하면 그 뒤에 목적어를 쓸 수 있게 된다.

- He looked me. (✗)
- He looked me. (○)
  　　　　　at

결국 look at은 '~을 보다'라는 의미가 된다. 여기서 알 수 있듯이 전치사는 동사와도 짝을 이룬다. 따라서 전치사의 의미는 동사와 연관지어 파악하는 것이 쉬울 때가 많다.

- **He looked at his friend.**
  그는 　 ~을 보았다 　 그의 친구

전치사는 명사와 함께 때로는 동사와 짝을 이루어 해석을 한다. 어느 하나로 고집하는 것은 독해에 도움이 되지 않는다. 융통성을 발휘하자.

- **Our success depends on you.**
  우리의 성공은 너에게 달려 있다.
- **He came from Korea.**
  그는 한국에서 왔다.

그리고 독해를 하는 데 중요한 것이 하나 더 있다. 위의 경우처럼 전치사는 동사 뒤에 바로 올 수도 있지만 떨어져서 나오기도 한다. 이럴 경우 어떤 동사가 어떤 전치사를 동반하는지를 잘 알고 있어야 의미 파악이 쉽다. 다음 문장을 해석해보자.

- **When people eat, they tend to confuse information from the tongue and mouth with what is happening in the nose.**
  사람들이 음식을 먹을 때 그들은 혀와 입에서 오는 정보를 코에서 생긴 것과(with) 혼동하는 경향이 있다.

초보자들은 대부분 위 문장을 '혀로부터 오는 정보와 입을 혼동한다. 코에서 발생하는 것을 가지고'라고 해석하기 쉽다. 무슨 말인지 알 수가 없다. '~혼동시키다'의 confuse는 and가 아니라 with와 어울린다. confuse A with B(A와 B를 혼동하다)로 해석을 해야 한다. 따라서 올바른 해석은 '음식을 먹을 때 사람들은 혀와 입에서 오는 정보를 코에서 일어나는 것과(with) 혼동한다'가 된다.

03 형용사, 나도 전치사가 필요하다

일반적으로 형용사는 목적어를 취하지 않는다. 그러나 어떤 형용사들은 그 의미상 목적어를 필요로 한다. 그럴 경우 자동사가 목적어를 취할 때 그랬던 것처럼 전치사의 도움을 받는다. 형용사 뒤에 바로 목적어를 취하지 못하기 때문에 목적어를 취하는 전치사를 동반하여 그 뒤에 목적어를 취한다. 문법적으로 살펴보면 목적어는 전치사의 목적어이지만 의미로 보면 그것은 형용사의 목적어가 된다. 어쨌든 어떤 형용사는 전치사를 취하고 그 뒤에 목적어를 갖는다.

- **I am afraid of swimming.**
  두려워하는   수영하는 것을
  무엇을?
  (두려워하는 것의 대상을 나타냄)

처음부터 이렇게 해석하는 것은 어렵다. 이런 경우 '동사+전치사(look at)'가 목적어를 취하듯이 '형용사+전치사'의 목적어로 해석하는 것이 쉽다.

- **I am afraid of swimming.**
  ~을 두려워 하다   수영하는 것을

형용사라고 해서 단순히 형용사로만 해석해서는 안 된다. 형용사도 목적어를 취하므로 그 뒤에 오는 것을 목적어로 해석해야 한다. 대부분의 초보자들은 동사만 목적어를 취하는 것으로 생각하기 때문에 형용사의 목적어를 해석하지 못하는 경우가 있다.

 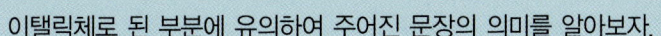

이탤릭체로 된 부분에 유의하여 주어진 문장의 의미를 알아보자.

Are you afraid of falling out of bed[1] while you sleep? If so, don't worry about it.[2] Your brain keeps you safe during sleep. Your brain is well aware of its surroundings and careful of what will happen to you.[3] For example, it remembers how large and how high your bed is. It is aware of how much you have twisted or turned.[4] It also doesn't forget to provide you with fresh air for breathing. Now can you sleep soundly?

1. Are you afraid of *falling out of the bed*?
→ _____

2. If so, don't worry about *it*.
→ _____

3. Your brain is careful of *what will happen to you*.
→ _____

4. It is aware of *how much you have twisted or turned*.
→ _____

해석

여러분은 잠자는 동안 침대에서 떨어지는 것을 두려워합니까? 그렇다면 그것에 대해 걱정하지 마세요. 여러분의 뇌는 여러분이 잠자는 동안 여러분을 안전하게 지켜줍니다. 뇌는 주변 상황을 잘 알고 있으며 여러분에게 어떤 일이 일어날 것인가에 대해 주의를 기울입니다. 예를 들어, 뇌는 여러분의 침대가 얼마나 넓은지 그리고 얼마나 높은지를 기억합니다. 뇌는 여러분이 얼마나 많이 뒤척였는지도 알고 있습니다. 또한 뇌는 호흡을 위해 여러분에게 신선한 공기를 제공하는 것을 잊지 않습니다. 이제 곤하게 잠을 잘 수 있겠습니까?

해답

1. 여러분은 침대에서 떨어지는 것을 두려워합니까?
2. 그렇다면 그것에 대해 걱정하지 마세요.
3. 여러분의 뇌는 여러분에게 어떤 일이 일어날 것인가에 대해 주의를 기울입니다.
4. 그것은 여러분이 얼마나 뒤척였는지를 알고 있습니다.

PART 3

아는 만큼 해석된다!

1장 ● 수동태, 나는 이렇게 해석한다!
2장 ● 가정법, 정말 아시나요?
3장 ● 시제와 수의 일치
4장 ● 강조와 부분부정

Part 3 ● 아는 만큼 해석된다!

1장 | 수동태, 나는 이렇게 해석한다!

1. 수동태, 나는 이렇게 해석한다!
2. 수동태가 나타내는 의미
3. 수동태, 쉽게 해석하기

수동태, 나는 이렇게 해석한다!

01 수동태 문장

수동태 문장을 보면 능동태 문장을 생각하는 사람이 있다. 수동태는 수동태로, 능동태는 능동태로 해석하는 것이 좋다. 능동태는 주어의 상태나 행위를 나타내는 것으로, 수동태는 주어가 처한 수동의 상태를 나타내는 것으로 해석하자.

02 상태는 어떻게 나타낼까?

상태를 나타내는 가장 알맞은 동사는 be('~이다')이다. be동사를 쓰면 주어가 처한 상황을 나타낼 수 있다.

- **He is ~.**

'그는 어떠하다'는 말이 되기 위해서는 주어를 설명하는 말이 나와야 한다. 상황, 상태를 나타내기에 가장 일반적으로 사용하는 것이 형용사다.

- **He is tall.**

일반적인 상태는 형용사로 나타내지만 주어가 어떤 행동을 할 때는 -ing로, 수동의 의미는 pp로 나타낸다.

- **He is reading a book.**
  그는 책을 읽고 있다.
- **He is loved by everyone.**
  그는 모든 사람들에게 사랑 받는다.

주어 He를 설명하는 말로 -ing가 나온 첫 번째 문장은 동작의 의미(책을 읽고 있다)로, pp가 나온 두 번째 문장은 수동의 의미(사랑 받다)로 해석한다. 수동태의 해석은 글자 그대로 하면 된다. be동사는 '~이다'로, pp는 수동의 의미로 해석하면 된다.

- **A baby is covered with the blanket.**
  ~이다 덮인 → 덮여 있다

03 전치사는 의미에 맞게 해석하면 된다

pp를 씀으로써 주어가 처한 수동의 상태를 나타낼 수 있고, pp만으로 그 의미를 잘 나타낼 수 없을 때는 전치사를 첨가하면 된다. 앞서 이야기했듯이 pp에는 형용사의 성질이 있으며 be sure of, be good at처럼 뒤에 전치사가 올 수 있다.

- **A baby is covered with the blanket.**
  한 아이가 담요로 덮여 있다(한 아이가 담요를 덮고 있다).

  A baby is covered with the blanket by his mother.
  한 아이가 그의 어머니에 의해 담요로 덮여져 있다(어머니가 담요를 덮어 주었다).

- **He was surprised at the news.**
  그는 그 소식에 놀랐다.

  He was surprised by a man.
  그는 어떤 사람에 의해 놀랐다.

'아이가 담요로 덮여 있다'라고 하면 재료를 나타내는 with, 누가 덮어 주었는지를 나타내고자 한다면 by(~에 의해서; 'by+행위자')가 온다. at이 오면 놀란(surprised) 것의 원인으로, by가 오면 놀라게 한 행위자로 해석한다. 수동태라고 무조건 by만 올 것이라고 생각해서는 안된다.

04 사물의 상태를 수동태로 나타내면…

사물의 상태를 나타내는 문장을 살펴보자. 사물이 주어가 되면 주로 행위의 대상이 되기 때문에 수동의 의미가 있는 pp가 온다.

- **A present was given to him.**

앞의 예문을 분석해보면, 선물은 '~이다(was)' 어떤 상태? '주어진 상태(given)' 누구에게? '그에게(to him)'가 된다. 사물이 주어가 되어도 쓰인 그대로 해석하면 된다. 그런데 능동태를 수동태로 바꾼 문장을 보면 아래와 같은 어색한 문장이 나온다.

- **A present was given him by me. (?)**
  ← **I gave him a present.** (능동태)

him 앞에 전치사가 없으면 원어민들은 그 문장을 어색하게 받아들이는 경우가 있다. 수동태 문장을 반드시 능동태 문장과 연관지어 생각할 필요는 없다. 주어를 설명하는 말로 pp를 해석하면 된다.

- **The bag was bought for her.**
  　　　　～이다　사여진　～를 위해

pp의 의미에 따라 적합한 전치사가 나오면 '주어진(given)'은 '~에게(to)', '사게 된(bought)'은 '~를 위해(for)'가 된다. 그리고 우리말에는 수동태가 영어만큼 많이 쓰이지 않기 때문에 수동의 의미를 우리말로 옮기면 어색한 경우가 많다. 의미 파악은 글자 그대로 하더라도 해석을 할 때는 자연스러운 말로 의역을 해야 한다.

- 가방은 그녀를 위해 사여졌다.
  → 가방은 그녀를 위해 산 것이다.

독해 연습
수동태와 그 뒤에 이어지는 말에 유의해서 주어진 문장을 해석해보자.

> Even though we are trying to preserve our environment, it's getting worse. Pollution is everywhere. Water, air, and land are all polluted. It seems that there is no place safe from it. Sometimes chemicals are found even in the body while people use certain kinds of soap, skin lotion, and shampoo. But few people know they contain harmful chemicals. Women are probably exposed to more chemicals than men.[1] They might be surprised to know the fact[2] that harmful chemicals called phthalates have been found in nail polish, hair spray, and perfume.[3] They can cause damage to the liver, kidneys, and lungs. It is not an exaggeration to say that our bodies are covered with harmful chemicals.[4]

1. Women *are probably exposed* to more chemicals than men.
   → 아마 여자들이 _____ .

2. They *might be surprised* to know the fact.
   → 그들은 _____ .

3. Harmful chemicals *have been found* in nail polish, hair spray, and perfume.
   → 해로운 화학물질이 _____ .

4. Our bodies *are covered* with harmful chemicals.
   → 우리의 신체가 _____ .

해석
우리가 환경을 잘 보전하려고 노력하고 있음에도 불구하고 환경은 더욱 악화되고 있다. 모든 곳이 오염되어 있다. 물, 공기 그리고 땅 모두 오염되었다. 오염으로부터 안전한 곳은 없어 보인다. 사람들이 어떤 종류의 비누, 스킨로션, 샴푸를 사용하는 동안 때때로 화학물질이 우리 신체에서도 발견된다. 그러나 사람들은 그것들이 해로운 화학약품을 포함하고 있다는 것을 거의 알지 못한다. 아마 여자들이 남자보다 더 많은 화학물질에 노출되어 있을 것이다. 그들은 프탈레이트라고 불리는 해로운 화학물질이 손톱광택제, 스프레이, 향수에서 발견되었다는 사실을 알면 놀랄 것이다. 이것은 간, 신장, 폐에 해를 입힐 수 있다. 우리 신체가 해로운 화학물질로 덮여 있다고 말해도 과장이 아니다.

해답
1. 남자보다 더 많은 화학물질에 노출되어 있다
2. 이 사실을 알면 놀랄 것이다
3. 손톱광택제, 스프레이, 향수에서 발견되었다
4. 해로운 화학물질로 덮여 있다

수동태가 나타내는 의미

01 상태에 담긴 또 다른 의미는?

'상태'에는 '어떠하다'라는 사물의 모양이나 형편의 의미뿐만 아니라 동작의 의미도 들어 있다.

- **The house is painted white.**
- **The house is painted once a year.**

첫 번째 문장은 '집이 하얗게 칠해져 있다'라는 집의 상태를 나타낸다. 두 번째 문장 역시 '집은 일 년에 한 번 칠해진다'라는 상태를 의미한다. 그런데 첫 번째 문장에는 동작의 의미가 없는 반면에 두 번째 문장에는 '칠해진다'는 동작의 의미가 들어 있다. 수동태라고 해서 단순히 정적인 상태로만 해석해서는 안 되고 동적인 의미로도 해석해야 한다.

02 정적인 상태와 동적인 상태

be동사('~이다')로 정적인 상태와 동적인 상태를 모두 나타낼 수 있지만, 의미를 보다 분명하게 드러내고자 할 때는 be동사 대신에 적합한 다른 동사를 쓸 수 있다. '수동태 = be동사 pp'라고 고정시켜 놓으면 안 된다.

'~한 상태다'를 나타내는 직접적인 말에는 remain, stay 등이 있다. 따라서 정적인 상태를 보다 구체적으로 드러내고자 할 때는 이런 동사들이 온다. 만약 동적인 상태를 나타내고자 한다면 동작의 의미가 들어 있는 get, become이 나온다.

- **They got interested in sports last year.**
  그들은 지난해 스포츠에 관심을 갖게 되었다.
- **The bag on the table remained untouched all day long.**
  탁자 위에 있는 그 가방은 하루종일 만져지지 않았다(그대로 있었다).

03 자동사와 수동태의 해석

주어의 상태는 자동사로, 주어가 처한 수동의 상태는 수동태로 나타낼 수 있다.

- **The door opened. But there's no one in the room.**
  문이 열려있다. 그러나 방안에는 아무도 없었다.
- **He tried to open the door. At last, the door was opened.**
  그는 문을 열려고 애썼다. 마침내 문이 열려졌다.

첫 번째 문장은 목적어가 없으므로 자동사로 쓰인 것이다. 주어의 상태, 즉 문이 열린 상태를 나타내므로 '문이 열려 있다'라고 해석한다. 두 번째 문장은 수동태이므로 '그가 문을 열어서 문이 열려졌다'라는 의미가 된다. sell의 경우를 살펴보자.

- **He sold various kinds of books in his bookstore.**
  그는 그의 서점에서 다양한 종류의 책을 팔았다.
- **The books were sold in the bookstore.**
  그 책들은 서점에서 팔렸다.
- **The books sell well.**
  그 책들은 잘 팔린다.

sell은 '~을 팔다'라는 의미이므로 첫 번째 문장처럼 목적어를 쓴다. 만약 책이 주어가 되면 '책은 팔려야' 되므로 두 번째 문장처럼 수동태로 쓴다. 세 번째 문장은 주어의 속성을 나타내기 위해 자동사로 썼다. '책이 스스로 잘 팔린다'라는 의미다. 이런 경우에는 특히 부사가 동반된다. read, write, wash와 같은 동사도 부사를 동반하여 자동사처럼 쓰인다. 역시 주어가 가진 속성을 잘 드러낸다.

- **This sentence doesn't read well.**
  이 문장은 잘 읽히지 않는다(→해석이 잘 되지 않는다).
- **This pen writes easily.**
  이 펜은 잘 쓰인다.
- **These clothes wash well.**
  이 옷은 세탁이 잘 된다.

독해 연습 이탤릭체로 된 수동태나 자동사에 유의하여 문장의 의미를 우리말로 써보자.

People in Korea got more interested in soccer[1] after the World Cup in 2002. They had a chance to see a lot of famous players. David Beckham was one of them. He was sent off in a match against Argentina in 1998. As a result, his team lost the match and he was jeered and blamed in England.[2] He had hard times, but he worked harder than ever before to become a better player. Four years later, at the World Cup in Korea and Japan, he scored the winning goal against Argentina. He got his popularity back. The shirts with his name and number sell well in Japan.[3] Various kinds of books about him are sold in bookstores.[4] His hair changes every year. This year his hair is dyed brown.

1. People in Korea *got more interested* in soccer.
→ 한국 사람들은 _____ .

2. He *was jeered* and *blamed* in England.
→ 그는 _____ .

3. The shirts with his name and number *sell well* in Japan.
→ 그의 이름과 번호가 있는 셔츠는 _____ .

4. Various kinds of books about him *are sold* in bookstores.
→ 그에 관한 다양한 종류의 책이 _____ .

해 석

한국 사람들은 2002년 월드컵 이후 축구에 더 많은 관심을 갖게 되었다. 그들은 유명한 많은 선수를 볼 기회를 가졌다. 데이비드 베컴이 그들 중의 하나였다. 그는 1998년 아르헨티나와의 경기에서 퇴장당했었다. 그 결과 그의 팀은 경기에 졌고 그는 영국에서 조롱당하고 비난받았다. 그는 어려운 시기를 겪었지만 더 나은 선수가 되기 위해 이전보다 더 열심히 운동했다. 4년 후, 한일 월드컵에서 그는 아르헨티나전에서 결승골을 넣었다. 그는 명성을 되찾았다. 그의 이름과 번호가 있는 셔츠는 일본에서 잘 팔린다. 그에 관한 다양한 책도 서점에서 팔린다. 그의 머리는 해마다 변한다. 올해 그는 머리를 갈색으로 염색했다.

해 답

1. 축구에 더 많은 관심을 갖게 되었다
2. 영국에서 조롱당하고 비난받았다
3. 일본에서 잘 팔린다
4. 서점에서 팔린다

 자동사도 수동태가 있나요?

 수동태가 능동태에서 왔다고 생각하면 자동사의 수동태를 이해하기 어렵지만, 자동사도 수동태가 있다. 앞에서 설명했듯이 수동태는 나름의 존재 이유가 있다.

He will be gone from June 4 to June 7.

자동사의 과거분사(pp)형이 be동사 뒤에 오면 '결과/완료'로 해석되는 경우가 많다. 위의 문장은 '6월 4일에서 7일까지 그는 가버리고 없을 것이다' 즉 '4일에서 7일까지는 없을 것이다'라는 의미이다. be gone은 '가버려서 지금은 없다'라는 결과의 의미를 나타낸다. '얼마나 가 있을 거니?'라는 의미는 다음과 같이 표현한다.

How long will you be gone? - About for three weeks.
얼마나 가 있을 거니? – 약 3주간.

다음 문장도 마찬가지다.

If the rain forests are destroyed, they will be gone forever.
열대우림이 파괴되면 그 숲은 영원히 사라질 것이다.

be gone을 완료의 의미로 해석하면 가버리고 없다, 즉 사라졌다는 의미가 된다. 참고로, 독어, 불어에서도 왕래발착동사의 경우는 be동사를 써서 완료를 나타낸다. 결국 be gone이 완료의 의미를 나타내는 것은 게르만어의 특징에서 그 이유를 찾아볼 수 있다.

03 수동태, 쉽게 해석하기

01 수동태와 능동태

동사는 주어의 상태나 행동을 나타내고 목적어는 주어가 어떤 행동을 할 때 그 행동의 영향을 받는 대상을 나타낸다. 그렇다면 능동태는 주어가 목적어에 어떤 영향을 미친다는 말이고 수동태는 주어의 영향을 받아야 할 대상이 주어가 되어 무엇으로부터 영향을 받는 것을 말한다.

- 수동태 : 주어(대상) + 동사 ~
  → 주어가 어떤 영향을 받는다 / 어떻게 되다
- 능동태 : 주어(주체) + 동사 + 목적어 ~
  → 주체가 대상에게 어떤 영향을 미친다 / 어떻게 행한다

02 이럴 땐 반대로 해석하자

수동태는 수동의 상태를 나타내는 것이므로 be동사를 '~이다'로, pp를 어떤 동작을 받는 것으로 해석한다. 그런데 때로는 수동태를 pp의 의미와 반대로 해석하면 의미 파악이 빨라지는 경우가 있다.

- **He was taught that the young should respect the old.**
  그는 젊은이가 노인을 공경해야 한다고 배웠다.

수동이라는 말을 들으면 '당하다'라는 의미를 먼저 떠올리는 사람은 이 문장을 '가르침을 당했다(?)'라고 해석한다. 하지만 그 의미가 무엇인지 명확하게 드러나지 않는다. 그렇다면 어떻게 해석해야 명확하게 이해가 될까? 다른 측면에서 보자. 누군가 나에게 무엇을 가르쳐(teach) 주었다면 나는 그로부터 무엇을 배운 것이 된다.

- 누군가가 나를 가르쳤다.

  나는 → 가르침을 받았다 → 배웠다.

가르침을 받는 대상인 '내가' 목적어에 있지 않고 주어에 오게 되면 나는 결국 무엇을 배운다는 말이다. 즉 teach의 수동형인 was taught는 '배우다'라는 의미가 된다. 수동태가 나올 때, pp의 의미와 반대로 해석해보면 의미가 쉽게 이해되는 경우가 있다.

- **He was given a bunch of flowers.**
  ~이다 주어진 → 주어졌다 → 받았다

평범한 문장이다. give를 '주다'라는 의미로만 생각하면 이 문장의 의미 역시 금방 드러나지 않는다. 앞에서 설명한 것처럼 반대의 의미로 생각해보자. give가 '주다'라는 의미이므로 '받았다'라고 해석하면 이해가 빨라진다. 수동태의 의미 파악이 쉽지 않을 때는 가끔 이렇게 해보자.

03 때로는 자동사로 해석하자

수동태의 의미를 반대로 생각하면 그 의미가 보다 분명히 파악되는 것처럼 수동태를 자동사처럼 해석하면 그 의미가 분명해질 때가 있다.

- **She surprised me.**
  그녀는 나를 놀라게 했다.
- **I was surprised to see her at the meeting.**
  ~였다 놀람을 당한 → 놀람을 당했다 → 놀랐다

'그녀가 나를 놀라게 했다'라는 문장을 나의 입장에서 보면(수동태가 되면) '나는 놀랐다'가 된다. 따라서 was surprised는 '놀랐다'라는 의미이다. 결국 '~를 놀라게 하다'의 surprise가 수동태가 되면 '놀라다'라는 자동사의 의미가 된다. 이와 같은 현상이 일어나는 것들은 주로 사람의 감정을 나타내는 동사다. 그래서 be pleased, be embarrassed, be frightened는 각각 '기쁘다', '당황스럽다', '겁먹다'로 해석한다.

- **I was pleased to hear the news.**
  나는 그 소식을 듣고 기뻤다.
- **She was embarrassed to make a mistake.**
  그녀는 실수를 했을 때 당황해했다.

이탤릭체로 된 부분의 의미를 우리말로 써보자.

Have you ever heard a story about ape-man living in the deep forest of Canada? The creature is called Bigfoot or Sasquatch. Whatever its name is, the creature is usually described as being similar to humans. It is very tall. It has big feet and a face similar to that of a human. It also walks upright and is covered in thick dark hair.[1] If you come across this creature you might be surprised or even frightened.[2]

Do you believe in their existence? Why have their dead bodies not been discovered for such a long time? Are they taught from generation to generation that their bodies should be kept under the earth[3] not to be found by humans? As they have avoided being seen for several thousand years, will they stay hidden for another several thousand?[4]

1. *It is covered* in thick dark hair.
   → _____

2. If you come across this creature *you might be surprised or even frightened*.
   → _____

3. *Are they taught* that their bodies should be kept under the earth?
   → _____

4. *Will they stay hidden* for another several thousand?
   → _____

해 석

캐나다의 깊은 숲에 사는 원숭이 인간에 대한 이야기를 들어본 적이 있는가? 이 생물은 Bigfoot 혹은 Sasquatch라고 불린다. 그 이름이 무엇이든 그 생물은 일반적으로 사람과 비슷한 존재로 묘사된다. 키가 매우 크다. 큰 발과 사람의 얼굴처럼 생긴 얼굴이 있다. 또한 똑바로 걷고 두텁고 짙은 털로 덮여 있다. 만약 숲에서 이 생물을 우연히 만난다면 놀라거나 심지어 무서워할 것이다.

여러분은 그들의 존재를 믿는가? 왜 이들의 죽은 시체가 그렇게 오랫동안 발견되지 않았을까? 그들은 세대에 걸쳐 그들의 시체가 인간에 의해 발견되지 않도록 땅 속에 유지되어야 한다고 배웠을까? 수천 년 동안 발견되지 않은 것처럼 그들은 또 다시 수천 년 동안 숨어 있을까?

해 답

1. 그것은 덮여 있다
2. 여러분은 놀라거나 심지어 무서워할 것이다
3. 그들은 배웠을까?
4. 그들은 숨어 있을까?

Part 3 ● 아는 만큼 해석된다!

2장 | 가정법, 정말 아시나요?

1. 직설과 가정의 의미는 다르다
2. 가정의 기본적인 형태
3. 가정의 다양한 형태
4. 가정의 의미는 다양하다

직설과 가정의 의미는 다르다

01 직설과 가정

말하는 방법에는 사실을 있는 그대로 전하는 직설법과 가정해서 말하는 가정법이 있다. 직설(直說)법은 사실을 사실로 말하는 것이므로 듣는 사람은 말하는 사람의 말을 사실로 받아들인다. 가정은 '만약 ~라면'이라고 말하는 방법이다. 이렇게 가정으로 말하면 듣는 사람은 말하는 사람의 말을 그대로 받아들이지 않는다. 예를 들어, 어떤 사람이 'If I were a bird~'라고 말하면 듣는 사람은 말하는 사람이 새가 아니라는 것을 전제로 해서 말을 받아들이게 된다. 따라서 직설로 말하느냐, 가정으로 말하느냐에 따라 받아들이는 것이 다르므로 말하는 방법(직설법, 가정법, 명령법)이 매우 중요하다.

- 직설 : I am a teacher. (I = teacher)
- 가정 : (If) I were a teacher. (I ≠ teacher)

02 왜 가정으로 표현할까?

말하는 사람의 심리상태를 서법이라고 한다. 그리고 서법의 하나인 가정법은 어떤 것을 가정해서 이야기하는 것이다. 사람들은 지나간 일에 대해 '그때 그랬더라면'이라고 말하곤 한다. 그리고 앞으로 다가올 일도 '만약 어떠하다면~'이라고 표현한다. 이것이 가정의 기본적인 의미이다. 일어난 일에 대해서는 그 반대의 것을, 일어나지 않은 일에 대해서는 일어날 가능성이 거의 없다는 것을 염두에 두고 '만일 그것이 일어난다면'이라고 말하는 것이다.

그러면 그 반대 것을 혹은 일어날 가능성이 희박한 것을 가정해보는 이유는 무엇일까? 그것은 지나간 일에 대한 유감이나 미련을, 이루어지지 않을 것에 대한 안타까움을, 혹은 그래도 한 가닥 남아 있는 소망을 나타내기 위한 것이다.

03 가정은 어떻게 표현해야 할까?

내가 새가 아니기 때문에 '내가 새라면~'이라는 가정이 가능한 것처럼 가정하는 내용은 글자 그대로 받아들여지지 않는다. 어떻게 하면 이렇게 될까? 가정은 어떻게 써야 할까? 입학 첫 날 처음 보는 사람이 교실에 들어와서, 칠판에 아래와 같이 썼다고 생각해보자.

- I am a teacher.

이 문장을 읽은 학생들은 그 사람이 현재(am = 현재) 선생님이라고 생각할 것이다. 2교시에 또 다른 사람이 교실에 와서,

- I was a teacher.

라고 쓴다면 학생들은 그가 '옛날에(was = 과거) 선생님이었구나'라고 받아들일 것이다. 그러나 만약,

- I were a teacher.

라고 쓴다면 학생들은 무슨 말인지 몰라 난감해할 것이다. 문법에 맞지 않기 때문이다.
is나 was를 쓰면 'I = teacher'가 되지만 were를 쓰면 'I ≠ teacher'가 된다. 즉 were를 씀으로써 나는 선생님이 아니게 된다. 이것이 바로 가정에서 were를 쓰는 이유다.
현재를 현재로, 과거를 과거로 표현하면, 즉 직설로 표현하면 상대방의 말을 그대로 받아들이게 된다. 그러나 현재의 일은 과거로, 과거의 일은 과거완료로 표현하면 글자 그대로 받아들이지 않고 가정으로 받아들이게 된다.

- 가정의 표현 – 내용 : 사실과 반대로 표현한다
  – 형식 : 나타내고자 하는 시점보다 한 시제 앞선 시제로 쓴다.
  　　　　(현재→과거, 과거→과거완료)

04 가정과 조건의 해석

'만약 내일 비가 온다면~'이라는 것은 가정처럼 보인다. 만약이라는 말이 있기 때문이다. 그러나 이것은 가정이 아닐 수도 있다. 내일이라는 미래에 비가 올지 안 올지 아무도 모른다. 그래서 반대로 표현할 수 없다. 미래의 일 중에서 상황에 따라 이렇게 될 수도 있고 저렇게 될 수도 있기 때문에 반대로 표현할 수 없는 것은 조건이 된다. 앞에서 배운 것을 빌려 설명하자면 조건과 가정의 차이는 직설과 가정의 차이와 같다.

- 조건의 표현 – 내용 : 사실을 사실대로 전달한다
  – 형식 : 나타내고자 하는 시점을 쓴다.
  (현재→현재, 과거→과거)

그러면 조건으로 해석하는 것과 가정으로 해석하는 것은 어떤 차이가 있을까? 먼저 조건과 가정의 문장을 비교해보자.

- **I will go out if it is fine.**
  나는 날씨가 좋다면 나갈 것이다.
- **I would go out if it were fine.**
  나는 날씨가 좋다면 나갈 것이다. (하지만 현재 날씨가 좋지 않아 나가지 못한다. 그래서 유감이다.)

먼저 어느 문장이 가정이고 어느 문장이 조건인지부터 알아야 한다. if가 쓰이고 현재시제로 쓰인 문장은 조건으로, 조동사의 과거형이 쓰인 문장은 가정으로 보면 된다. would, could, should(would/could/should have pp)와 같은 조동사가 유감이나 소망 등의 의미를 나타내기 때문이다.

조건의 문장부터 해석해보자. 첫 번째 문장은 조건 즉 직설법이므로 글자 그대로 해석하면 된다. 날씨가 좋다면 나갈 것이고 그렇지 않다면 나가지 않을 것이라는 말이다. 조건에 따라 행동이 달라진다. 반면에 가정은 어떤 사실을 반대로 가상해보는 것이다. 날씨가 좋지 않다는 것을 잘 알지만 혹시나, 조금이라도 날씨가 좋아진다면 나가겠다는 말이다. 가정이 쓰인 문장의 핵심은 해석이 아니라 문장에 담긴 의미 즉 화자의 심정을 파악하는 것이다. 따라서 이 문장은 '날씨가 좋지 않아 나가지 못해 유감이다'라는 의미를 내포하고 있다.

독해 연습

주어진 문장이 직설인지 가정인지 구분하고 그 의미를 우리말로 써보자.

If you had grown up in the Philippines, you might be afraid of volcanoes. In 1991, people in the Philippines were surprised by Mt. Pinatubo. It erupted suddenly. People living near it never expected it to wake up because it had been dormant for 500 years. More than 700 people were killed and millions of people had to be evacuated. If people had been aware that the volcano could erupt, they might have been very cautious[1] of it and the number of people killed would have been much smaller.[2] When volcanoes are active, they are very dangerous. But if they are dormant, the scenery is very beautiful.[3] So more and more people come to see it. But remember if people don't think of the possibility of a volcanoes' sudden eruption, the damage will be greater than we think.

1. If people had been aware of it, they might have been very cautious.
   - (문장의 종류) _____   • 만약 사람들이 _____.

2. If people had been more careful, the number of people killed would have been much smaller.
   - (문장의 종류) _____   • 만약 사람들이 _____.

3. If they are dormant, the scenery is very beautiful.
   - (문장의 종류) _____   • 만약 그것들이 _____.

해석

만약 여러분이 필리핀에서 자랐다면 여러분은 화산을 두려워할 것이다. 1991년 필리핀 사람들은 Pinatubo 화산에 놀랐다. 이 화산이 갑자기 폭발했던 것이다. 가까이 사는 사람들은 이 화산이 500년 동안 자고 있었기 때문에 깨어날 것이라고 생각지도 못했다. 700명 이상이 죽었고 수백만 명의 사람들이 피난을 떠났다. 만약 사람들이 이 화산이 분출할 수 있다는 것을 알았다면 그들은 매우 주의를 했을 것이고 죽은 사람의 수도 훨씬 적었을 것이다. 화산이 활동적일 때는 매우 위험하다. 그러나 화산이 휴면하면 그 경치는 매우 아름답다. 그래서 더욱 많은 사람이 그것을 보러 온다. 그러나 사람들이 화산의 갑작스런 분출 가능성에 대해 생각하지 않는다면 그 피해는 우리가 생각하는 것보다 클 것이다.

해답

1. 가정 – 그것을 알았다면 그들은 매우 주의를 했었을 것이다
2. 가정 – 더 주의를 했다면 죽은 사람의 수는 훨씬 적었을 것이다
3. 직설 – 휴화산이라면 그 풍경은 아름답다

가정의 기본적인 형태

01 현재 사실에 대한 가정은 어떻게 할까?

우리가 분명하게 알 수 있는 것은 현재나 과거이므로 반대로 표현할 수 있는, 즉 가정할 수 있는 대상은 현재나 과거의 사실이 된다. 먼저 현재의 사실을 가정해서 표현하고자 한다면 시제는 과거가 된다. 그렇게 되면 다음과 같은 형식이 된다.

- **If+S+V(과거)~, S+V(과거 ; would, could, should)~.**

가정법이니까 if(접속사)를 쓰고 그 뒤에는 주어와 동사가 온다. 현재의 사실을 뒤집었으므로 시제는 과거가 된다. 앞뒤의 시제가 맞아야 하므로 주절에도 과거가 온다. 과거 중에서도 would, could, should 등을 쓴다. 가정법의 의미는 '만약 ~라면, ~일 텐데' 등이다. 여기서 유감을 나타내는 '텐데'가 조동사의 의미이기 때문에 조동사를 쓰는 것이다. '~할 수 있을 텐데'가 된다면 could, '~해야 할 텐데'가 되면 should, '~일 텐데'가 되면 would가 된다.

　　　가정법　과거
　　　　↓　　↓
- **If I were a bird, I could fly to you.**
  만약 내가 새라면 너에게 날아갈 수 있을 텐데.

If를 썼으므로 가정이고 were가 왔으므로 과거 즉 가정법 과거가 된다. If 뒤에 과거가 왔으므로 현재 사실을 가정해서 말하는 것이다. 그래서 '(현재) 내가 새라면 너에게 날아갈 수 있을 텐데'라고 해석하면 된다. 가정법의 명칭은 If 뒤에 오는 동사의 시제를 보고 붙인다. 과거가 오면 '가정법 과거', 과거완료가 오면 '가정법 과거완료'라고 한다.

02 과거 사실에 대한 가정은 어떻게 할까?

가정법에서 과거 사실은 과거완료(had pp)로 나타내므로 다음과 같은 형태가 된다.

- **If+S+V(과거완료 ; had pp)~, S+V(완료 ; would have pp)~.**

if절에 과거완료 형태가 왔으므로 주절에서도 would have pp의 완료 형식을 쓴다.

가정법 과거완료

- **If I had received the letter earlier, I could have answered you.**
  만약 내가 더 일찍 편지를 받았다면 나는 너에게 답장을 할 수 있었을 텐데.

If가 오고 과거완료(had pp)가 왔으므로 가정법 과거완료라고 부르며 과거 사실에 대한 유감을 나타낸다. '과거에 편지를 좀더 일찍 받았더라면 너에게 답장을 할 수 있었을 텐데'라는 의미가 된다. 문맥에 따라 '~텐데'를 '~일 것이다'로 해석하는 경우도 있다.

03 미래에 대한 가정은?

내일 태양이 동쪽에서 뜨는 것은 비록 미래의 일이지만 현재만큼이나 확실하다. 그래서 이런 것들은 항상 현재로 표현한다(The sun rises in the East tomorrow). 이것을 가정으로 나타낸다면 한 시제 앞선 과거를 쓴다. 가정에서 현재는 과거로 나타내기 때문이다. 특히 불가능한 것을 나타낼 때는 were to를 쓴다.

- **If the sun were to rise in the west, I would do it.**
  만약 태양이 서쪽에서 뜬다면 나는 그것을 하겠다.

태양이 서쪽에서 뜰 리는 없다. 그래서 이 문장은 절대로 그것을 하지 않겠다는 강조의 의미가 된다.
해가 동쪽에서 뜬다는 것은 확실한 사실이기 때문에 현재시제로 쓰고 이것을 가정으로 바꾸면 과거시제(were to)를 쓴다. 그런데 해가 뜨는 것처럼 확실한 것은 아니지만 거의 확실한 사실을 가정으로 나타낼 경우는 should를 쓴다.

- **If it should be fine tomorrow, I will go on a picnic.**
  내일 날씨가 좋다면 (그럴 리는 없지만) 나는 소풍을 가겠다.

결국 가정법 문장에서 should를 만나면 어떤 일이 거의 일어나지 않는다는 것을 염두에 두고 해석을 해야 한다. 다음과 같은 문장에도 should가 보인다.

- **It is surprising that she should feel lonely.**
  (분명히 안 그럴 것이라고 생각했는데) 그녀가 외로움을 느끼다니 놀랍다.
- **It is surprising that she feels lonely.**
  그녀가 외로움을 느끼는 것은 놀랍다. (→ 단순한 사실)

그렇지 않을 것이라는 강한 의구심을 갖고 있는데 그렇게 되어서 놀랍거나(surprising), 이상하거나(odd), 다행이거나(lucky), 슬플(sad) 경우에는 should를 써서 그 의미를 나타낸다. 그래서 사람의 감정을 나타내는 형용사가 있는 문장의 that절에는 should가 나오는 것이다.

그리고 일어나지 않은(미래의) 일에 대해 강한 의혹이 있는 것이 아니라 단순히 의구심을 갖거나 불확실한 상상을 한다면 이것도 반대의 경우를 생각하는 것이기 때문에 가정이 될 수 있다. 그래서 이런 경우에는 동사원형을 쓴다.

- **If it be fine tomorrow, I will go on a picnic.**
  (좋을 것 같지는 않지만 그래도) 내일 날씨가 좋다면 나는 소풍을 가겠다.
- **If she need it, I will lend it to her.**
  (필요하지는 않겠지만 그래도) 필요하다면 빌려줄 것이다.

일어날 일에 대한 가정은 지나간 일에 대한 가정이 아니기 때문에 가정법 과거나 과거완료처럼 유감의 의미가 강하게 드러나지는 않는다. 주로 '혹시 이렇게 되지는 않을까' 하는 정도의 생각을 나타낸다. 이렇게 되면 '이것도 가정일까?' 하는 의심이 들 정도로 가정의 의미가 약해진다. 이럴 경우 가정보다는 조건의 의미로 볼 수 있기 때문에 현재에는 가정을 나타내는 동사원형보다는 조건을 나타내는 현재형을 쓴다.

- **If it is(←be) fine tomorrow, I will go on a picnic.**
  (좋을지 아닐지 모르지만) 내일 날씨가 좋다면 나는 소풍을 가겠다.
- **If she needs(←need) it, I will lend it to her.**
  (필요한지 아닌지 모르지만) 필요하다면 빌려줄 것이다.

그런데 가정의 의미인 동사원형을 쓰는 흔적이 남아 있는 경우가 있다. 주로 명령, 주장의 의미를 나타낼 때이다. 명령이나 주장(~해야 한다)을 한다는 것은 반대의 것을 생각하고 말하는 것이기 때문에 가정이라고 할 수 있다. 그래서 insist, demand, suggest, order와 같은 동사의 목적어 that절에는 동사원형이 온다.

- **He insisted that she go there.**
  그는 그녀가 거기에 가야 한다고 주장했다.

가정의 의미가 들어 있기 때문에 동사원형이 왔다. 하지만 if처럼 가정의 의미가 크게 드러나지 않는다. 따라서 가정보다는 전달동사(insisted)의 의미에 맞추어 자연스럽게 해석하면 된다. 주로 '~해야 한다'라는 의미가 첨가된다. 그리고 독해를 하다보면 동사원형 대신에 다른 시제가 오는 것을 쉽게 볼 수 있다.

- **Tea lovers insist that the beverage is different from tea.**
  차 애호가들은 음료는 차와 다르다고 주장한다.
- **He insists that he came first.**
  그는 그가 먼저 왔다고 주장한다.
- **He insisted that he had been to Europe.**
  그는 유럽에 가본 적이 있다고 주장했다.

동사원형이 오는 경우가 아니라면 그것은 직설법이다. 직설법은 사실을 사실로 나타내는 것이므로 일반적인 시제 일치를 따른다. 이렇게 되면 insist의 의미는 '~여야(해야) 한다고 주장하다'가 아니라 '~(사실)이라고 주장하다'가 된다(suggest의 경우는 '~을 나타낸다'가 된다).

- **Tea lovers insist that the beverage is different from tea.**
  차 애호가들은 음료는 차와 다르다고 주장한다.
- **Tea lovers insist that the beverage be different from tea.**
  차 애호가들은 음료는 차와 달라야 한다고 주장한다.

결국 동사의 형태에 따라 달리 해석을 한다. 그래서 가정법에 쓰이는 시제를 배우는 것이다.

미래에 대한 가정은 다음과 같이 정리할 수 있다.

주어진 문장이 가정한 때(현재/과거)와 그 의미를 알아보자.

If it were not for the sun, we couldn't live any longer.[1] The sun lets us live in the right surroundings. If the sun were closer to the earth, the earth would be so hot[2] that people couldn't live on it. If our planet were farther away, we might feel extremely cold like on Mars. We have to thank the sun for giving us the most suitable conditions to live in.

It is human beings who make the earth an unsuitable place to live in. Almost everywhere is polluted. If we had started to preserve our planet earlier, the temperature would not be increasing.[3] That's why more and more people are demanding that our planet be preserved before it's too late.

1. If it were not for the sun, we couldn't live any longer.
   - (가정한 때) _____ • (의미) _____

2. If the sun were closer to the earth, the earth would be so hot.
   - (가정한 때) _____ • (의미) _____

3. If we had started to preserve our planet earlier, the temperature would not be increasing .
   - (가정한 때) _____ • (의미) _____

해 석

태양이 없다면 우리는 더 이상 살 수 없을 것이다. 태양은 우리를 알맞은 환경 속에 살게 한다. 만약 태양이 지구에 좀더 가까이 있다면 지구가 너무 더워져 사람이 살 수 없을 것이다. 만약 우리 행성이 더 멀리 있다면 우리는 화성에 있는 것처럼 극단적인 추위를 느낄 것이다. 우리는 살기에 가장 알맞은 조건을 제공하는 태양에 감사해야 한다. 지구를 살기에 적합하지 않은 곳으로 만드는 것은 사람이다. 거의 모든 곳은 오염되었다. 만약 우리가 우리 행성을 보존하는 것을 더 일찍 시작했다면 기온이 오르고 있지 않을 것이다. 이것이 더욱 더 많은 사람들이 우리 행성이 너무 늦기 전에 보존되어야 한다고 주장하는 이유이다.

해 답

1. 현재 – 태양이 없다면 우리는 더 이상 살 수 없을 것이다.
2. 현재 – 만약 태양이 지구에 좀더 가까이 있다면 지구는 너무 더울 것이다.
3. 과거 – 만약 우리가 우리 행성을 보존하는 것을 더 일찍 시작했다면 기온은 오르고 있지 않을 것이다.

가정의 다양한 형태

01 if절이 없을 수도 있다

가정이라고 해서 언제나 if가 오는 것은 아니다. if절이 사라지고 주절만 오는 경우도 있다. 그러면 가정인지 아닌지를 어떻게 알 수가 있을까? 걱정할 것 없다. 주절의 동사를 보면 된다. would(could, should)나 would(could, should) have pp가 오면 if절이 생략된 가정으로 보고 가정으로 해석한다. 특히 should have pp는 '~했어야 했는데'라는 숙어처럼 알고 있으면 독해하는데 무척 편리하다.

- **You should have finished it yesterday.**
  너는 어제 그것을 끝냈어야 했다.

if절이 생략되었지만 가정이기 때문에 그 의미의 핵심은 '과거에 어떤 일을 하지 못한 것에 대한 유감'을 나타낸다.

02 if만 없을 수도 있다

if절 자체의 의미가 크게 중요하지 않다면 if절 전체를 생략할 수도 있다. 그런데 if만 생략될 때는 접속사를 생략하는 것이기 때문에 생략되었다는 표시를 나타내야 한다. 그래서 if가 생략되면 주어와 동사를 도치시킨다.

- **Were it not for your advice, I would have made a big mistake.**
  네 충고가 없었다면 나는 큰 실수를 했을 것이다.

의문문이 아닌데도 동사가 먼저 나왔다면 가정의 if가 생략되지 않았을까 의심해보고, 주절에서 가정법 동사(would, would have pp 등)가 쓰였다면 가정의 의미로 해석하면 된다.

03 if를 대신하는 말

if를 대신하는 말도 있다. 언제나 그런 것은 아니지만 문맥에 따라 without이 '~이 없다면'이라는 가정의 의미로 해석될 때가 있다.

- **Without your help, I couldn't have completed the work.**
  네 도움이 없었다면 나는 그 일을 완성하지 못했을 것이다.

without의 경우 단어 자체가 가정과 유사한 의미(~없이, ~이 없다면)를 가졌기 때문에 가정의 의미로 해석하는 것이 크게 어렵지 않다. 다음의 경우도 마찬가지다. 비록 if는 보이지 않으나 가정의 의미가 들어 있다. 어디에 있는지 찾아보자.

- **It would be interesting to meet people online.**
  온라인에서 사람들을 만난다면 재미있을 것이다.

이 문장의 부정사(to meet)에는 가정의 의미가 들어있다. 조동사 would가 쓰였기 때문이다. 가정법 과거에서 주절에는 would, could, should를 쓴다고 했다. 따라서 가정법의 의미를 가진 would가 쓰였고 부정사가 가정의 의미로 해석될 수 있으므로 가정이라고 본다. 결국 가정의 의미는 문장 어디에나 있을 수 있다. 다만 가정으로 해석하고자 한다면 문장에 would와 같은 조동사가 있어야 한다.

04 'as if ~'가 가정이 되기도 한다

as if는 '마치 ~처럼'이라는 의미이기 때문에 가정의 의미가 들어 있을 수 있다.

- **He acts as if he were in love with her.**
  (사랑하지는 않지만) 그는 마치 그녀와 사랑하고 있는 것처럼 행동한다.

이 문장은 가정법 시제인 were(직설법이라면 was)이 있으므로 가정의 문장이다. 따라서 사랑하고 있지는 않지만 사랑하고 있는 것처럼 행동한다는 의미다. 사랑하는지 아닌지 알지 못한다. 다만 사랑하는 것처럼 행동한다는 의미가 되면 직설법이 된다.

- **He acts as if he was in love with her.**
  그는 마치 그녀와 사랑하고 있는 것처럼 행동한다.

05 'I wish ~'도 가정이 된다

가정이 되면 당연히 가정법 시제(과거나 과거완료)를 쓸 수 있는 절이 와야 한다. 구가 오면(아래 두 번째 문장) 가정법 시제를 쓸 수 없어 가정이 될 수 없다.

- **I wish** that I were with you.
  나는 너와 함께 있기를 소망한다(현재 너와 함께 있지 못하다).
- **I wish** you a merry Christmas.
  즐거운 성탄절이 되기 바란다.

첫 번째 문장은 '현재 너와 함께 있지 못하다. 그래서 함께 있기를 소망한다'라는 가정의 의미다. I wish 자체가 '나는 소망한다'라는 의미이기 때문에 가정으로도 쓰인다.

06 'It is time that~'도 가정의 의미가 있다

'It is time that~'은 글자 그대로 '~을 할 때다'라는 말이다. 전혀 가정으로 보이지 않는다.

- **It is time that** you went to bed.
  (지금 잠자리에 들지 않았다)네가 잠자리에 들 시간이다.

마땅히 잠자리에 들어야 하지만 아직 그렇게 하고 있지 않은 상황(반대의 상황)을 염두에 두고 하는 말이기 때문에 가정이다. 과거(went)가 왔으므로 현재 사실의 반대로 해석한다.

주어진 문장이 가정인지 아닌지를 판단하고 가정이라면 그 의미를 알아보자.

Some people are considering marriage, while others are considering divorce. According to the recent research, the divorce rate is going up. Why do so many marriages end tragically? One of the reasons is women's earning power. It makes wives less dependent on their husbands. Without the financial independence, wives would consider divorce less often.[1] Divorce is surely a matter between husbands and wives. But it is also that of their children. Some children act as if their parents were not divorced.[2] They play alone. Their parents' divorce is something they can't accept psychologically. If their parents cared for and loved them, they would not act like that. It is time that parents thought about their children.[3]

1. Without the financial independence, wives would consider divorce less often.
- (가정 여부) _____ • (의미) _____

2. Some children act as if their parents were not divorced.
- (가정 여부) _____ • (의미) _____

3. It is time that parents thought about their children.
- (가정 여부) _____ • (의미) _____

해 석

어떤 사람들은 결혼을 고려하고 있는 반면에 어떤 사람들은 이혼을 고려하고 있다. 최근 조사에 따르면 이혼율은 증가하고 있다. 왜 그렇게 많은 결혼이 비극적으로 끝날까? 한 가지 이유는 여자들의 경제력 때문이다. 이것 때문에 아내는 남편에게 덜 의존한다. 금전적인 독립이 없다면 아내들은 이혼을 덜 생각할 것이다.

이혼은 확실히 남편과 아내의 문제이다. 그러나 이것은 또한 아이들의 문제이기도 하다. 어떤 아이들은 그들의 부모가 이혼하지 않은 것처럼 행동한다. 그들은 혼자서 논다. 부모의 이혼은 그들이 정신적으로 받아들일 수 없는 것이다. 만약 그들의 부모가 그들을 돌보고 사랑한다면 그들은 그렇게 행동하지 않을 것이다. 부모들이 자식에 대해 생각할 때이다.

해 답

1. 가정 – 금전적인 독립이 없다면 아내들은 이혼을 덜 생각할 것이다.
2. 가정 – 몇몇 아이들은 그들의 부모가 이혼하지 않은 것처럼 행동한다.
3. 가정 – 부모들이 그들의 자식을 생각할 때이다.

04 가정의 의미는 다양하다

01 가정의 해석

가정은 어떤 사실을 뒤집어 '만약 어떠하다면 ~'이라고 생각해보는 것이다. 그러나 이렇게만 알고 있으면 부족하다. 예를 들어 '내가 너라면 그렇게 하지 않았을 텐데'라는 말은 네가 내가 아니라서 그렇게 했다는 것을 의미하기보다는 유감이나 충고를 표현하는 것이다. 가정은 문장에 쓰인 그대로 해석해서는 안된다. 거기에 숨겨진 의미를 알아야 한다.

02 소망으로 나타난 아쉬움, 유감

가정으로 말하는 이유는 어디에 있을까? 이것을 알아야 어떻게 해석할지도 알게 된다. 현재 사실에 대한 가정에 초점을 두어 그 답을 찾아보자.
다음은 가정을 설명할 때 단골로 나오는 예문이다.

- **If I were a bird, I could fly to you.**
  내가 새라면, 너에게 날아갈 수 있을 텐데.

가정이 사실과 반대로 표현하는 것이기 때문에 이 문장을 '내가 새가 아니라서 너에게 날아갈 수 없다'라고 해석해서는 안된다. 내가 새가 아니라서 날아갈 수 없어 아쉽다는 '아쉬움'을 살려서 해석해야 한다. 물론 이 아쉬움은 새가 되어서 갈 만큼 너에게 가고 싶다는 '소망'이기도 하다. 현재 사실을 뒤집어 가정으로 표현하는 이유 중의 하나가 바로 현재의 아쉬움, 소망을 나타내기 위해서이다.
또한 가정은 '유감'을 나타낼 수도 있다. '열심히 공부했다면 대학에 들어갈 수 있었을 텐데'라는 말은 공부를 열심히 하지 않아서 대학에 들어가지 못한 것에 대한 유감을 나타내고 있다.

- **If I studied hard, I could pass the test and enter the college.**

가정으로 표현함으로써 어찌할 수 없다는 암담한 사실도 함께 전달된다. 직설법으로 전달하는 것보다 의미가 훨씬 진하게 다가온다.

03 가정으로 나타낸 충고, 조언

'내가 너라면 그의 제안을 받아들이지 않을 텐데'라고 가정하여 말하는 경우도 있다. 이런 경우도 유감의 뜻이 있지만 '충고'나 '조언'의 의미도 있다.

- **If I were you, I would not accept his proposal.**

위의 예문에는 제안을 받아들인 것에 대한 아쉬움과 조언의 의미가 함께 들어 있다.

04 '혹시나' 하는 가정

가정이라는 말 자체가 이루어질 수 없다는 것을 전제로 하지만 반드시 그런 것은 아니다. '이루어질 수 없겠지만 그래도 혹시나 있을 수도 있지 않을까' 하는 정도의 가정도 있을 수 있다. 이럴 때는 주로 주절만 쓰고 if절은 쓰지 않는다. if절을 생략한 채로 조동사의 과거형이 쓰였다면 이러한 '혹시나' 하는 의미로 쓰이는 경우가 많다.

- **The rumor might be true.**
- **The rumor may be true.**

첫 번째 문장은 조동사의 과거형인 might를 썼으므로 가정으로 생각해볼 수 있다. 그래서 첫 번째 문장은 '아마 사실은 아니겠지만 혹시나 소문이 사실일 수도 있겠다'라는 정도의 의미다. 두 번째 문장은 가정법이 아니므로 글자 그대로 받아들여야 한다. 소문이 사실일지도 모른다는 추측의 의미이다. '혹시나' 하는 가정의 의미가 추측의 의미와 비슷하기 때문에 별 구분 없이 사용되기도 한다.

05 강조를 나타내는 가정

미래의 일이지만 거의 확실히 알 수 있는 것이 있다. '내일 해가 서쪽에서 뜬다면'과 같은 것은 비록 미래의 일이지만 실현되지 않는다는 것을 안다. 그래서 가정해서 말할 수 있다. 이렇게 실현 불가능한 것을 가정할 때는 were to를 쓴다.

- **If the sun were to rise in the west, I would marry you.**
  태양이 내일 서쪽에서 뜬다면 너와 결혼하겠다.

'태양이 내일 서쪽에서 뜬다면 너와 결혼하겠다'라는 말은 너와 절대로 결혼하지 않겠다는 말을 강조한 것이다.

06 가정 자체가 목적인 가정

지나간 일에 대한 가정과 다가올 일에 대한 가정 외에 또 하나의 가정을 생각해볼 수 있다. 그것은 과학적 사실에 대해 가정을 해보는 것이다. 과학적 사실은 이미 밝혀진 것이므로 단순히 그 반대의 것을 가정해보는 것 자체에 목적이 있다. 여기에서 유감의 의미를 찾는다는 것은 의미가 없다. 예를 들어, '지구가 태양보다 크다면 태양이 지구를 돌 것이다'라고 하면 그것은 그렇게 가정하는 것 자체가 목적이 된다.

- **If the earth were bigger than the sun, the sun would go round the earth.**
  만약 지구가 태양보다 더 크다면 태양이 지구를 돌 것이다.

가정의 의미는 다양하다. 어떤 의미를 갖는지는 문맥에 달려 있다. 따라서 가정의 문장을 잘 해석하려면 문맥과 더불어 가정의 의미가 무엇인지 기본적인 의미를 아는 것이 중요하다.

독해 연습

가정의 의미에 유의해서 주어진 문장의 의미를 우리말로 써보자.

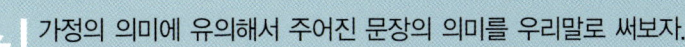

Do you have a runny nose? Do you sneeze constantly? Do you have a pain in your throat? It might be a cold. Don't hesitate to see a doctor. Doctors might say, "If you washed your hands and feet thoroughly, you would not catch a cold."[1] In fact, you might think that a cold is a nuisance, not a disease.

Even though your body is immune to a certain virus this year, you can catch a cold again next year. It's because some cold viruses change their appearance and make the antibodies not recognize them. If they didn't have the ability, you would not catch a cold.[2] It's not the cold virus but our body's immune system's response that causes the cold symptoms. If there were no immune response, there would be no cold symptoms.[3]

1. If you washed your hands and feet thoroughly, you would not catch a cold.
→ _____

2. If they didn't have the ability you would not catch a cold.
→ _____

3. If there were no immune response, there would be no cold symptoms.
→ _____

해 석

콧물이 납니까? 재채기가 끊임없이 납니까? 목이 아픕니까? 그것은 아마도 감기일 것입니다. 주저하지 말고 의사를 찾아가세요. 의사는 아마도 '손발을 철저히 씻었다면 감기에 걸리지 않았을 텐데'라고 말할 것입니다. 사실 여러분은 감기는 병이 아니라 귀찮은 것이라고 생각할 지도 모릅니다.

여러분의 신체가 올해에 어떤 감기 바이러스에 면역되어 있더라도 내년에는 감기에 걸릴 수 있습니다. 어떤 감기 바이러스는 그 모습을 변형시켜 항체가 자신들을 알아보지 못하게 만들기 때문입니다. 만약 그것들이 그런 능력을 갖지 못했다면 여러분은 감기에 걸리지 않을 것입니다. 감기 증상을 야기하는 것은 감기 바이러스가 아니라 우리 몸의 면역체계의 반응입니다. 만약 면역반응이 없다면 감기 증상도 없을 것입니다.

해 답

1. 만약 여러분이 손발을 철저히 씻었다면 감기에 걸리지 않았을 텐데.
2. 만약 그것들이 그 능력을 갖지 못했다면 여러분은 감기에 걸리지 않을 것입니다.
3. 만약 면역반응이 없다면 감기 증상도 없을 것입니다.

 가정법과 조동사의 관계는?

 가정법을 보면 조동사가 보인다. 이 둘의 특별한 관계는 무엇일까? 가정법의 의미를 넓게 보면 어떤 내용에 대한 화자의 생각이나 태도를 나타낸다. 조동사는 '생각'이나 '사상'을 나타낸다. 여기에 가정법과 조동사의 공통된 부분이 있다. 가정한다는 것이 화자의 생각을 나타내는 것이므로 이것을 나타내려면 조동사가 필요한 것이다.

I could meet you if I had more free time.
더 많은 여유시간이 있다면 너를 만날 수 있을 텐데.

'만날 수 있을 텐데'라는 말에는 만날 수 없다는 '유감'이 들어 있다. 이런 유감의 감정을 조동사가 나타낸다. 가정의 의미와 조동사의 의미가 무엇인지를 안다면 가정법에 왜 조동사가 오는지를 보다 잘 이해할 수 있다.
그런데 as if 가정법에서 볼 수 있는 것처럼 조동사가 없는 경우도 있다. 이것은 감정을 나타내는 것이 아니라 단순히 반대의 사실을 가정해보는 것이기 때문이다.

He acts as if he were a president of the company.
그는 마치 회사 사장처럼 행동한다.

위의 예문은 비록 그가 사장은 아니지만 사장처럼 행동한다는 사실을 나타낸다. 감정의 의미가 들어 있지 않기 때문에 조동사가 보이지 않는다. 따라서 가정법에는 조동사가 와서 생각이나 감정을 나타내는 가정과 단순히 사실을 나타내는 가정이 있다는 것을 알 수 있다.

Part 3 ● 아는 만큼 해석된다!

3장 | 시제와 수의 일치

1. 일치된 시제에 따라 해석하자
2. 동사의 수를 보고 주어를 찾는다

01 일치된 시제에 따라 해석하자

01 무엇이 일치한다는 말인가?

일치란 무엇과 무엇이 똑같다는 말이다. 따라서 '시제 일치'란 한 문장 내에 동사가 2개 이상 있을 경우 이들 동사의 시제가 일치한다는 말이다. 시제 일치는 동사와 동사 사이에서 일어나므로 반드시 동사가 2개 이상 있어야 하며 접속사(종속접속사)도 필요하다. 다시 말해 주어 동사가 오고 또 주어 동사가 올 경우 접속사가 있는 절 속의 동사 시제는 앞에 나온 동사(주절의 동사)의 시제와 일치되어야 한다.

- **S + V ……. 접속사 + S + V …….**
  시제가 일치

01 시제를 일치해서 해석하자

일반적으로 앞에 나온 동사가 현재이면 뒤에 오는 동사도 현재, 과거이면 과거가 된다.

- **S + V ……. 접속사 + S + V**
  현재 → 현재
  과거 → 과거

보통의 문장은 위와 같다. 이런 형태의 경우 해석하는 것은 어렵지 않다.

- **I think that the movie is interesting.** 나는 그 영화가 재미있다고 생각한다.
  현재   현재

think가 현재이므로 접속사(that) 절 속의 동사도 현재(is)이다. 시제가 서로 같으므로 글자 그대로 해석하면 된다. 그러나 독해를 하다보면 종속절에 현재 대신에 과거가 오는 경우를 흔히 볼 수 있다. 이런 문장도 시제가 일치된 맞는 문장이다. 이 문장 역시 글자 그대로 해석하면 된다. 과거시제로 쓰인 문장은 과거로, 현재시제로 쓰인 문장은 현재로 해석한다.

- **I think that the movie was interesting.** 나는 그 영화가 재미있었다고 생각한다.
  현재   과거

현재 생각해보니 과거에 어떠했다는 말이다. 이런 문장도 자연스럽다. 종속절에 will be가 오면 '영화가 재미있을 것이라고 생각한다'라는 의미가 되어 역시 말이 된다. 종합해보면, 주절의 동사가 현재이면 뒤에 오는 동사(종속절의 동사)는 현재뿐만 아니라 과거나 미래도 올 수 있으므로 쓰인 시제에 따라 알맞게 해석하면 된다.

- **I think that the movie** — is / was / will be — **interesting.**
  현재

그러면 앞에 오는 동사의 시제가 과거면 어떻게 될까? 뒤의 동사는 당연히 과거가 된다.

- **I thought that the movie was interesting.**
  나는 그 영화가 재미있었다고 생각했다.

주절의 동사(thought)가 과거일 때 종속절의 시제가 과거라고 해서 과거로 해석하면 안 된다.

- 나는 생각했다 + 영화는 재미있었다 → 재미있었다고 생각했다
  과거   과거   과거 이전   과거

이렇게 해석하면 생각한 것 보다 더 이전에 영화를 봤다는 말이 된다(원래 문장에서 영화를 본 때와 생각을 한 때는 서로 같은 시제이다). 이럴 경우, 주절의 과거시제는 과거로 해석하고 종속절 속의 과거시제는 원형(현재)으로 해석하면 원래 문장의 의미와 같아진다.

- 나는 생각했다 + 영화는 재미있었다 → 재미있다고 생각했다
                                     현재   과거

그러면 종속절을 과거로 해석할 때는 언제일까? 바로 had pp가 올 때이다. 완료형은 먼저 일어난 것을 나타내므로 과거로 해석하면 된다.

- **I thought that the movie had been interesting.** 나는 그 영화가 재미있었다고 생각했다.
  과거   과거 완료

'영화가 재미있을 것으로 생각했다'는 문장이라면 과거에서 바라본 미래이므로 종속절에는 would be가 올 수 있다. 결국 주절이 과거시제가 되면 다음과 같은 형태의 종속절 동사가 올 수 있다.

- **I thought that the movie**   was   interesting.
  과거   had been
                                                       would be

주절의 시제가 현재일 경우는 글자 그대로 해석하면 되지만 과거가 되면 주의를 해야 한다.

주절의 동사와 종속절의 동사를 찾고 그 시제에 유의하여 주어진 문장의 의미를 우리말로 써보자.

People commonly think that the sea is peaceful and lovely.[1] But fishermen know that the sea can be a dangerous place. One day, a fisherman was caught in a storm at the sea. His boat turned over. With luck, other fishermen escaped from the storm and came back home safely. They told his family that he was dead. But a few days later, the man suddenly appeared at his house. His family was frightened. The man said that a turtle had saved him.[2] It had carried him on its back during the storm, and had left him on the beach. He promised that he would never eat turtle soup again![3]

1. People commonly think that the sea is peaceful and lovely.
- (주절의 동사) _____ (종속절의 동사) _____
- (의미) _____

2. The man said that a turtle had saved him.
- (주절의 동사) _____ (종속절의 동사) _____
- (의미) _____

3. He promised that he would never eat turtle soup again!
- (주절의 동사) _____ (종속절의 동사) _____
- (의미) _____

해 석

사람들은 흔히 바다가 평화롭고 사랑스럽다고 생각한다. 그러나 어부들은 그 바다가 위험한 곳일 수 있다는 것을 안다. 어느 날 한 어부가 바다에서 폭풍우를 만났다. 그의 배는 뒤집혔다. 다행히 다른 어부들은 폭풍우를 피해 집으로 안전하게 돌아왔다. 그들은 그의 가족에게 그가 죽었다고 말했다. 그러나 며칠 뒤에 그 남자가 갑자기 집에 나타났다. 가족들은 놀랐다. 그 남자는 거북이가 자신을 구해주었다고 말했다. 거북이가 폭풍우 동안 자신을 등에 싣고 다녔으며 그를 해변에 내려주었다. 그는 거북이수프를 다시는 먹지 않을 것이라고 약속했다.

해 답

1. think, is : 사람들은 흔히 바다가 평화롭고 사랑스럽다고 생각한다.
2. said, had saved : 그 남자는 거북이가 자신을 구했다고 말했다.
3. promised, would eat : 그는 거북이수프를 다시는 먹지 않을 것이라고 약속했다.

 '미래'의 will과 would는 어떻게 구별하나요?

 will과 would는 모두 미래의 의미로 해석한다. 그렇다면 어떤 문장에 will이 오고 어떤 문장에 would가 오는 것일까? 답부터 말하면 will은 현재를 기준으로 했을 때 다가올 미래를 일컫는 말이고, would는 과거를 기준으로 했을 때 다가올 미래를 일컫는 말이다. 예를 들어, 지금은 5월인데 친구들과 모여 6월에 개봉될 영화를 볼 것이라고 말한다면 현재를 기준으로 하는 말이므로 will을 써야한다. 그러나 과거인 3월 달에 모여서 6월 달에 개봉될 영화를 볼 것이라고 했다면 과거를 기준으로 하는 말이므로 would를 써야한다.

They say that they will see the movie in June.
(현재 5월, 말한 시점 5월)

They said that they would see the movie in June.
(현재 5월, 말한 시점 3월)

그림으로 그려보면 차이가 있음을 알 수 있다.

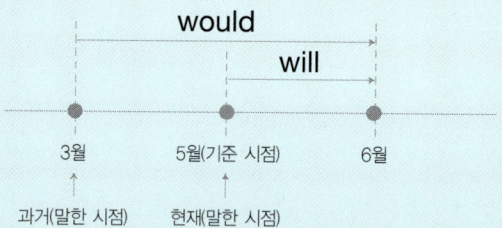

결국 언제를 기준으로 말하느냐에 따라 will이 될 수도 있고 would가 될 수도 있다. 전달 동사의 시제에 따라 변한다. 영어에서 시제는 고정된 것이 아니라 기준에 따라 언제든지 변할 수 있기 때문이다.

02 동사의 수를 보고 주어를 찾는다

01 수의 일치

수의 일치에서 수라는 말은 단수 혹은 복수를 의미하므로 수가 일치한다는 말은 주어와 동사의 수가 일치하는 것을 의미한다. 다시 말해 주어가 단수이면 동사도 단수형이, 주어가 복수가 되면 동사도 복수형이 온다.

- 주어 + 동사 + 목적어 ~
  단수 → 단수동사
  복수 → 복수동사

02 문제는 무엇인가?

주어가 단수이면 단수동사가, 복수면 복수동사가 온다는 것은 누구나 다 알고 있다. 그러나 문제는 주어가 단수인지 복수인지를 구별하기 어려운 경우가 있다는 것이다. 일반적으로 주어에 'a/an'이 오면 단수, 복수형 어미 '-s'가 오면 복수이지만 반드시 그렇지는 않다. 'a/an'이 오더라도 복수동사가 오는 경우가 있고 복수형 어미 '-s'가 있더라도 단수동사가 오는 경우가 있다.

- **A number of students are present at the meeting.**
  많은 학생들이 모임에 참석했다.
- **Economics is my favorite subject.**
  경제학은 내가 제일 좋아하는 과목이다.

첫 번째 문장에서는 주어에 단수를 나타내는 관사 'A'가 쓰였으므로 단수동사를 써야 할 것 같지만 복수동사가 왔다. 두 번째 문장에서는 주어에 -s가 붙어 있어 복수동사를 써야 할 것 같지만 단수동사가 왔다.

03 단수, 복수는 어떻게 구별할 것인가?

명사의 단수, 복수는 a/an, -s와 같은 형태로 구별하지만 주어는 형태로 구별하지 않고 '의미'로 구별한다. 형태가 무엇인지 보지 말고 의미가 무엇이냐를 생각해야 한다. 이렇게 알아두지 않으면 많은 경우를 예외로 생각하고 외워야 한다.

- 단수, 복수의 구별 : 의미 (O)
  　　　　　　　　형태 (X)

예를 들어, A number of는 '많은', 따라서 A number of students는 '많은 학생'이라는 복수의 의미이므로 복수동사(are)가 온다. Economics는 경제학이다. 경제학들이 아니다. 따라서 단수동사가 온다.

- **A number of students are tall and handsome.**

　　많은 학생들
　　　↓
　　　복수

04 해석에는 어떤 도움이 될까?

수의 일치가 독해에 어떤 도움이 될까? 주어 자리에 명사가 하나만 있는 문장의 경우는 수의 일치를 안다는 것이 해석에 별로 도움이 되지 않는다. 그러나 주어 자리에 명사가 여러 개 있을 경우 의미가 난해해지면 수의 일치가 중요한 역할을 한다. 이럴 경우 동사가 단수 형태라면 단수명사를, 복수 형태라면 복수명사를 주어로 해석해야 한다.

- **The role of computers in music and the performing arts has increased.**
  음악과 공연예술에서의 컴퓨터의 역할은 증대되었다.

이 문장의 의미를 파악하기란 쉽지 않다. '음악에서 컴퓨터의 역할과 공연예술은 증대되었다'라는 의미인지 아니면 '음악과 공연예술에 있어서 컴퓨터의 역할은 증대되었다'라는 의미인지 내용상으로는 알기 어렵다. 해석의 길은 일치에 있다. 동사가 has 즉 단수로 되어 있으므로 주어는 단수가 되어야 한다. 따라서 주어는 단수인 role이 된다. '음악과 공연예술에서의 컴퓨터의 역할'이라고 해야 정확한 해석이 된다. 이처럼 일치는 난해한 문장을 풀어내는 이정표가 될 수 있다.

독해연습

주어진 문장의 주어와 동사를 찾고 문장의 의미를 알아보자.

Is economics your favorite subject?[1] Are you interested in business? Are you checking the stock market every day? If your answer is 'yes', you are qualified to start a new business. A number of people try to open a new business[2], but few of them succeed. To increase your chances for success, you should ask yourself first : Do I have talent for a new business? Am I experienced enough in that business? Choosing the right employees and the right location is another key to success.[3] Time and tide waits for no man. Also, your ability and aptitude don't wait for you.[4] Don't hesitate. Make up your mind.

1. Is economics your favorite subject?
   • (주어와 동사) _____ , _____   • (문장의 의미) _____

2. A number of people try to open a new business.
   • (주어와 동사) _____ , _____   • (문장의 의미) _____

3. Choosing the right employees and the right location is another key to success.
   • (주어와 동사) _____ , _____   • (문장의 의미) _____

4. Your ability and aptitude don't wait for you.
   • (주어와 동사) _____ , _____   • (문장의 의미) _____

해석

경제학은 당신이 가장 좋아하는 과목입니까? 당신은 사업에 관심이 있습니까? 당신은 매일 증권시장을 체크하고 있습니까? 만약 당신의 답이 '예'라면 당신은 새로운 사업을 할 자격이 있습니다. 많은 사람들이 새로운 사업을 하려고 하지만 성공한 사람은 드뭅니다. 성공할 가능성을 높이려면 먼저 자신에게 이러한 것을 물어봐야 합니다. 내가 새로운 사업에 재능이 있는가? 나는 그 사업에 충분한 경험이 있는가? 적합한 사람과 장소를 선택하는 것이 성공으로 가는 또 하나의 열쇠입니다. 세월은 사람을 기다려주지 않습니다. 또한 당신의 능력과 적성도 당신을 기다려주지 않습니다. 주저하지 마세요. 마음을 정하세요.

해답

1. Economics, is : 경제학은 당신이 가장 좋아하는 과목입니까?
2. A number of people, try : 많은 사람들이 새로운 사업을 하려고 합니다.
3. Choosing, is : 적합한 사람과 장소를 선택하는 것이 성공으로 가는 또 하나의 열쇠입니다.
4. Your ability and aptitude, don't wait : 당신의 능력과 적성도 당신을 기다려 주지 않습니다.

Part 3 ● 아는 만큼 해석된다!

4장 | 강조와 부분부정

1. 형태가 바뀌었나, 첨가가 되었나?
2. 모두 아닌 것은 아니다!

형태가 바뀌었나, 첨가가 되었나?

01 강조가 되었다는 것을 어떻게 알까?

자신의 의사를 보다 효과적으로 전달하는 방법이 강조다. 연설을 할 때는 보다 강한 어조로 말할 수 있지만 글을 쓸 때는 그렇지 못하다. 그래서 문장에 변화를 주거나 새로운 것을 첨가하여 그것을 돋보이게 한다.

- 강조하는 방법 – ① 변화
  ② 첨가
  ③ 반복

02 변화를 주면 강조가 된다

강조를 하는 첫 번째 방법이 변화를 주는 것이다. 일상적인 것에서 벗어나면 강조가 된다. 모두 교복을 입었는데 혼자 수영복을 입었다면 무척 돋보일 것이다. 문장도 마찬가지다. 영어는 주로 '주어+동사+목적어…'의 어순이다. 이 어순에 변화를 주면 강조가 된다. 변화를 주는 가장 간단한 방법은 강조하고 싶은 말을 문장 앞으로 보내는 것이다. 어떤 말을 문장 앞으로 보내면 그것은 자신의 원래 위치에서 벗어나 보다 눈에 잘 띄는 곳에 있게 되므로 강조된다.

- 변화 So + 동사 + 주어…
  the 비교급 + 주어 + 동사… + the 비교급+ 주어 + 동사…

- "I will go home right now!" – "So do I."
  "나는 당장 집에 갈 것이다" – "나도 갈 것이다"
- The higher we go up, the colder it is.
  높이 올라가면 갈수록 더 추워진다.

03 첨가하는 것도 강조를 위한 것이다

별표를 하거나 밑줄을 쳐서 특정 부분을 돋보이게 하듯이 단어를 첨가하여 특정 단어를 강조할 수도 있다. pretty의 의미를 강조하고자 할 때 very를 쓰듯이 동사를 강조하고자 할 때는 동사 앞에 do를 첨가한다. 따라서 동사 앞에 do가 있으면 동사를 강조하여 해석한다.

- **Why didn't you call me yesterday? - I did call you.**
  왜 어제 전화 안했니? - 정말로 전화했어.

형용사는 'very'를, 동사는 do를 써서 강조한다. 그러면 이 외의 것은 어떻게 강조하면 좋을까? 간단하다. 강조하고 싶은 말을 'it is ~ that' 사이에 넣으면 된다. 'I broke the window yesterday'라는 문장에서 주어인 I를 강조해보자. 'I'를 It is 와 that 사이에 넣고 나머지는 모두 that 뒤에 쓰면 된다.

- **It is I that broke the window yesterday.**
  어제 창문을 깬 사람은 다름 아닌 나다.

'I'가 강조되고 있다는 것이 눈에 확연히 들어 올 것이다. 그리고 첨가한 말은 강조하기 위해 넣은 것이므로 이것이 없어도 문장이 성립한다.

04 반복을 해도 강조된다

특정한 것을 강조하기 위해 새로운 것을 첨가할 수도 있지만 같은 단어를 반복할 수도 있다.

- **Things got worse and worse.**
  상황이 더욱 악화되었다.
- **She did the work herself.**
  그녀 자신이 그 일을 했다.

첫 번째 문장에서는 비교급을 반복함으로써 그 의미를 강조하고 있으며 두 번째 문장에서는 재귀대명사의 형태로 반복했다. 인칭대명사는 반복하지 않기 때문이다.

강조의 형태(변화/첨가/반복)를 알아보고 이에 유의하여 주어진 문장의 의미를 알아보자.

Surroundings are getting worse and worse.[1] Some creatures that used to be common are very difficult to find today. Beetles are one of them. At one time, they were easy to find and children even played with them. But roads were constructed and high buildings were built. It was humans that destroyed their habitat.[2] The more society develops, the more precious things it looses.[3] In 1999, live beetles were sold in vending machines in Japan. Never did anyone dream that such a thing could happen. Children who bought them from the machines could think the creatures were products like soft drinks. They may throw away a living life just like an empty can. People should know what is really precious.

1. Surroundings are getting worse and worse.
- (강조의 형태) _____ • (문장의 의미) _____

2. It was humans that destroyed their habitat.
- (강조의 형태) _____ • (문장의 의미) _____

3. The more society develops, the more precious things it looses.
- (강조의 형태) _____ • (문장의 의미) _____

해석

환경이 더욱 악화되고 있다. 흔했던 몇몇 생물들이 오늘날에는 찾아보기 힘들다. 딱정벌레가 그것 중 하나이다. 한때 그것들은 찾기 쉬웠고 아이들은 그것을 갖고 놀기도 했다. 그러나 도로가 건설되었고 높은 건물이 지어졌다. 그들의 거주지를 파괴시킨 것은 바로 사람들이었다. 사회가 발달하면 할수록 사회는 더욱 귀중한 것을 잃는다. 1999년 일본에서는 살아 있는 딱정벌레가 자판기에서 팔렸다. 누구도 그러한 일이 일어날 것이라고 생각하지 못했다. 기계에서 그것을 산 아이들은 생물을 음료수와 같은 상품으로 생각할 것이다. 그들은 살아 있는 생명을 빈 캔처럼 버릴지도 모른다. 사람들은 무엇이 정말로 소중한 것인지를 알아야 한다.

해답

1. 반복 – 환경이 더욱 악화되고 있다.
2. 첨가 – 그들의 거주지를 파괴시킨 것은 바로 사람들이었다.
3. 변화 – 사회가 발달하면 할수록 사회는 더욱 귀중한 것을 잃는다.

부정어는 어떻게 강조하나요?

 부정어를 강조하는 것도 다른 단어를 강조하는 것과 별반 다르지 않다. 부정어를 정상적인 어순에서 벗어나게 하면 된다(변화를 준다). never를 강조하려면 never를 문장 앞으로 보내면 된다.

I never dreamed about it.
나는 그것에 대해 꿈도 꾸지 않았다.
→ Never I dreamed about it. (✗)

이것으로 끝난다면 좋겠지만 그렇지 않다. 부정어가 문장 앞에 나가면 문장은 도치된다. 즉 '주어+동사…'의 어순이 '동사+주어…'의 어순이 된다. 그래서 dream을 I 앞으로 보내면 좋겠지만 이것도 여의치 않다. 일반동사는 주어 앞으로 나가지 않기 때문이다. 이럴 경우에는 의문문을 만들 때 일반동사를 주어 앞으로 옮기지 않고 do를 첨가하듯이 do를 첨가하면 된다.

Never   I dream about it.
나는 그것에 대해 절대로 꿈도 꾸지 않았다.

시제가 과거이므로 첨가한 조동사는 do → did가 되고 did가 조동사이므로 뒤에는 동사원형 dreamed → dream이 되었다. 결론적으로, 부정어를 강조하기 위해 부정어를 문장 앞으로 보내면 문장은 '부정어+동사+주어…'의 어순이 된다. 이런 형태가 되면 강조로 해석하자.

02 모두 아닌 것은 아니다!

01 부분부정이란?

일반적으로 부정이라는 것은 '무엇이 아니다'라는 말이다. 그런데 영어에서는 '모두 아니다'라고 부정하는 경우도 있고, '일부분만 아니다'라고 부정하는 경우가 있다. 후자와 같이 일부만 부정하는 것을 부분부정이라고 한다.

02 어떻게 하면 될까?

'모두 ~인 것은 아니다'라는 말이 부분부정이기 때문에 부분부정을 하려면 '모두'를 뜻하는 말과 '아니다'라는 말이 한 문장 내에 같이 있어야 한다. 따라서 all, every, always 등과 같은 말이 not과 같이 쓰이게 되면 부분부정이 된다.

- **I don't always get up early in the morning.**
  나는 늘 아침 일찍 일어나는 것은 아니다.
- **Not all of them like coffee.**
  그들 모두 커피를 좋아하는 것은 아니다.
- **Not every kind of bird can fly.**
  모든 종류의 새가 날 수 있는 것은 아니다.

03 무엇을 주의해야 할까?

다음 문장을 해석해보자.

- **All of them didn't come to the party.**

많은 사람들이 '그들 모두 파티에 오지 않았다'라고 해석하기도 한다. 원어민들도 이 문장을 'Anyone didn't come to the party'처럼 전체부정으로 이해하는 사람이 있다. 이것은 모두를 의미하는 말이 먼저 오는 데서 생기는 오해다. 따라서 부분부정을 하고자 할 때는 가급적이면 부정어를 먼저 쓰고 그 뒤에 모두를 의미하는 말을 쓰는 것이 좋다.

- 부분부정 : 부정어 + 모두를 뜻하는 말
    - not   all
    - no   every
    -           always

'부정어'와 '모두'를 의미는 말이 오게 되면 의식적으로 부분부정으로 해석하려는 노력을 해야 된다. 그렇지 않으면 전체를 부정하는 것으로 해석되기 쉽다.

04 왜 부정어를 먼저 써야 할까?

부분부정을 할 때는 부정어를 먼저 쓰는 것이 좋다고 했다. 왜냐하면 일반적으로 부정어가 부정하는 것은 부정어의 뒷부분이기 때문이다. 문장은 앞에서 뒤로 써나가므로 not을 쓰면 그 뒤의 것이 부정된다. 따라서 '아니다(not)~ 늘 ~하는 것은' 혹은 '아니다(not)~ 모두 ~인 것은'의 형식이 되어야 부분부정하는 말로 여겨지게 된다.

만약 '모두'라는 말이 앞에 오고 그 뒤에 '아니다'는 말이 오면 '모두 ~아니다'가 되어 전체부정이 되기 쉽다. 신경을 쓰지 않고 읽어나갈 때는 특히 그렇다. 따라서 모두를 의미하는 말을 먼저 쓰면 불필요한 오해를 불러일으킬 수 있으므로 가급적 피하는 것이 좋다.

- **Every birds can't fly.**
  모든 새가 나는 것은 아니다.
  → **Not every birds can fly.**
- **All Koreans don't like Kimchi.**
  모든 한국인이 김치를 좋아하는 것은 아니다.
  → **Not all Koreans like Kimchi.**
- **All that glitters is not gold.**
  반짝이는 모든 것은 금이 아니다.

마지막 문장은 all이 not보다 앞에 왔지만 부분부정으로 해석한다. 이것은 금언으로 옛날부터 그렇게 쓰여 왔기 때문이다.

독해 연습

이탤릭체로 된 단어에 유의하여 주어진 부정문의 의미를 알아보자.

Did you sleep well last night? People need sleep at night to rest from the fatigue during the day, but not everyone can sleep well at night.[1] Some people are annoyed from their lack of sleep. Some workers have to work late because they have a lot of hard work to do.

At any rate, you may think all animals need sleep. But not all animals need sleep.[2] Some animals, like octopus and squid, do not necessarily need it.[3] Some insects also don't sleep. Their brain is not complex enough to sleep. So mosquitoes bother people even at night.

1. *Not everyone* can sleep well at night.
→ _____

2. *Not all animals* need sleep.
→ _____

3. Some animals, like octopus and squid, do *not necessarily* need it.
→ _____

해 석

지난 밤에 잠을 잘 잤습니까? 사람들은 낮 동안의 피로로부터 휴식을 취하기 위해 잠이 필요합니다만 모든 사람이 밤에 잘 잘 수 있는 것은 아닙니다. 어떤 사람들은 잠이 부족해서 고생을 합니다. 어떤 노동자들은 해야 할 많은 일 때문에 밤늦게까지 일을 합니다. 어쨌든 여러분은 모든 동물이 잠이 필요하다고 생각할 것입니다. 그러나 모든 동물이 잠이 필요한 것은 아닙니다. 문어나 오징어 같은 동물은 반드시 잠이 필요한 것은 아닙니다. 몇몇 곤충도 잠을 자지 않습니다. 그들의 뇌는 잠을 잘 만큼 복잡하지 않습니다. 그래서 모기는 밤에 사람을 괴롭힙니다.

해 답

1. 모든 사람들이 밤에 잘 잘 수 있는 것은 아닙니다.
2. 모든 동물이 잠을 필요로 하는 것은 아닙니다.
3. 문어나 오징어 같은 동물은 반드시 잠이 필요한 것은 아닙니다.

PART 4

쓰임새를 알면 의미가 보인다!

1장 ● 관사를 아십니까?

2장 ● 대명사의 해석

3장 ● 조동사 해석하기

4장 ● 너무나 소중한 접속사

Part 4 ● **쓰임새를 알면 문장이 보인다!**

1장 | 관사를 아십니까?

1. 관사, 명사를 존재하게 한다
2. 관사의 다양한 의미

01 관사, 명사를 존재하게 한다

01 명사의 의미는 근본적으로 추상적이다

명사가 없으면 관사는 없다. 그래서 관사의 의미를 알려면 먼저 명사의 의미부터 알아야 한다. '사랑'이라는 추상적인 의미를 가진 love를 통해 명사의 의미를 알아보자. 누군가가 '사랑(love)이 무엇이지?'라고 묻는다면 머리 속에는 구체적인 형상을 띠지 않는, 무엇이라고 꼭 집어 말할 수 없는 그 어떤 것이 생각날 것이다. 이런 love와 같은 단어의 의미를 추상적이라고 한다(추상명사).

사랑 → love

'tree'의 의미를 생각하면 구체적인 '나무' 형상이 머리 속에 떠오르지만 자세히 생각해보면 '나무'는 산에 있는 나무부터 집에 있는 나무, 침엽수, 소나무, 참나무 등등 무수히 많은 것을 의미한다. 그래서 단순히 'tree'라고 하면 어느 하나로 딱 꼬집어 말할 수 없어 그 의미는 모호해진다.

나무 → tree

결국 tree도 love와 마찬가지로 막연한 개념이 된다.

02 명사 – 관사에 의해 존재하다

그러면 우리가 대화를 나눌 때 사용하는 '나무'를 뜻하는 영어 단어는 무엇일까? 정답은 'a(the) tree'이다. 여기에 관사의 핵심적인 의미가 담겨있다.

위에서 말했듯이 tree의 의미는 구체적인 형상을 띠지만 무어라고 꼬집어 말할 수 없는 그 어떤 것이라고 했다. 그리고 내가 생각하고 있는 나무, 즉 지금 내 눈으로 보고 있는 마당의 특정한 나무는 a tree 혹은 the tree이다. 내가 이름을 불러주기 전에는 하나의 몸짓에 불과하던 것이 이름을 불러주게 됨으로써 비로소 존재하게 된 것이다. 다시 말해, 명사 자체는 하나의 몸짓에 불과하지만 여기에 관사를 붙임으로서 비로소 완전한 의미를 가진 하나의 명사로 탄생하게 되는 것이다.

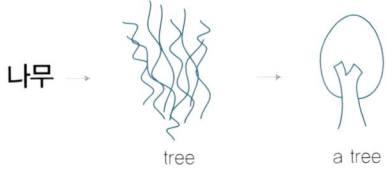

- **We can see tree in his house. (×)**
- **We can see a tree in his house.**
  우리는 그의 집에서 한 그루의 나무를 볼 수 있다.

명사를 명사로서 존재하게 하는 것이 관사이다. 이런 의미를 알고 독해를 해 보면 첫 번째 문장은 말이 되지 않는다는 것을 알 수 있다. 형태를 띠지 않는 'tree'는 볼 수 없는 것이다. 눈으로 볼 수 있는 나무는 a tree나 the tree가 된다. 관사를 붙이는 것과 붙이지 않는 것과는 확연히 의미가 다르다.

love도 마찬가지다. love의 의미는 추상적이지만 관사가 있으면 구체적인 의미가 된다. 즉 love는 '사랑'이지만 the love는 '나와 그녀만의 특정한 사랑'이 되는 것이다.

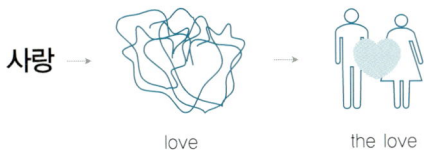

그런데 우리나라 사람들은 왜 관사를 중요하게 여기지 않을까? 그것은 단어를 외울 때 'a tree=나무'라고 외우지 않고 'tree=나무'라고 외우기 때문이다. 다시 말해 tree나 a tree 모두 '나무'이기 때문에 관사의 유무를 중요하게 여기지 않는 것이다.

03 관사의 해석

관사가 필요한 이유를 알았다면 관사의 해석은 어렵지 않다. 명사 앞에 관사가 있다면 명사의 의미를 구체화하는 것으로 해석한다.

- **Love is feeling.**
  사랑은 느낌이다.
- **The love between them is so much romantic.**
  그들 사이의 (바로 그) 사랑은 매우 낭만적이다.

그러면 다음과 같은 말은 어떻게 해석할까?

- **water →** _____
- **the water →** _____

water는 '물'이고, the water는 물 중에서도 '특정한 물'이 된다. 내가 먹으려고 가져온 물병 속의 물이 될 수도 있고 우물 속의 물이 될 수도 있다. 특정한 물로 해석하면 된다. 다음의 것도 해석해보자.

- **iron →** _____
- **an iron →** _____

iron은 '쇠'를 의미하고 여기에 '하나'를 의미하는 부정관사(a, an)가 쓰인 an iron은 쇠 중에서도 특정한 하나의 쇠가 되므로 '다리미'로 해석한다. 관사는 명사를 존재하게 한다. 그래서 관사의 의미는 명사 속에 포함시켜 해석하는 경우가 대부분이다.

독해 연습

관사에 유의하여 주어진 문장의 의미를 파악해보자.

Every spring, people meet an unpleasant guest: the yellow sands.[1] As time goes by, more and more dust comes from China and covers the Korean Peninsula. Why? It's because more land in China turns into a desert year by year. This desertification happens in many ways. The land near the desert turns into a desert[2] because wind carries the sand and covers it. When there is no rain for a long time, plants die out[3] and the land gets ruined. Sometimes people cause desertification. When trees are cut down and cleared in woods, the land can't hold water in the ground[4] and the soil is ruined. Now it's time to stop a desert from growing faster.

1. Every spring, people meet an unpleasant guest: the yellow sands.
   → _____

2. The land near the desert turns into a desert.
   → _____

3. When there is no rain for a long time, plants die out.
   → _____

4. The land can't hold water in the ground.
   → _____

해 석

매년 봄, 사람들은 반갑지 않은 손님인 황사를 맞는다. 시간이 지남에 따라 더욱 많은 먼지가 중국에서 날라와서 한반도를 덮는다. 왜? 중국의 많은 땅이 해마다 사막으로 변하기 때문이다. 이 사막화는 여러 가지 방식으로 일어난다. 바람이 모래를 날라 땅을 덮기 때문에 사막 근처에 있는 땅은 사막으로 변한다. 오랫동안 비가 오지 않았을 때 식물은 죽어 없어지고 땅은 황폐화된다. 때때로 사람이 사막화를 야기한다. 나무가 베어지고 숲에서 없어지면 땅은 물을 땅 속에 가질 수 없게 되고 토양은 황폐화된다. 이제 사막이 더욱 빠르게 확장되는 것을 막을 때이다.

해 답

1. 매년 봄 사람들은 반갑지 않은 손님인 황사를 맞는다.
2. 사막 근처에 있는 땅은 사막으로 변한다.
3. 오랫동안 비가 오지 않았을 때 식물은 죽어 없어진다.
4. 땅은 물을 땅 속에 지닐 수 없게 된다.

관사의 다양한 의미

01 관사의 일반적인 해석

모호하고 불분명한 의미의 덩어리를 구체적인 의미로 만드는 관사에는 '정관사 the'와 '부정관사 a/an'이 있다. the는 명사의 의미를 특정한 것으로, a/an은 어떤 하나의 구체적인 형태를 가진 명사로 만든다. 따라서 관사 자체는 어떤 특정한 말로 해석하지 않는 경우가 많다.

- **Look at the book.** 그 책을 봐라.
  ↓
  (문맥상 화자나 청자가 알고 있는 바로 그 책)

- **Do you have a book?** 책 한 권 있니?
  ↓
  (막연한 어떤 책 한 권)

이 문장에서 book은 관사가 있음으로써 비로소 '책'이라는 의미가 되고 정관사 the가 붙게 되면 '특정한 책'이 된다. book이 책이 아니라 the book이 책이다. 그리고 'a book'은 영어책인지 소설책인지 구체적으로 알 수는 없지만 어떤 형태가 있는 한 권의 책이라는 의미가 된다.

분명히 정관사와 부정관사의 의미는 다르고 관사가 있느냐 없느냐에 따라 다르게 해석할 수 있다. 그러나 관사의 유무가 실제 독해에서 해석의 차이를 가져오는 경우는 그렇게 많지 않기 때문에 크게 신경을 쓰지 않아도 된다.

02 부정관사의 기본적인 의미

문장에 쓰인 부정관사 a/an을 해석할 때는 '명사를 존재시키기 위해 쓴다는 것'과 '불특정한 하나를 나타낸다는 것'을 염두에 두어야 한다. 이 의미가 부정관사의 기본 중에서도 기본이기 때문이다.

- **I saw a man on the field.**
  나는 운동장에서 (어떤, 한) 사람을 보았다.

이런 의미로 해석해도 무난하지만 때로는 '하나'라는 의미를 다소 드러내어 해석해야 할 때가 있다.

- **I have a brother and two sisters.**
  나에게는 한 명의 남동생과 두 명의 여동생이 있다.

이 문장의 경우 a는 one과 같은 구체적인 수량의 의미를 띠고 있으므로 '하나'라고 해석해야 된다. 그리고 부정관사 a/an은 '어떤 하나'라는 의미로도 해석된다. 동일한 종류의 것들 중에서 어느 하나를 선택해도 이 하나는 나머지 것들과 공통된 특징을 가지고 있다는 의미에서의 '하나'이다. 그룹의 대표라고 할 수 있다. 그래서 그룹 전체를 일컫는 말 즉 '~라는 것은'으로 해석한다.

- **A dog is loyal to man.**
  개는 사람에게 충실하다.

'개 한 마리'가 사람에게 충실하다는 것보다는 '개라는 것'은 사람에게 충실하다라고 해석해야 자연스럽다.

03 전치사처럼 해석한다

독해를 하다가 부정관사 a/an을 만나면 '하나'라는 관사의 의미에 매몰되는 경우가 많다. 하지만 a/an을 그렇게만 바라봐서는 안 된다. 때로는 전치사처럼 해석해야 하는 경우가 있다. 다음의 경우가 그러하다.

- **Take this medicine three times a day.**
  이 약을 하루에 세 번씩 드세요.

여기서 관사 a는 day라는 단어의 의미를 존재시키는 관사다. 하지만 여기에 그치지 않고 'per a (day)'의 의미를 가진다. 즉 '~마다'라는 전치사처럼 해석해야 한다. '하루에'라고 하면 적당하다. 마치 전치사처럼 명사 앞에 와서 전치사와 유사한 의미와 기능을 한다.

04 형용사처럼 해석한다

부정관사 a를 형용사처럼 해석해야 하는 경우도 있다.

- **In a sense, you are right.**
  어떤 의미에서는 네가 옳다.

여기서의 a는 '어떤'이라는 의미로 뒤에 오는 명사를 설명해주고 있다. 그리고 '하나의'라고 해석하는 경우도 있다. 역시 형용사처럼 해석한다.

- **I saw a student in this classroom.**
  나는 교실에서 한 명의 학생을 보았다.

05 명사처럼 해석한다.

부정관사가 명사의 의미를 설명할 뿐만 아니라 아예 명사처럼 쓰이는 경우가 있다.

- **It is an authentic Picasso.**
  이것은 진짜 피카소의 작품이다.

이 문장을 해석하라고 하면 대부분 '그것은 하나의 진품 피카소다'라고 해석한다. 이렇게 해석해도 무슨 의미인지 알 수는 있지만 이것은 너무 많이 빗나간 해석이다. a/an에 '~작품'이라는 명사와 같은 의미가 있다는 것을 모르면 이렇게 된다.
일반적으로 부정관사는 '하나'라는 관사의 의미로만 알고 있다. 그렇게만 알고 있으면 위에서 살펴본 것처럼 많은 부분에서 막히게 된다. 부정관사를 관사로만 바라봐서는 안 되고 전치사, 형용사, 명사 등의 의미로도 바라볼 줄 알아야 자연스런 해석이 나온다.

06 정관사의 해석

정관사의 해석은 부정관사보다 쉽다. 주로 명사를 특정한 것으로 만들어 주는 기능을 하기 때문이다. 앞에 나온 명사를 지칭하거나, 세상에서 유일한 것, 가장 크거나 작은 것(최상급), 문맥상 누구나 알고 있는 것은 특정한 것이 되므로 이런 것들 앞에는 the를 붙인다. 특정한 것이라는 느낌이 들도록 해석하면 된다.

- **She is the most beautiful girl in her class.**
  그녀는 반에서 제일 예쁜 소녀이다.
- **People wish on the moon for good luck.**
  사람들은 달에 소망을 빈다.

명사 앞에 the가 붙으면 a를 붙인 것처럼 대표성을 띨 수 있지만 그것은 dog처럼 일부 명사에 국한된다. 대표성을 띠게 해석하는 가장 일반적인 형태는 복수명사이다.

- **Birds have two wings.**
  새는 두 개의 날개가 있다.
- **The dog is a faithful animal.**
  개는 충실한 동물이다.

독해연습 관사의 의미에 유의하여 이탤릭체로 된 부분의 의미를 알아보자.

Are you superstitious? Do you worry about some signs of ill fortune? If you do, you will feel uneasy when you see a raven flying overhead[1] because it's a sign of imminent death. In early times, ravens were believed to be the birds which guided dead men to the afterlife.[2] But don't worry about that. In England, the raven is considered to be good luck for the government of England. There's a job called raven master. The raven master actually takes care of the ravens.[3] He cuts the inner feathers once every two months or so. Ravens with cut feathers can't fly away from the kingdom. So the kingdom will have good luck. In a sense, it's a good way to avoid bad luck.[4]

1. You will feel uneasy when you see *a raven flying overhead*.
→ _____

2. Ravens were believed to be *the birds which guided dead men to the afterlife*.
→ _____

3. *The raven master* actually takes care of the ravens.
→ _____

4. *In a sense*, it's a good way to avoid bad luck.
→ _____

해석

당신은 미신을 믿습니까? 여러분은 불운의 징조에 대해 걱정합니까? 만약 그렇다면 까마귀는 임박한 죽음의 징조이기 때문에 당신은 머리 위로 나는 까마귀를 볼 때 불안함을 느낄 것입니다. 옛날에 까마귀는 죽은 사람을 사후 세계로 이끄는 새로 여겨졌습니다. 그러나 그것에 대해 걱정하지 마십시오. 영국에서 까마귀는 정부에게 행운을 가져다주는 것으로 여겨집니다. 까마귀 관리사라 불리는 직업도 있습니다. 까마귀 관리사가 실제로 까마귀를 돌봅니다. 그는 약 두 달마다 속 깃털을 자릅니다. 깃털이 잘린 까마귀는 왕국에서 멀리 날아갈 수 없습니다. 그래서 왕국은 행운을 가질 수 있습니다. 어떤 의미에서 이것은 불운을 피하는 좋은 방법입니다.

해답

1. 머리 위로 나는 까마귀
2. 죽은 사람을 사후의 세계로 이끄는 새
3. 이 까마귀 관리사
4. 어떤 의미에서

Part 4 ● **쓰임새를 알면 문장이 보인다!**

2장 | 대명사의 해석

1. 관계대명사는 대명사로 해석한다
2. 재귀대명사는 주어 자신을 말한다

01 관계대명사는 대명사로 해석한다

01 대명사 자리에 관계대명사가 온다

관계대명사는 명사를 대신하는 대명사이므로 대명사로 해석하면 된다. 아래 문장을 살펴보자.

- I know a girl. The girl is pretty.
  → I know a girl. _____ is pretty.

밑줄 친 곳에는 the girl을 대신할 수 있는 대명사가 온다. 대명사에는 인칭대명사, 지시대명사, 관계대명사가 있으므로 알맞은 것을 고르면 된다. 사람을 나타낼 때는 인칭대명사를, 사물을 가리킬 때는 지시대명사를, 문장과 문장을 연결할 때는 관계대명사를 쓰면 된다.

- I know a girl. **She** is pretty.
  나는 한 소녀를 안다. 그녀는 예쁘다.
- I know a girl **who** is pretty.
  나는 한 소녀를 아는데 그녀는 예쁘다.

두 번째 문장은 하나의 문장으로 연결되어 있으므로 관계대명사를 쓴다. 접속사의 역할도 한다는 것이 일반 대명사와 관계대명사의 차이점이다.

02 무조건 명사 대신에 관계대명사가 올까?

관계대명사는 대명사이므로 대신하는 명사 자리에 온다. 그러나 언제나 그런 것은 아니다.

- I know a girl. I like the girl.
  → I know a girl. I like _____ .

밑줄 친 곳에는 the girl이라는 명사를 대신할 대명사를 쓰면 된다. 그러나 이번에는 목적어 자리이므로 she가 아니라 her가 온다. 한 문장으로 쓰고 싶다면 관계대명사가 온다. 역시 목적어 자리이므로 who가 아니라 whom이 온다.

- **I know a girl. I like her.**
- **I know a girl I like whom. (X)**

그러나 두 번째 문장은 어딘가 이상하다. 그렇다. whom을 옮겨야 한다. 관계대명사는 문장과 문장을 연결시키는 접속사의 역할도 하므로 문장과 문장 사이에 위치한다.

- **I know a girl whom I like.**
  나는 한 소녀를 아는데 그 소녀를 나는 좋아한다.

관계대명사는 명사 대신 쓰이기는 하지만 접속사이기 때문에 문장과 문장 사이에 온다는 것을 꼭 기억하자.

03 사람에게만 관계대명사를 쓰는 것은 아니다

사람 대신에 who를 쓰듯이 사물을 대신할 때는 which를 쓴다. which는 who와는 달리 주어 자리에 오든지 목적어 자리에 오든지 그 형태가 똑같다.

- **I know a school which is beautiful.**
  나는 한 학교를 아는데 그 학교는 아름답다.
  ← I know a school. It is beautiful.
- **I know the school which my brother attends.**
  나는 그 학교를 아는데 그 학교를 내 동생이 다닌다.
  ← I know the school. My brother attends it.

그리고 사물인지 사람인지 구별하기 힘든 경우에는 that이 온다. 전부(all)이거나 하나도 없는 것(nothing), 최상급처럼 극단적인 것을 나타낼 때도 that이 온다. 원래 that은 특정한 것을 나타내기 때문에 그러하다.

- **This is the longest river that people know.**
  이것은 사람들이 아는 가장 긴 강이다.
- **That's all that I know.**
  그것이 내가 아는 전부다.

04 해석은 대명사로 하자

관계대명사는 명칭에서도 알 수 있듯이 '대명사'로 해석한다. which, who를 it, she/he와 같은 대명사로 해석하면 된다.

- **which** - 그것 / 그것들
  who - 그 / 그녀 / 그들

- **I know a girl who is pretty.**
  그녀는(she)

- **The trip, 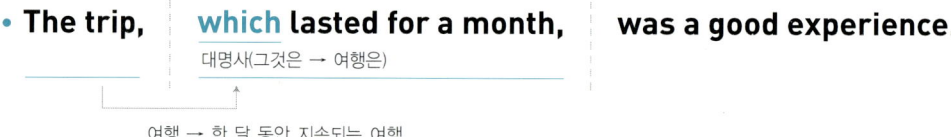 was a good experience.**
  대명사(그것은 → 여행은)
  여행 → 한 달 동안 지속되는 여행

모든 것은 기본에서부터 시작하면 된다. 관계대명사는 명사를 지칭하는 대명사로 해석한다. 그렇게 되면 관계대명사가 있는 문장은 저절로 앞에 오는 명사(선행사)를 설명하는 문장이 된다.

독해 연습

관계대명사가 지칭하는 명사와 관계대명사가 쓰인 문장의 의미를 알아보자.

Are you hitting the books in the library all night for the important test which will decide your future?[1] If so, take time to go out and exercise even a little bit. Why? Judy Cameron, who is a scientist at Oregon Health and Science Center, claims that exercise helps open up blood vessels in the brain[2], as well as making them stronger and fully developed. She says it is the evidence which suggests the connection between exercise and brain development. The relationship can be easily observed around us. Active babies show greater brain development. Many parents try to let their babies do activities that can stimulate the five senses. Their babies may not show learning disabilities that other children may have later[3] in elementary school.

1. Are you hitting the books in the library all night for the important test *which will decide your future*?
   - which → _____   - (의미) → _____

2. Judy Cameron, *who is a scientist at Oregon Health and Science Center*, claims that exercise helps open up blood vessels in the brain.
   - who → _____   - (의미) → _____

3. Their babies may not show learning disabilities *that children may have later*.
   - that → _____   - (의미) → _____

해 석

여러분은 여러분의 미래를 결정할 중요한 시험을 위해 도서관에서 밤새 공부를 하고 있습니까? 그렇다면 시간을 내서 밖에 나가 조금이라도 운동을 하세요. 왜냐고요? 오레곤 건강과학 센터의 과학자인 Judy Cameron은 운동이 혈관을 더 강하고 충분히 발달하도록 만들 뿐만 아니라 뇌의 혈관을 열어주는 데 도움을 준다고 주장합니다. 그녀는 이것이 운동과 두뇌 발달 사이의 관계를 나타내는 증거라고 말합니다. 그 관계는 우리 주변에서도 쉽게 관찰됩니다. 활동적인 아이는 훨씬 많은 두뇌 발달을 보입니다. 많은 부모들은 아이들에게 오감을 자극하는 활동을 하도록 합니다. 그들의 아이는 이후에 초등학교에서 다른 아이들이 가질지도 모르는 학습 부진을 보이지 않을 것입니다.

해 답

1. the important test – 그것은 여러분의 미래를 결정할 것이다
2. Judy Cameron – 그녀는 오레곤 건강과학 센터의 과학자이다
3. learning disabilities – 그것을 아이들은 이후에 가질지도 모른다

재귀대명사는 주어 자신을 말한다

01 재귀대명사란?

재귀대명사의 재귀는 '다시 재(再)', '돌아갈 귀(歸)'이다. 그러면 재귀대명사는 어디로 돌아갈까? 다시 말해 무엇을 지칭하는 대명사일까? 주어를 지칭하는 대명사다. 다음 표를 보면 재귀의 의미를 보다 쉽게 이해할 수 있을 것이다.

- **I love me. (✕)**

  재귀(me는 I를 지칭함: me → myself)

02 어디에 쓸까?

재귀대명사도 대명사이므로 주어나 목적어 자리에 온다고 할 수 있다. 그러나 재귀라는 말은 위에서 설명했듯이 주어에게 돌아간다는 말이기 때문에 주어 자리에는 올 수 없고 목적어 자리에 온다. 특히 전치사 뒤에 오는 명사는 전치사의 목적어이므로 재귀대명사는 전치사 뒤에도 온다.

- **Ben talks to himself when he drives a car.**
  Ben은 운전할 때 혼잣말한다.
- **He went to China by himself.**
  그는 혼자서 중국에 갔다.

03 어떻게 쓸까?

인칭대명사가 목적어 자리에 오면 목적격의 형태(me, him, her, them)가 된다. 그러나 목적어가 주어를 지칭하면 '주어 자신'이라는 의미에서 -self를 붙여준다. 위 문장의 경우, 목적어인 me는 주어 I와 일치하므로 meself가 된다. 그러나 meself라는 단어는 없고, myself만 있으므로 다음과 같은 형태가 된다.

- **I love myself.**
- **He loves himself.**
- **They love themselves.**

self가 붙는 형태는 조금씩 다르므로 개별적으로 그 형태를 익혀두어야 한다. 특히 them은 복수이므로 언제나 복수인 –selves를 붙인다(themselves).

04 목적어에만 쓸까?

목적어에 쓰인 사람이 주어와 같은 사람이라는 것을 나타내기 위해 –self라는 말을 썼다. 그런데 독해를 하다 보면 목적어가 아닌 곳에서도 재귀대명사가 보인다. 그것은 주어나 목적어에 쓰인 명사를 강조하기 위해 쓰인 것이다.

- **I did my homework myself.**
  (다른 사람이 아닌) 내가 숙제를 했다.

같은 말을 반복하면 그 말은 강조가 된다고 했다. 특히 인칭대명사는 인칭대명사를 반복할 수 없으므로 재귀대명사를 통해 반복한다. 그리고 재귀대명사는 강조하려는 말 뒤에 올 수도 있지만 보통 문장 끝에 온다.

재귀대명사가 어떻게 쓰이는지만 알면 그 해석은 어렵지 않다. 목적어로 쓰이면 '~자신을'이라고 해석하면 되고 그 외에 강조를 위해 사용되었다면 강조해서 해석하면 된다.

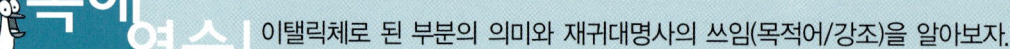

이탤릭체로 된 부분의 의미와 재귀대명사의 쓰임(목적어/강조)을 알아보자.

You may have had the experience of dancing to the song "Like Virgin" by Madonna. She is one of the greatest women who never stopped at the top of her success. She redefined herself and her music whenever her new albums were released.[1] Even though her song "Holiday" was a hit in 1984, she said "Every time I reach a new peak, I see another new one."
She has tried to show people her new aspects, controling herself constantly.[2] At one time, famous artists' songs were pirated on the Internet. Madonna herself was not immune from the online piracy.[3] She uploaded decoy MP3 tracks on file-sharing sites to discourage people who downloaded illegally.

1. *She redefined herself and her music* whenever her new albums were released.
   • (의미) _____ • (쓰임새) _____

2. She has tried to show people her new aspects, *controlling herself constantly*.
   • (의미) _____ • (쓰임새) _____

3. *Madonna herself was not immune* from the online piracy.
   • (의미) _____ • (쓰임새) _____

해석

여러분은 마돈나의 'Like Virgin' 음악에 맞춰 춤을 춘 경험이 있을 것이다. 그녀는 성공의 정상에서 절대로 멈추지 않은 위대한 여성 중의 한 명이다. 그녀는 그녀의 새 앨범이 나올 때마다 그녀 자신과 자신의 음악을 재정의했다. 그녀의 노래 "Holiday"가 1984년에 인기를 끌었을 때에도 그녀는 "새로운 정상에 오를 때마다 나는 늘 새로운 정상을 봅니다"라고 말을 했다.
그녀는 자신을 끊임없이 통제하며 사람들에게 자신의 새로운 모습을 보여주려고 노력해왔다. 한때 유명한 가수들의 노래가 인터넷에 불법적으로 떠돌았다. 마돈나도 온라인 불법 복제로부터 벗어날 수 없었다. 그녀는 파일을 공유하는 사이트에 그녀의 가짜 노래를 올려놓아 불법적으로 파일을 다운받는 사람들을 실망시켰다.

해답

1. 그녀는 자신과 자신의 음악을 재정의했다 – 목적어
2. 자신을 끊임없이 통제하면서 – 목적어
3. 마돈나 그녀 자신도 벗어날 수 없었다 – 강조

Part 4 ● **쓰임새를 알면 문장이 보인다!**

3장 | 조동사 해석하기

1. 조동사의 의미와 쓰임새
2. 당연히 조동사는 추측을 나타낸다
3. 독립한 조동사 should
4. will의 과거 would

01 조동사의 의미와 쓰임새

01 조동사와 본동사

조동사는 동사를 도와준다. 따라서 조동사를 알기 위해선 동사를 먼저 알아야 한다. 동사가 나타낼 수 있는 것은 현재와 과거 같은 시제뿐이다.

- **She loves me.**
  그녀는 나를 사랑한다.
- **She loved me.**
  그녀는 나를 사랑했다.

동사는 '그녀는 나를 사랑한다' 혹은 '그녀는 나를 사랑했다'라는 사실밖에 나타내지 못한다. 그 외의 많은 의미는 나타낼 수 없다. 하는 수 없이 다른 동사의 도움을 받는다. 이때 도움을 받는 동사를 본동사, 도와주는 동사를 조동사라고 한다.

- **She will love me.**
  조동사 본동사

02 조동사의 의미는?

그러면 조동사는 어떤 의미를 갖는가? 현재나 과거 시제로 쓴 문장이 사실을 전달하는 것이라면 조동사가 있는 문장은 화자의 기분이나 태도, 생각이나 감정 등을 나타낸다. '아마 ~일 것이다'라는 추측, '~해야 한다'라는 의무, '~하는 것이 좋겠다'라는 충고, '~할 수 있다'라는 능력 등이 그것이다.

- 단순 동사 : **She loves me.**
  그녀는 나를 사랑한다. → 사실을 나타냄

- 조동사 : She _____ love me.
  - will : 그녀는 나를 사랑할 것이다 → 미래
  - can : 그녀는 나를 사랑할 수 있다 → 가능
  - must : 그녀는 나를 사랑해야 한다 → 강제
  - may : 그녀는 나를 사랑할지도 모른다 → 추측
  - should : 그녀는 나를 사랑해야 한다 → 권고

조동사의 기본적인 의미를 이해했을 것이다. 특히 will이 쓰이면 '~할 것이다'라는 미래의 의미가 된다.

03 또 다른 조동사도 있다

'사랑하다'라는 말 외에도 '사랑하니?', '사랑하지 않는다', '정말 사랑한다' 등의 말이 있다. 의문, 부정, 강조를 나타낼 때는 'do'가 오고, 완료를 나타낼 때는 'have'가 온다.

- **Does** she love me? (의문)
- She **does** not love me. (부정)
- She **does** love me. (강조)
- She **has** loved me. (현재완료)

이들 문장들은 사랑한다는 기본 의미를 중심으로 조동사를 통해 '사랑하니?', '사랑하지 않는다', '정말로 사랑해', '사랑해왔다'라는 의미를 각각 나타낸다.

이처럼 조동사는 크게 두 부류로 나누어 볼 수 있다. 첫 번째 부류는 will, can, must, may와 같은 것이고 두 번째 부류는 do, have이다. 첫 번째 부류의 조동사 will은 조동사의 기능밖에 없으므로 본동사로 쓰이지 못한다. 따라서 반드시 그 뒤에 본동사가 온다. 두 번째 부류의 조동사는 본동사로도 쓰인다. 다시 말해 do가 본동사로 쓰이면 '~을 하다(She does her work)', have는 '~을 가지고 있다(I have a book)'라는 의미지만 조동사로 쓰이면 강조나 완료와 같은 의미를 나타내게 된다. 따라서 이들은 동사인지 조동사인지 쓰임에 따라 다르게 해석해야 한다.

04 조동사 어떻게 해석하지?

조동사가 있는 문장을 해석하는 것은 만만치 않다. 조동사가 본동사처럼 명확한 의미를 갖는 것이 아니라 본동사를 도와주는 정도의 미세한 의미를 갖고 있기 때문이다. 특히 객관적인 사실보다는 화자의 사상이나 의견 등을 나타내기 때문에 기능어로 많이 쓰인다. 이런 것을 알고 독해를 하면 글의 기분을 읽을 수 있어 독해가 재미있어진다. 조동사가 주는 뉘앙스를 잘 이해하지 못하면 독해가 재미없을 수밖에 없다. 조동사의 해석에 자신감을 갖자.

독해 연습

주어진 문장의 의미와 이탤릭체로 된 조동사의 의미(미래/가능/강제/추측/권고/의지)를 알아보자.

Women in most advertisements are pretty, because it is an effective way to advertise products. Advertisers will do anything to sell their products.[1] One easy way to do it is to tie their products to sex even if it isn't directly related to the product. Voices calling for regulation of these ads are growing stronger. Even though restricting ads might bring up the issues of freedom of speech,[2] some ads for alcohol and cigarettes should be banned on TV.[3] That's because they can do direct harm to people's health.[4]

1. Advertisers *will* do anything to sell their products.
- (문장의 의미) _____
- (조동사의 의미) _____

2. Restricting ads *might* bring up the issues of freedom of speech.
- (문장의 의미) _____
- (조동사의 의미) _____

3. Some ads for alcohol and cigarettes *should* be banned on TV.
- (문장의 의미) _____
- (조동사의 의미) _____

4. They *can* do direct harm to people's health.
- (문장의 의미) _____
- (조동사의 의미) _____

해 석

대부분의 광고에 나오는 여성들은 예쁘다. 그것이 상품을 광고하는 효과적인 방법이기 때문이다. 광고주들은 그들의 상품을 팔기 위해 어떤 것도 할 것이다. 선전을 하는 쉬운 한 가지 방법은 상품과 직접적으로 관계가 없을 지라도 상품을 성과 관련시키는 것이다. 이러한 광고를 규제하려는 목소리가 점점 커지고 있다. 광고를 제한하는 것은 언론의 자유에 관한 문제를 가져올지도 모르지만 술과 담배 같은 몇몇 광고는 TV에서 금해져야 한다. 그것은 사람들의 건강에 직접적으로 해를 끼칠 수 있기 때문이다.

해 답

1. 광고주들은 그들의 상품을 팔기 위해 어떤 것도 할 것이다. – 미래/의지
2. 광고를 제한하는 것은 언론의 자유에 관한 문제를 가져올지도 모른다. – 추측
3. 술과 담배 같은 몇몇 광고는 TV에서 금해져야 한다. – 권고
4. 그것들은 사람들의 건강에 직접적으로 해를 끼칠 수 있다. – 가능

당연히 조동사는 추측을 나타낸다

01 현재의 추측

조동사에는 약하든 강하든 추측의 의미가 들어 있다. 흔히 말하는 추측의 의미에 가장 가까운 것이 may이다. '~일 것이다' 혹은 '~일지도 모른다'라는 의미이다.

- **He may be a teacher. He knows a lot.**
  그는 아마 선생님일 것이다. 그는 아는 것이 많다.

비록 사실은 아니지만 거의 '~임에 틀림없다'라는 강한 추측으로 해석하는 것이 must이다. must에는 be동사가 자주 동반된다. 그래서 must be의 형태가 나오면 추측으로 해석한다.

- **She must be tired. She looks pale.**
  그녀는 피곤한 게 틀림없다. 그녀는 창백해 보인다.

may나 must처럼 어떠한 것이 사실일 것이라는 추측도 있지만 사실이 아닐 것이라는 추측도 있다. 그런 경우에 can't를 사용한다. can't는 '~일 리 없다'라는 의구심을 나타내며, 역시 뒤에 be동사를 자주 동반한다.

- **It can't be true. He is honest.**
  그것이 사실일 리 없다. 그는 정직하다.

추측의 정도에 따라 혹은 의미에 따라 may, must 혹은 can't로 나타난다. 그런데 미래의 일은 누구도 알 수 없기 때문에 미래에 대한 이야기는 대부분이 추측이다. 그것이 will이 추측으로도 해석되는 이유다.

- **He will go home.**
  그는 집에 갈 것이다.

위의 예문에는 '그는 집에 갈 것이다'라는 미래의 의미가 들어 있다. 물론 추측의 의미도 있다. 그리고 이 말이 새로운 상황에 놓인다면 다른 의미가 되기도 한다. 선생님이 학생에게 집에 가지 말라고 했는데 부득부득 우기면서 '집에 갈 것이다'라고 말한다면 will에는 '의지'의 의미가 들어 있다. 하지만 수업이 끝나고 집에 간다는 의미라면 행동의 '경향'이 들어 있는 것이다. 이처럼 will은 문맥에 따라 조금씩 다르게 해석된다.

02 과거의 추측

may, must, can't가 현재의 추측을 나타낸다면, 과거의 추측은 어떻게 나타낼까? 당연히 이들 조동사의 과거형을 쓰면 된다. can't는 couldn't로, may는 might로 나타낸다.
그런데 영어가 이렇게 간단하면 좋겠지만 불행하게도 과거의 추측을 나타낼 때는 형태가 달라진다. 여기서 앞서 배운 것을 상기해보자. 완료형이 오면 한 시제 빨라진다. 그래서 추측을 나타내는 조동사 뒤에 have pp가 오면 과거의 추측이 된다.

- may → **may have pp** : ~이었을지도 모른다
  must → **must have pp** : ~이었음이 틀림없다
  can't → **can't have pp** : ~이었을 리 없다

조동사의 현재형 뒤에 have pp가 붙는 위와 같은 형태를 보면 과거의 추측으로 해석한다. 시제는 과거고 의미는 추측이라는 것을 꼭 기억하자.

- **She may have been at home yesterday.**
  그녀는 어제 집에 있었을 것이다.
- **It must have rained yesterday. It's so muddy.**
  어제 비가 내렸음에 틀림없다. 진흙투성이다.
- **He can't have finished the work. He was sick in bed.**
  그가 그 일을 끝냈을 리 없다. 그는 아파 누워 있었다.

그러면 may나 can't의 과거형인 might나 couldn't는 무슨 의미일까? 만약 종속절 속에서 시제를 일치시키기 위해 쓰였다면 추측의 의미로 해석하면 된다.

- **He said that she might be at home yesterday.**
  그녀는 어제 집에 있었을 것이라고 그가 말했다.

- **She told us that the news couldn't be true.**
  그녀는 우리에게 그 소식이 사실일 리 없다고 말했다.

조동사의 현재형 뒤에 have pp가 오면 과거의 추측으로 해석한다. 그리고 might가 단독으로 쓰이면 주로 현재의 약한 추측으로 해석하는데 부드러운 표현으로 이해하면 된다.

- **He might be late.**
  그는 늦을 지도 모른다.

주의해야 할 것이 하나 더 있다. 조동사의 과거형 뒤에 have pp가 와도 가정법이기 때문에 과거로 해석한다. 과거 사실에 대한 유감을 '조동사의 과거형 + have pp'로 나타내기 때문에 과거로 해석하는 것이다. 특히 should have pp가 단독으로 쓰이면 과거의 유감(~했어야 했는데)으로 해석한다.

- **You should not have stolen the money at that time.**
  너는 그때 돈을 훔치지 말았어야 했다.

 이탤릭체로 된 동사가 나타내는 때(현재/과거)와 문장의 의미를 알아보자.

Can you distinguish the terms 'sex' and 'gender'? You may know what 'sex' means.[1] It is determined biologically when people are born. But gender is somewhat different. It is something that can be acquired or learned from society. It must be true that society and culture force people to follow pre-defined roles for each sex. Gender stereotypes must have played an important role in the past.[2] But they aren't the fate of people anymore. Women have fought against them. As a result, gender stereotypes began to change, but they have not disappeared. They are deeply rooted and have a long history. However people should not be brought up with that kind of prejudice.[3]

1. You *may know* what 'sex' means.
 • (때) _____ • (문장의 의미) _____

2. Gender stereotypes *must have played* an important role in the past.
 • (때) _____ • (문장의 의미) _____

3. People *should not be brought up* with that kind of prejudice.
 • (때) _____ • (문장의 의미) _____

해 석

여러분은 sex(생물학적 성)와 gender(사회학적 성)라는 용어를 구별할 줄 압니까? 여러분은 아마도 sex의 의미를 알 것입니다. 이것은 사람이 태어날 때 생물학적으로 결정됩니다. 그러나 gender는 조금 다릅니다. 이것은 사회에서 획득되거나 배워지는 것입니다. 사회나 문화가 그 구성원들에게 각각의 성에 따라 이미 정해진 역할을 따르도록 강요하는 것은 사실임이 틀림없습니다. 과거에는 성에 따른 역할의 정형화가 중요한 역할을 했음이 틀림없었습니다. 그러나 그것은 더는 사람들의 운명이 아닙니다. 여성들은 그것에 대항해 싸워왔습니다. 그 결과 성의 정형화는 변화하기 시작했지만 사라지지는 않았습니다. 그것은 깊이 뿌리 박혀 있고 오랜 역사가 있습니다. 그러나 사람들은 이러한 편견을 갖고 자라서는 안 됩니다.

해 답

1. 현재 – 여러분은 아마도 sex가 의미하는 것을 알 것입니다.
2. 과거 – 과거에는 성에 따른 역할의 정형화가 중요한 역할을 했음이 틀림없습니다.
3. 현재 – 사람들은 그러한 편견을 갖고 자라서는 안 됩니다.

03 독립한 조동사, should

01 더이상 shall의 과거가 아니다

조동사도 과거가 되면 과거형으로 쓴다. 그래서 will의 과거는 would, shall의 과거는 should, can의 과거는 could, may의 과거는 might가 된다. 그러나 이들 과거형은 과거의 의미만 갖는 것이 아니다. 현재의 의미도 있다. 오히려 현재의 의미로 더욱 중요하게 쓰이는 것도 있다. 그래서 조동사의 과거형들은 하나의 독립된 단어로 보고 접근하는 것이 더욱 효과적이라 할 수 있다.

특히 should는 shall의 과거보다는 가정법에 쓰이는 하나의 조동사로서, 혹은 '~해야 한다'라는 의미를 가진 독립된 조동사로 존재한다.

should의 의미

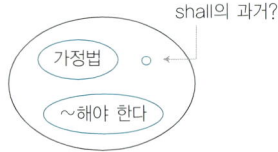

02 '~을 해야 한다'는 권고

should는 shall의 과거이지만 과거형으로는 거의 쓰이지 않는다. 따라서 should라는 조동사로서 의미를 알아두어야 한다. 언제나 그렇듯이 기본적인 의미에 충실해야 한다. 먼저 현재로서의 should는 잘 알고 있듯이 '~을 해야 한다'라는 의미이다.

- **I should have written my name on the book.**
  나는 책에 이름을 썼어야 했다.
- **You should not leave your valuables in the car.**
  차에 귀중품을 두어서는 안 된다.

- **He goes home.**
  그는 집에 간다.
- **He should go home.**
  그는 집에 가야 한다(그는 집에 가는 것이 좋겠다).

여기서 무엇을 해야 한다는 의미는 강제로 무엇을 하라는 말이 아니라 무엇을 하면 좋겠다는 '권고'의 의미다. 두 번째 문장은 '그는 집에 가야한다'고 해석할 수 있지만 숨은 뉘앙스까지 포함해서 해석하면 '그는 집에 가는 것이 좋겠다'가 될 수 있다. 이렇게 해석을 하게 되면 '~을 해야 한다'라는 '강제'의 의미가 있는 must와도 자연스럽게 구별된다.

- **You must do it now.** (강제)
- **You should go home and rest.** (권고)

첫 번째 문장은 must를 썼으므로 '지금 당장 해!'라는 강제의 의미로 상관이 아랫사람에게 명령하는 상황을 추측해볼 수 있다. 반면에 두 번째 문장은 '집에 가서 쉬는 것이 좋겠다'고 의사가 환자에게 권하는 말로 보인다.

03 that절 안에서의 제안, 권고

권고의 의미는 다음과 같은 that절에서도 쓰인다.

- **He suggested that she should go home.**
  그는 그녀가 집에 가는 것이 좋겠다(가야 한다고)고 제안했다.
- **He suggested that she had gone home.**
  그는 그녀가 집에 갔다고 일러줬다.
- **He suggested that she was a famous lawyer.**
  그는 그녀가 유명한 변호사라고 일러줬다.

첫 번째 문장은 should가 있으므로 '그녀가 집에 가는 것이 좋겠다고 그는 제안했다'라는 말이 된다. 반면에 두 번째, 세 번째 문장은 should가 없으므로 권고의 의미가 없다. '그녀가 집에 갔다고 그가 일러줬다', '그녀는 유명한 변호사라고 그가 일러줬다'라는 의미이다. 일반적으로 제안, 권고 등의 suggest, insist, order, demand 등의 동사가 오면 that절에는 should가 온다. '주장하다(suggest)'라는 말은 무엇을 해야 한다(should)는 권고의 말과 잘 어울리기 때문이다. 그러나 두 번째 문장처럼 어떤 사실(그녀가 집에 갔다는 것)을 이야기하는 것이라면 권고의 의미가 없기 때문에 should가 오지 않는다.

04 놀람을 나타내는 should

should에는 권고의 의미만 있는 것은 아니다. '~을 하다니!'라는 놀람의 의미로도 해석된다.

- **It is strange that she should say that.**
- **It is strange that she said that.**

첫 번째 문장에는 should가 있으므로 '그녀가 그러한 말을 하다니, 참 이상하구나!'라는 놀람의 의미로 해석한다. 그러나 두 번째 문장은 should가 없으므로 '그녀가 그러한 것을 말했다는 것은 이상하다'라고 해석한다. 사실만 나타내기 때문이다. should가 없으므로 말하는 사람이 놀랐다는 의미는 없다. 감정을 나타내는 형용사(strange, curious, surprising) 등이 오면 that절에 should가 온다고 외웠겠지만 무조건 그렇지는 않다. 암기를 하면 지식은 늘어도 영어를 보는 눈은 길러지지 않는다. 늘 이해하려고 노력해야 한다.

05 과거 사실의 유감을 나타내는 should

should have pp가 나오면 과거에 '무엇을 했어야 했는데' 하지 못한 것에 대한 유감을 나타내는 것으로 해석한다. 반면에 shouldn't have pp가 되면 어떤 일이 일어났다는 것을 나타낸다.

- **You should have been careful. You broke the vase again.**
- **She shouldn't have lent him so much money.**

첫 번째 문장은 '네가 꽃병을 다시 깨뜨렸다'는 의미가 있으므로 '너는 좀더 주의를 했어야 했다'라는 책망의 의미로 해석한다. 반면에 두 번째 문장은 '그녀는 그에게 그렇게 많은 돈을 빌려주지 않았어야 했다'라고 해석한다.

이탤릭체로 된 'should'의 의미(권고/놀람/유감)를 알아보자.

Environmentalists argued that people should do something to prevent global warming. People should have listened to them more carefully.[1] Today, more glaciers are melting because of global warming. According to the research, temperatures in the Alps have risen by an average of 1.8~3 degrees since 1850. Due to the increase in temperature, glaciers in Switzerland have lost half of their volume. The Swiss insist that their government should take action to protect their beautiful glaciers.[2] It is surprising that glaciers should disappear in such a short time.[3] If people can't slow down the speed of global warming, the glaciers will be ruined and they will vanish completely.

1. People *should* have listened to them more carefully.
   - (should의 의미) _____

2. The Swiss insist that their government *should* take action to protect their beautiful glaciers.
   - (should의 의미) _____

3. It is surprising that glaciers *should* disappear in such a short time.
   - (should의 의미) _____

해 석

환경론자들은 지구 온난화를 막기 위해 무엇인가를 해야 한다고 주장했다. 사람들은 그들의 말을 좀더 주의깊게 들었어야 했다. 오늘날 더욱 많은 빙하가 지구 온난화로 녹고 있다. 연구에 따르면 알프스산맥의 기온이 1850년 이래로 평균 1.8~3도 올라갔다고 한다. 이러한 온도상승 때문에 스위스의 빙하는 그 반이 사라졌다. 그래서 스위스 사람들은 그들의 아름다운 빙하를 지키기 위해 정부가 조치를 취해야 한다고 주장한다. 빙하가 그렇게 짧은 시간에 사라졌다니 놀랄 만한 일이다. 만약 사람들이 지구 온난화의 속도를 늦추지 못한다면 빙하는 파괴되고 완전히 사라질 것이다.

해 답

1. 유감
2. 권고
3. 놀람

04 미래와 가정의 would

01 의미의 갈래

would는 will의 과거이기 때문에 will이 갖는 의미를 고스란히 갖고 있다. 미래와 이 속에 들어 있는 추측, 고집, 습관 등의 의미가 다 들어 있다. 그리고 또 하나의 중요한 의미가 있다. would는 가정법에도 쓰인다. 현재나 지난 일에 대한 유감을 나타내어 '~텐데'라는 유감의 의미를 가지며 때로는 부드러운 의미를 나타내기도 한다.

- **would - will**의 과거(미래, 추측, 고집, 습관)
  유감('~텐데')
  부드러운 표현

02 ~일 것이다(과거에서 본 미래)

would는 will의 과거이므로 당연히 미래의 의미다(~일 것이다). 주의해야 할 것은 과거를 기준으로 했을 때의 미래가 would라는 것이다. 오늘을 기준으로 했을 때 다음날(내일)은 will이 되지만 어제를 기준으로 했을 때의 그 다음날은 would가 된다.

- **She said that she would go to see a movie.**
  기준: 과거 → 미래: would

will의 과거가 would라고 해서 would를 과거로 해석하지는 않는다. 미래를 나타내는 말의 과거는 없기 때문이다. 그래서 would를 '~할 것이다'라고 해석한다. 실제로 위의 문장을 해석해보면 과거의 의미('그녀는 영화를 보러 갈 것이라고 말했다')가 된다.

03 ~하곤 했다(과거의 반복적인 행동)

will이 사물의 습성이나 사람의 경향을 나타내듯이 would 역시 사람의 습관을 나타낸다. 시제가 과거이므로 과거의 습관을 나타낸다. 특히 과거의 반복적인 행동을 나타낸다('used to'도 이러한 의미로 쓰이지만 과거의 상태 '~였었다'를 나타낸다는 점에서 차이가 있다). 따라서 '~하곤 했다'라는 의미로 해석한다.

- **He would take a walk after lunch.**
  그는 점심 먹은 후에 산책을 하곤 했다.

would가 that절에 쓰이지 않고 단독으로 쓰일 때는 미래의 의미보다는 이러한 의미로 해석되는 경우가 많다. 따라서 미래로만 생각해서는 문장의 의미를 파악하기 힘들다.

04 ~일 텐데(유감)

would가 단독으로 쓰이면 주어의 의지나 반복적인 행동으로 해석해주는 것이 좋다. 그리고 would가 꼭 쓰이는 또 하나의 중요한 곳은 가정법이다. if가 오고 would가 오면 이것은 대부분 가정으로 해석한다. 특히 would가 있으면 유감의 뜻이 된다. '공부를 좀 더 열심히 했더라면 좋았을 텐데…, 합격했으면 좋을 텐데…'에 쓰인 '~텐데'가 바로 would를 해석한 말이다.

- **I would be happy if you were here.**
  만약 네가 여기에 있다면 나는 행복할 텐데.
- **If you had passed the test at that time, I would have been very happy.**
  만약 네가 그 때 그 시험에 합격했다면 나는 매우 행복했을 텐데.

'would는 가정법과거, 과거완료 문장에 쓰인다'라고 알고 있으면 문법 문제는 풀 수 있지만 해석을 하는 데는 별로 도움이 되지 않는다. 가정법에서 어떤 의미를 가지는지도 알아야 한다. 그래야 그에 걸맞는 해석을 할 수 있다. 가정은 유감을 나타내는 말이다. 따라서 '~일 텐데'라는 유감의 감정을 넣어 해석해야 한다.

05 부드러운 표현

상대방에게 권유를 할 때 'Would you ~?'라는 표현을 쓴다. '~하시겠습니까?'라는 의미다. would는 will의 과거이지만 현재로 해석한다. 가정에는 부드러운 의미가 있기 때문이다.

- **Would you like to drink a cup of coffee?**
  커피 한 잔 하시겠습니까?
- **I would like to get your answer as soon as possible.**
  가능한 빨리 답장을 받으면 좋겠습니다.

이 문장에서 would 대신에 will이 올 수도 있다. 그렇게 되면 부드럽고 예의바른 의미는 사라지고 다소 명령적인 의미가 된다. 그래서 정중한 표현에는 would가 쓰인다.

이탤릭체로 된 'would'의 의미(미래/의지/반복적 행동/유감/부드러운 표현)와 문장의 의미를 알아보자.

If you are in love with poems, you may have read the poems of Emily Dickinson, one of the most famous female poets. Her poems are famous because of her fantastic imagination. Her unusual life is also as famous as her poems.[1] She rarely left her home. She *would* sit alone at home, writing poems. She avoided social contact. She *would* not have visitors.[2] Neighbors said that she would never have friends and lived by herself. Nonetheless, she had good friends and was loved by them through her poems. If you read her poems for the first time, you *would* be surprised that she didn't use ordinary punctuation.[3] Instead, she used dashes. Surely her life and poems are full of unusual things.

1. She *would* sit alone at home, writing poems.
- (would의 의미) _____
- (문장의 의미) 그녀는 _____

2. She *would* not have visitors.
- (would의 의미) _____
- (문장의 의미) 그녀는 _____

3. If you read her poems for the first time, you *would* be surprised.
- (would의 의미) _____
- (문장의 의미) 만약 여러분이 _____

해석

만약 여러분이 시를 사랑한다면 가장 유명한 여성 시인 중의 한 명인 Emily Dickinson의 시를 읽어본 적이 있을 것이다. 그녀의 시는 그녀의 환상적인 상상력 때문에 유명하다. 그녀의 기이한 삶 또한 그녀의 시만큼이나 유명하다. 그녀는 거의 집을 떠나지 않았다. 그녀는 시를 쓰면서 집에 혼자 앉아 있곤 했다. 그녀는 사회적인 접촉을 피했다. 그녀는 방문객을 받으려 하지 않았다. 이웃들은 그녀가 친구를 사귀지 않으려 했으며 혼자 살았다고 말했다. 그럼에도 불구하고 그녀는 그녀의 시를 통해 좋은 친구를 사귀었고 그들에게 사랑 받았다. 만약 여러분이 처음으로 그녀의 시를 읽는다면 그녀가 보통의 구두법을 사용하지 않는 것에 놀랄 것이다. 대신에 그녀는 대시를 사용했다. 확실히 그녀의 삶과 시는 기이한 것으로 가득하다.

해답

1. 반복적 행동 – 시를 쓰면서 집에 혼자 앉아 있곤 했다.
2. 의지 – 방문객을 받으려 하지 않았다.
3. 부드러운 표현 – 처음으로 그녀의 시를 읽는다면 놀랄 것이다.

Part 4 ● 쓰임새를 알면 문장이 보인다!

4장 | 접속사

1. 문장 형성의 새로운 모습
2. 대등하게 해석하자
3. 종속의 슬픈 운명

문장 형성의 새로운 모습

01 문장의 구성과 접속사

단어와 단어가 만나 하나의 구를 형성하고 이들 단어가 주어와 동사의 관계를 형성하면 절이 된다. 그리고 절과 절은 접속사를 통해 하나의 문장으로 만들어진다. 따라서 한 문장 속에는 여러 개의 절이 존재할 수 있으며 접속사를 통해 문장은 얼마든지 길어질 수 있다.

문장 = 절 +   + 절 +   + 절…
            ↓   ↓
          접속사   접속사

- **I thought that he was happy but he was not.**
  나는 그가 행복할 것이라 생각했으나 그는 그렇지 않았다.

02 접속사의 종류에 따른 해석

and, but, or, for과 같은 등위접속사로 문장이 연결되어 있으면 앞의 절과 뒤의 절은 서로 대등한 관계로 연결되어 있다. 따라서 독해를 할 때는 각각의 절을 독립적으로 해석하면 된다.

- **I stopped but she went.**
  나는 멈추었다. 그러나 그녀는 갔다.

두 문장이 독립적으로 연결될 수도 있지만 한 문장이 다른 문장 속으로 들어가는 경우도 있다. 이렇게 되면 그 문장은 다른 문장에 종속되게 된다. 이때 쓰는 접속사를 종속접속사라고 하며 and, but, or, for를 제외한 다른 접속사(that, when, because 등)가 여기에 속한다. '문장 속으로 들어간다' 혹은 '종속된다'라는 말은 다른 절의 일부가 된다는 말이다. 예를 들어 어떤 절('주어 + 동사 + 목적어 + 부사 ~')이 있다면 연결될 절이 그 문장 속의 주어,

목적어, 보어 혹은 부사로 들어가는 것을 말한다.

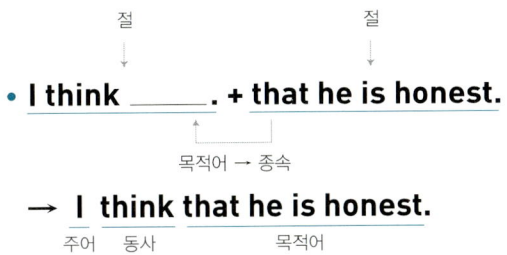

- I think that he is honest.

'that he is honest'라는 절이 동사(think)의 목적어가 되었다. 여기서 목적어로 들어간 절을 종속절이라 하고(주어나 보어로 들어가도 마찬가지임) 원래 있던 절을 주절이라 한다.

- I think that he is honest.
  주절   종속절

문장은 원래 명사, 형용사, 부사가 주어, 목적어, 보어 혹은 다른 수식어로 쓰이면서 만들어지는 것이다. 따라서 종속접속사로 연결된 절은 명사, 형용사, 부사가 되어 본 문장 속에서 하나의 문장 성분(주어, 보어, 목적어, 형용사, 부사)이 된다. 그래서 이들 절을 하나의 단어처럼 주어, 목적어, 보어로 해석한다.

① 명사
- That he is honest is true.
  주어

- I know that he is honest.
  목적어

- The important thing is that he is honest.
  보어

② 형용사
- I know a girl who is pretty.
  명사 girl을 설명

③ 부사
- I went home after I met her.
  동사 went를 설명

접속사도 결국은 명사, 형용사, 부사의 역할을 한다는 것으로 귀착된다. 따라서 종속접속사로 연결된 절은 주어, 목적어, 보어 혹은 부사로 해석한다. 관계사, -ing, 부정사 등이 그렇듯이 모든 문법은 결국 명사, 형용사, 부사로서의 쓰임으로 귀결된다고 해도 과언이 아니며 이들은 결국 '명사-설명하는 말'의 구조를 이룬다. 따라서 해석을 잘 하려면 어떤 것이 명사를 이루고 명사를 설명하는 말에는 어떤 것이 있는지를 알아야 한다. 무작정 읽는다고 해석이 늘지는 않는다. 알고 읽어야 한다. 특히 영어를 일상생활에서 자연스럽게 접할 수 있는 환경이 아니라면 더욱 그러하다.

독해연습 이탤릭체로 된 절의 의미와 그 역할(대등한 절/명사/형용사/부사)을 알아보자.

A very important thing happened in America in 1867: the purchase of Alaska. At that time, Russia needed money and one way to meet that need was to sell Alaska.[1] For Russia, Alaska didn't have much value because it was too cold for people to live there[2] and food was hard to find. Moreover, it was far from the mainland.

On the other hand, Americans needed Alaska because they wanted to have a big territory that would reach to the end of North America.[3] The American Congress approved the money 7.2 million dollars for the purchase. Today it has been revealed that the land has great mineral wealth. The purchase became one of the best deals in American history.

1. Russia needed money *and one way was to sell the Alaska*.
 • (의미) _____ • (절의 역할) _____

2. Alaska didn't have much value *because it was too cold for people to live*.
 • (의미) _____ • (절의 역할) _____

3. Americans wanted to have a big territory *that would reach to the end of North America*.
 • (의미) _____ • (절의 역할) _____

해 석

매우 중요한 일이 1867년 미국에서 일어났습니다. 그것은 알래스카의 구입입니다. 그 당시 러시아는 돈이 필요했고 그 필요를 충족시키는 하나의 방법이 알래스카를 파는 것이었습니다. 알래스카는 사람이 살기에 너무 춥고 식량을 구하기 어려웠기 때문에 러시아에게 알래스카는 많은 가치를 갖지 못했습니다. 게다가 그것은 본토에서 멀리 떨어져 있었습니다.

반면에 미국인들은 북아메리카 끝까지 이르는 큰 영토를 갖기를 원했기 때문에 알래스카를 필요로 했습니다. 미국 의회는 구입에 필요한 7백2십만 달러를 승인했습니다. 오늘날 그 땅은 거대한 광물의 보고로 드러났습니다. 그 구입은 미국 역사상 최고의 거래 중의 하나가 되었습니다.

해 답

1. 그리고 하나의 방법이 알래스카를 파는 것이었습니다 – 대등한 절
2. 그곳은 사람이 살기에 너무 추웠기 때문에 – 부사
3. 북아메리카 끝까지 이르는 – 형용사

02 대등하게 해석하자

01 등위 접속사는 똑같은 격으로 해석을 한다

잘 알고 있는 것처럼 접속사는 단어와 단어, 구와 구, 문장과 문장(절과 절)을 연결한다.

- 접속사의 역할 : 단어 + 단어
  구 + 구
  문장 + 문장

- **I like apples and peaches.**
  나는 사과와 복숭아를 좋아한다.
- **I like climbing mountains and swimming in the river.**
  나는 산을 오르는 것과 강에서 수영하는 것을 좋아한다.
- **I think that he is honest and his wife is naive.**
  나는 그가 정직하고 그의 아내는 순진하다고 생각한다.

단어와 구가 연결될 때 이들은 서로 같은 성격을 갖고 있다. 명사와 명사, 형용사와 형용사, 부사와 부사처럼 품사가 같은 것끼리 연결되어 있다. 따라서 해석을 할 때는 위의 문장에서 볼 수 있듯이 품사가 같은 것을 하나의 의미 단위로 묶어야 한다.

결국 단어, 구, 문장이 등위접속사로 연결되어 있다면 이들은 서로 같은 격이므로 해석을 할 때도 같은 격으로 해야 한다. 앞의 단어가 목적어라면 뒤의 단어도 목적어로, 주어라면 주어로, 보어라면 보어로 해석을 해야 한다.

- **They like playing outside and studying together.**
  그들은 좋아한다 – 함께 밖에 나가 노는 것과 공부하는 것을
- **Studying but no resting is not good habit for students.**
  공부만 하고 휴식하지 않는 것은 – 학생들에게 좋은 습관이 아니다.

- **What is important is that he is young and his wife is clever.**
  중요한 것은 – 그는 젊고 그의 아내는 총명하다는 것이다.

첫 번째 문장의 경우 playing outside를 like의 목적어(~을/를)로 해석한다. 그리고 studying together도 등위접속사(and)로 연결되어 있으므로 목적어로 해석한다. 두 번째, 세 번째도 마찬가지다. 등위접속사로 연결되어 있으므로 주어('~이/는/가') 혹은 보어('~하는 것')로 해석한다.

02 등위접속사가 쓰인 문장의 해석

등위접속사의 등위라는 말은 대등하다는 것을 의미하므로 같은 격으로 해석을 했다. 그리고 등위라는 것은 서로가 독립적으로 존재한다는 것을 의미하기도 한다.

- **He was a teacher and she is a teacher.**
  그는 선생님이었고 그녀는 선생님이다.

등위접속사로 연결되어 있으면 앞에 온 문장이 뒤에 오는 문장에 영향을 미치지 않으므로 등위접속사로 연결된 문장을 해석할 때는 시제를 일치시켜 해석할 필요가 없으며 각각의 문장을 독립된 문장으로 해석한다.

03 하나의 의미로 해석할 때가 있다

등위접속사를 통해 두 개의 명사가 하나의 의미가 되는 경우가 있다.

- **Trial and error is important for youngsters.**
  시행착오는 젊은이들에게 중요하다.
- **Time and tide waits for no man.**
  세월은 사람을 기다려주지 않는다.

trial은 '시행'이고 error는 '실수'라고 해서 '시행과 실수'라고 해석하지 않는다. 단수동사(is)가 쓰인 것을 보면 알 수 있다. 이것은 하나로 합쳐 '시행착오'로 해석한다. 두 번째 문장도 마찬가지다. time은 '시간'이고 tide는 '조류(밀물/썰물)'이지만 '시간과 조류'라고 해석하지 않고 '세월'이라고 해석한다.
이처럼 관용적으로 사용해오는 것은 형태가 고정되어 있지만 다음의 것들은 형태가 변한다. 의미는 관사에서 시작해서 명사로 끝나므로 관사부터 명사까지를 하나의 의미로 해석한다.

- **The teacher and writer is making a speech.**
  선생님이자 작가인 분이 연설을 하고 있다.

The부터 시작해서 writer까지가 하나의 의미다. 그래서 teacher and writer는 '선생님과 작가'가 아니라 '선생님이면서 동시에 작가인 사람'으로 해석해야 한다. and로 대등하게 연결되어 있지만 관사가 하나밖에 없으므로 한 사람으로 봐야 한다. 만약 두 사람이라면 관사가 두 번 나오게 된다.

- **The teacher and the writer are talking over there.**
  선생님과 작가가 저기에서 이야기하고 있다.

04 문제는 어느 것을 연결하는지를 알아야한다

접속사가 무엇을 연결하고 있는지를 알면 해석하는 것은 어렵지 않다. 문제는 접속사가 어느 것을 연결하고 있는지를 알기 어려운 경우이다. 다음 문장의 and가 연결하는 말을 알아보자.

- **The use of cameras and video cameras is not permitted in the galleries.** 카메라와 비디오카메라의 사용은 미술전시장에서 허용되지 않는다.
  → **The use of cameras + video cameras**
  → **The use of cameras + video cameras**

위의 문장의 경우 and가 어느 것과 어느 것을 연결하느냐에 따라 그 의미가 달라진다. 이론상 두 가지 경우 모두 가능하다. 이럴 땐 동사를 보면 된다. 동사가 단수(is) 형태이므로 주어가 단수이다. 첫 번째 경우처럼 연결되면 주어는 복수의 개념이 된다. 두 번째처럼 연결되면 주어는 단수가 된다. 그래서 and는 cameras와 video cameras를 연결하고 있다는 것을 알 수 있으며 the use를 주어로 해석한다.

- **The use of cameras and video cameras**
  　　사용　　　　　　　카메라와 비디오 카메라

독해 연습

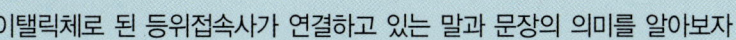
이탤릭체로 된 등위접속사가 연결하고 있는 말과 문장의 의미를 알아보자

Do you want to know the result of the presidential or congressional elections in advance?[1] It is possible with the opinion polls. At the end of 20th century, opinion polls were taken frequently in the United States, because politicians wanted to find out what voters were thinking and what image they had.[2]

When someone tries to do something, trial and error is inevitable.[3] So even government uses opinion polls to find out people's thought about its politics and to lessen mistakes. Public opinion surveys are, however, used to change the public opinion as well as measure it. It is one of the side-effects of public opinion surveys.

1. Do you want to know the result of the presidential *or* congressional elections in advance?
   → _____.

2. Politicians want to find out what the voters are thinking *and* what image they have.
   → _____.

3. When someone tries to do something, trial *and* error is inevitable.
   → _____.

해석

여러분은 대통령이나 국회의원 선거의 결과를 미리 알고 싶습니까? 이것은 여론조사로 알 수 있습니다. 20세기 말에 여론조사는 정치인들이 유권자들이 무엇을 생각하고 있는지 그리고 어떤 이미지를 그들이 갖고 있는지를 알기 위해 미국에서 자주 행해졌습니다. 무엇을 하고자할 때 생기는 시행착오는 피할 수 없습니다. 그래서 정부도 정부정책에 대한 국민들의 생각을 알고 실수를 줄이기 위해 여론조사를 행합니다. 그러나 여론조사는 여론을 조사하는 것뿐만 아니라 바꾸는 데 사용되기도 합니다. 이것은 여론조사의 부작용 중의 하나입니다.

해답

1. 여러분은 대통령이나 국회의원 선거의 결과를 미리 알고 싶습니까?
2. 정치인들은 유권자들이 무엇을 생각하고 있는지 그리고 어떤 이미지를 그들이 갖고 있는지 알기를 원합니다.
3. 누군가가 무엇을 하고자할 때 시행착오는 피할 수 없습니다.

03 종속의 슬픈 운명

01 종속의 의미로 해석한다는 것은?

문장과 문장은 종속접속사로도 연결되어 있다. 종속접속사로 연결되면 한 문장이 다른 문장의 일부 즉 주어, 목적어, 보어가 되거나 어떤 명사를 설명하는 말이 된다고 했다. 그렇게 되면 다른 문장의 통제를 받게 된다.

- **I think that he is honest.** (명사: 목적어)
  나는 그가 정직하다고 생각한다.
- **I know the man who is handsome.** (형용사: 관계사)
  나는 잘생긴 그 사람을 안다.
- **I will go out if my mother comes home.** (부사: 조건)
  나는 어머니께서 집에 오신다면 나갈 것이다.

첫 번째 문장의 he is honest라는 절은 '그는 정직하다'라는 의미이지만 think라는 동사의 뒤에 오게 됨으로써 목적어가 된다. 따라서 '그가 정직하다는 것을'이라고 해석한다. 종속접속사가 쓰인 절은 독자적으로 해석하는 것이 아니라 문장에서 주어진 역할에 따라 해석해야 한다. 이것이 의미를 통제 받는다는 말이다. 두 번째 문장에서는 man을 설명하는 말로 해석을 해야 하고 세 번째 문장에서는 go out에 대한 보충설명의 의미인 조건으로 해석해야 한다.

02 시제에 따라 해석하자!

종속되어 있다는 또 하나의 의미는 앞의 문장에 쓰인 동사의 통제를 받아야 한다는 말이기도 하다. 시제가 마음대로 오는 것이 아니라 주절의 시제에 맞추어 온다.

- **I thought + 'he is honest.'**
  → **I thought that he is honest. (×)**

→ **I thought that he was honest.**
　　과거　　　　　과거

위의 예에서 볼 수 있듯이 두 문장을 종속접속사로 연결할 경우 한 문장을 단순히 목적어로 옮긴다고 해서 문장이 성립되는 것은 아니다. 주절의 동사인 thought의 통제를 받아야 한다. though가 과거이므로 종속절 속의 동사도 과거(was)가 왔다.

- **I thought that he had been a teacher.**
  나는 그가 선생님이었다고 생각했다.

이 문장 역시 종속접속사(that)로 연결되어 있으므로 주절의 시제(thought)에 따라 종속절을 해석해야 한다. 종속절의 시제가 had been 즉 완료형이므로 주절보다 먼저 일어난 것으로 해석해야 한다. 따라서 '나는 그가 선생님이었다고 생각했다'라고 해석해야 한다. 내가 생각했을 때 즉 과거보다 더 이전에 그가 선생님이었기 때문이다.

03 무엇을 주어로 해석할까?

단어와 단어를 연결하는 말을 접속사라고 하지만 어떤 것들은 구를 이루어 접속사와 같은 역할을 하는 것이 있다. 대표적인 것으로 as well as(~뿐만 아니라)를 그 예로 들 수 있다. A as well as B의 형태가 되었을 경우 A를 주된 주어로 해석한다.

- **You as well as he are a good student.**
  그뿐만 아니라 너도 좋은 학생이다.

당연히 동사도 you에 맞추어 are이 오는 것을 볼 수 있다.

- **Not only studying hard but also playing outside is important for the children.**
  열심히 공부하는 것뿐만 아니라 밖에 나가 노는 것도 아이들에게 중요하다.

접속어가 주어에 오면 어느 것이 주어가 되는지 정확하게 살펴보고 해석해야 한다. 주어가 어느 것인지 잘 모르겠다면 동사를 살펴보면 된다.

독해 연습

이탤릭체로 된 절의 쓰임새(명사/형용사/부사)와 그 의미를 알아보자.

The Declaration of Independence says that all people are created equal.[1] Do Americans believe that ideal came true in reality?[2] When the Declaration of Independence was written, America was very far from equality.[3] There were masters and there were slaves who were sold like products and considered less than human.[4]

During the years of the Civil War in the 1860s, slavery was abolished by law. But in reality, it was very hard to see the actual change. The status of slaves did not change. Only their title changed; from slaves to workers or laborers. True change was needed to realize the equality which was declared in the Declaration of Independence.

1. The Declaration of Independence says *that all people are created equal*.
   - (쓰임새) _____   • (의미) _____

2. Do Americans believe *that ideal came true in reality*?
   - (쓰임새) _____   • (의미) _____

3. *When it was written*, America was really far from equality.
   - (쓰임새) _____   • (의미) _____

4. There also were slaves *who were sold like products*.
   - (쓰임새) _____   • (의미) _____

해 석

독립선언문에는 모든 사람이 평등하다고 적혀 있다. 미국인들은 이 이상이 현실에서 실현되었다고 믿을까? 독립선언문이 쓰여질 당시 미국은 평등과는 매우 거리가 멀었다. 주인이 있었고 상품처럼 팔리고 인간 이하로 여겨지는 노예도 있었.
1860년대 남북전쟁동안 노예제도는 법적으로 폐지되었다. 그러나 현실에서 실질적인 변화를 찾아보기는 힘들었다. 노예의 상태는 변하지 않았다. 노예에서 일꾼 혹은 노동자로 이름만 바뀌었다. 독립선언문에서 선언된 평등을 실현하기 위해서는 진정한 변화가 필요하다.

해 답

1. 명사(목적어) – 모든 사람이 평등하게 창조되었다고 (~는 것을)
2. 명사(목적어) – 이상이 현실에서 실현되었다고 (~는 것을)
3. 부사 – 그것이 쓰여 졌을 때
4. 형용사 – 상품처럼 팔리는